西安外国语大学学术著作出版专项资助

13—18世纪北印度社会演变研究

陈泽华 著

陕西新华出版
陕西人民出版社

图书在版编目（CIP）数据

13—18世纪北印度社会演变研究／陈泽华著. —西安：陕西人民出版社，2023.10
ISBN 978-7-224-14952-4

Ⅰ.①1… Ⅱ.①陈… Ⅲ.①印度—中世纪史—研究 Ⅳ.①K351.33

中国国家版本馆CIP数据核字（2023）第099425号

责任编辑　张启阳　王　凌
封面设计　周国宁

13—18世纪北印度社会演变研究

作　　者	陈泽华
出版发行	陕西人民出版社
	（西安市北大街147号　邮编：710003）
印　　刷	广东虎彩云印刷有限公司
开　　本	787毫米×1092毫米　16开
印　　张	19
字　　数	230千字
版　　次	2023年10月第1版
印　　次	2023年10月第1次印刷
书　　号	ISBN 978-7-224-14952-4
定　　价	78.00元

序

学习印地语和从事与印度文化相关的教学研究工作不觉已有20余年，在过去的岁月里，印度与我始终形影不离。作为四大文明古国之一，印度有着悠久的历史和灿烂的文化，这里不仅有大街上悠闲散步的神牛、数量众多的神祇和亚洲最大的贫民窟，还有各式各样现代化交通工具、发达的软件产业、鳞次栉比的高楼大厦以及风靡世界的宝莱坞电影。在这里，古老文明与现代科技交相辉映，宗教文化与民主政治盘根错节，一切都显得那么神秘而又光怪陆离。正如印度旅游局所宣传的那样，印度的确是一个"不可思议"（incredible）的国家，这里的一切都深深吸引着我。但是，随着学习的逐渐深入，我发现要真正理解印度这个国家绝非易事——没有对大量的印度文献资料进行过认真学习阅读；没有对各种社会现象进行过严肃的思考和细致入微的研究；没有深入印度实地亲身考察感受当地的文化氛围，我对很多印度文化的理解也许永远只能停留在"不可思议"这个层面。

历史是反映现实的一面镜子，是理解许多现实问题的钥匙，要想真正读懂印度，理解印度社会一些纷繁复杂的现象，就必须对印度历史文化进行深入的研究。印度是一个民族众多、宗教复杂的国家，被称为世界"人种博物馆"和"宗教博物馆"，历史上达罗毗荼人、雅利安人、阿拉伯人、突厥人、阿富汗人、波斯人等都曾生活在这片土地上。植根于吠陀文明和婆罗门教、佛教、印度教的印度文化，以其博大精深和兼容并包的特性，推动着印度次大陆各民族不断和谐发展，从而创造了光辉灿烂的印度古代文明。8世纪初穆斯林进入次大陆，尤其是13世纪初北印度穆斯林政权的建立，使印度历史进入了一个新的阶段。穆斯林的到来给印度社会带来了空前的冲击和影响，尽管印度历史上从来都不缺乏外敌入侵的例子，但不同于以往，极具同化力的印度文化这一次却无法完全兼并强大的穆斯林文化，穆斯林统治区的政治、经济、宗教文化生活都发生了颠覆性的变化，受其影响，基于种姓制度的印度社会结构也随之开始发生改变。由于印度文明与伊斯兰文明之间存在着巨大的差异，二者的相互碰撞导致了民族、宗教冲突不断，印度本土居民与外来的突厥人、阿富汗人、波斯人以及蒙古人之间的矛盾日益加剧。在穆斯林统治北印度期间（德里苏丹国及莫卧儿王朝时期），这种矛盾与冲突一直持续不断，双方在冲突中不断发展，相互融合。正是在这数百年的冲突与融合中，穆斯林最终由外来入侵者成了印度次大陆真正的主人，伊斯兰文化与印度本土文化合流，共同构成了全新的印度文化，而印度社会也由以印度教为主体的一元社会，逐渐进入包括伊斯兰教在内的多元社会。

2017年我有幸赴印度德里大学访问学习，在印期间参观了库杜布·米纳尔高塔、泰姬陵、阿格拉红堡、胡马雍陵、贾玛清真寺和米纳克希安曼神庙等著名的历史遗址，从德里到科摩林角，从阿拉伯海到孟加拉湾，我游历了印度大部分地区，对当地的风土人情和历史文化都有了较为直观的了解。印度之行使我真切地意识到研究印度历史，特别是中世纪时期的印度文明，对于全面了解印度这个国家的重要性。如果说印度古代史中蕴藏着这个文明古国昔日所有的荣光，那么中世纪的印度史则是理解当今印度许多现实问题的源头所在。20世纪以来，在经历了印度独立斗争、印巴分治和三次印巴战争之后，印度次大陆的政治版图进行了重新组合，长期隐藏于民族、种族、教派之间的一些矛盾开始被激化，其中印度教徒与穆斯林之间的矛盾最为尖锐，冲突最为激烈，双方暴力事件频发，给当地人民带来了深重的灾难，已经成为影响该地区和平稳定的重要因素。印度的民族宗教问题一直是政界和学术界关注的一个热点，但印度政府在处理这类问题时却经常显得力不从心。因此，我们有必要从历史源头对这一问题进行梳理，对"印穆冲突"的早期形态、印度教文化与伊斯兰文化早期的冲突与融合进行全面的研究。正是中世纪伊斯兰文化与以印度教为主体的印度本土文化的冲突与融合，形成了今天南亚次大陆文化的基本雏形，也正是从中世纪起，民族宗教问题成了印度人民社会生活中无法回避的一个重要主题。纵观历史，我们不难发现，在穆斯林统治北印度时期，以印度教为主流的印度本土宗教与外来的伊斯兰教之间虽然有过激烈的冲突，但印度文化与伊斯兰文化都较好地保持了其相对独立性，二者平行发展却又彼此借鉴，相互交融。印度中世纪历史上虽然存在着尖锐的民族宗教矛盾，对生产力和社会经济的发展产生过一定的破坏作用，但它并没有成为阻碍社会全面发展的主要矛盾，印度社会正是在这种矛盾冲突中不断自省、改造，最终在17世纪进入了封建社会的鼎盛时期。中世纪的印度社会究竟发生了哪些变化，它对印度多元的社会文化格局的形成起了什么样的推动作用，中世纪的印穆关系为我们今天解决南亚次大陆纷繁复杂的民族和宗教问题能够提供哪些有益的借鉴——对这些问题答案的探寻，就是本书的写作初衷。

当前，我国正在全面推进"丝绸之路经济带"和"21世纪海上丝绸之路"（简称"一带一路"）建设，印度作为古丝绸之路沿线的重要国家，与我国有着近两千年的友好交往史，历史上"白马驮经""玄奘西游"等脍炙人口的故事在两国人民之间广为流传。到了近现代，印度与中国既有在万隆会议上的默契配合，也有涉及领土问题时的边境摩擦；既在经济上相互依赖，又在科技文化等方面彼此互补。研究彼此历史，加深彼此了解，增进互信，不仅有利于我国"一带一路"倡议的顺利实施，造福两国人民，同时也会对维持地区和平与稳定产生积极影响。愿本书的出版能在一定程度上弥补我国学术界对印度史研究的不足。

2022 年 5 月于西安

目 录

绪 论 ……………………………………………………………… 1
    第一节　相关概念的界定 …………………………………… 4
    第二节　原始资料简介 ……………………………………… 11
    第三节　国内外研究状况 …………………………………… 14

第一章　中世纪早期的北印度社会 …………………………… 20
    第一节　种姓制度的演变 …………………………………… 22
    第二节　封建制度的发展 …………………………………… 27
    第三节　拉其普特势力的崛起 ……………………………… 34
    第四节　佛教的衰落 ………………………………………… 40
    小　结 ………………………………………………………… 42

第二章　北印度穆斯林政权的建立与发展 …………………… 46
    第一节　穆斯林对北印度的入侵 …………………………… 47
    第二节　北印度穆斯林政权的主要分期 …………………… 54
    第三节　印度穆斯林社会的形成及主要阶层 ……………… 63
    小　结 ………………………………………………………… 77

第三章　穆斯林政权对北印度的冲击与影响 ………………… 80
    第一节　政治方面 …………………………………………… 81
    第二节　经济方面 …………………………………………… 95
    第三节　宗教文化方面 ……………………………………… 124

I

小　结 ·· 140

第四章　印度教社会的自省 ······························· 144
　　第一节　政治方面 ·· 145
　　第二节　宗教方面 ·· 153
　　小　结 ·· 162

第五章　印度教文化与伊斯兰文化的相互融合 ············· 166
　　第一节　政治生活中相互依存 ······························ 167
　　第二节　社会生活中相互影响 ······························ 180
　　第三节　文化艺术上相互借鉴 ······························ 204
　　小　结 ·· 214

第六章　部分社会群体的演变 ···························· 218
　　第一节　奴　隶 ·· 219
　　第二节　妇　女 ·· 236
　　小　结 ·· 255

第七章　南亚宗教文化格局的形成及特点 ·················· 258
　　第一节　平行社会 ·· 260
　　第二节　多元文化 ·· 268
　　小　结 ·· 275

结　语 ·· 278

参考文献 ·· 283

图表目录

图 1 种姓等级结构分布图……………………………23
图 2 古代印度地理图……………………………45
图 3 13—14世纪德里苏丹国疆域图……………………55
图 4 18世纪上半期印度地理图……………………62
图 5 莫卧儿细密画之沙贾汗肖像…………………208
图 6 莫卧儿建筑之泰姬陵…………………………210
图 7 库杜布·米纳尔高塔上的雕刻…………………212
图 8 泰姬陵拱门上的雕刻…………………………213

绪 论

中世纪是印度历史重要的转折时期。光辉灿烂的印度文明曾经为人类的进步做出了巨大的贡献,然而,进入中世纪之后,印度文明却逐渐衰落了。中世纪早期的印度次大陆政治上严重分裂,各印度教王国之间战事频仍,封建经济发展缓慢。处于风烛残年的印度文明为同一时期崛起于中东地区伊斯兰文明的对外扩张提供了可乘之机。公元8世纪初,穆斯林首次进入印度次大陆,虽然在此后的300多年间,他们很少有所作为,但1206年北印度穆斯林政权的建立,却彻底改变了次大陆的命运,印度从此进入了穆斯林统治时期。从13世纪初至18世纪,印度教文化与伊斯兰文化、印度教徒与穆斯林在次大陆进行了长达600多年的冲突与融合。在两种宗教文化漫长的交往过程中,印度社会原有的政治体制、经济制度、社会结构、文化艺术以及人们的生产生活方式等都发生了不同程度的改变。由于无法完全战胜对方,至中世纪晚期,印度教文化与伊斯兰文化最终由严重对立走向了妥协与融合,二者共同构成了全新的印度文化,印度社会也实现了从以印度教文化为核心的一元社会向包括伊斯兰教、印度教等多种宗教文化在内的多元社会的转变。

以史为鉴,可以知兴替。只有认真研读历史,从中发现社会发展演变的一般规律,总结得与失,才能真正做到以史为鉴。遗憾的是,自1947年印巴分治以来,印度与巴基斯坦、印度国内印度教徒与穆斯林之间的矛盾和冲突从来就没有停止过,双方的冲突不仅给南亚地区的人民生活带来了深重的灾难,同时也对世界的和平发展构成了威胁。尽管印度在1950年的宪法中规定要将印度建设成为一个世俗的社会主义国家,但世俗化的道路在印度却走得异常艰辛，在经历了尼赫鲁、英迪拉·甘地等人的努力之后，现今的印度社会政治宗教化的趋势越来越明显，印度人民党（BJP）在"一个民族、一种宗教、一个国家"等宗教民族主义口号的指引下，高举"印度教特性"的大旗，试图将次大陆进一步"印度教化"，广大穆斯林的生存空间被进一步挤压，政治地位更加弱化，印度的民族宗教问题有进一步激化的趋势。自20世纪90年代以来，仅印度教徒与穆斯林之间的冲突，就已经造成了数千人伤亡。民族宗教冲突成了阻碍印度社会全面发展进步的绊脚石，也成了影响整个印度次大陆和平稳定的主要因素，而如何解决这一问题，无论是政客还是学者都没有理想的答案。因此，我们有必要从源头对印度的民族宗教问题，尤其是印穆冲突问题加以梳理和研究。而中世纪印度教徒和穆斯林的关系问题，是理解印度近现代历史和解决今天印度社会所面临的许多现实问题的关键所在。在漫长的中世纪，印度教文化与伊斯兰文化有着长达千年的交往史，印度教徒与穆斯林从最初的势不两立最终走上了共存共荣的发展道路，民族宗教矛盾的缓和在客观上推动了经济的发展和社会的进步，在莫卧儿王朝第三代帝王阿克巴执政时，印度进入了封建制度建立以来最鼎盛的时期，经济的繁荣以及统治者相对开明的宗教政策使整个印度次大陆在这一时期呈现出一派繁荣的景象。莫卧儿王朝的统治者将政治与宗教在一定程度予以分离，使印度在历史上第一次出现了政权的半世俗化趋势，在印度虽然世俗并不意味着真正意义上的政教分离，而仅仅指宗教文化上的平等共处，即便如此，这种半世俗化的政治在当时的历史背景下也不能不说是一种进步。中世纪的印度文化也进入了自古代吠陀时期以来又一个高峰期，但这种表面的繁荣在莫卧儿王朝后期由于统治者实行严苛的宗教政策，导致各种社会矛盾迅速激化而轰然倒塌。乘虚而入的英国人在近两百年的统治中，使印度文化始终处于一种被压制的状态，独立之后的印度一心想光复往日的辉煌与荣耀，但长期隐藏着的一些社会矛盾却开始不断激化，尤其是独立后印度教徒与穆斯林的矛盾，经常引发大规模的骚乱和流血冲突，呈现出了难以调和的复杂的一面，俨然已经成为阻碍印度社会走向文明进步的绊脚石。如何处理好这些社会矛盾，如何去正确理解中世纪伊斯兰教和印度教二者的关系问题，如何避免南亚次大陆民族宗教矛盾进一步复杂化甚至是激化，是摆在从事印度研究的学者们面前的一个重要问题。本文试图在印度文化与伊斯兰文化冲突与交融的大背景下，通过梳理历史上两种文化相互消解和融合的过程，从社会和文化的视角出发，借助历史学的研究方法对次大陆的民族、宗教问题进行深层次的探讨和剖析，力图找出特定历史时期（13—18世纪）印穆合作发展的社会和文化基石，从而为解决今天南亚地区普遍存在的民族宗教问题提供有益的借鉴，同时为世界多民族多宗教国家和地区的综合治理以及促进各民族和平共处与繁荣进步提供理论上的依据。

本文题目拟定为"13—18世纪北印度社会演变研究"主要基于以下几个方面的考虑：第一，关于13—18世纪这一历史时段。穆斯林虽然于8世纪初就开始进入次大陆，但在1206年德里苏丹国建立之前的数百年间，他们对印度文化的影响微乎其微。真正对印度文化形成巨大冲击与影响的是德里苏丹国时期及莫卧儿王朝时期，也就是穆斯林统治北印度时期。本文涉及的历史时段，起于13世纪初德里苏丹国的建立（1206），终于18世纪中期英国人开始全面占领印度之前（1757），这是伊斯兰文化对印度社会产生深远影响的主要时期。虽然莫卧儿王朝至1857年才最终灭亡，但由于18世纪中期之后的穆斯林政权日渐式微，只能控制德里及其周边很小范围内的地区，帝国开始走向瓦解，基本名存实亡，影响力极其有限，因此这一时段并不在本文研究的时间范围之内。第二，关于北印度。以德里和阿格拉为中心的北印度，是穆斯林统治的核心区域，也是伊斯兰文明与印度文明、伊斯兰教与印度本土宗教、穆斯林与印度本土居民交锋的主阵地。虽然历史上穆斯林政权的统治范围一度包括南印度和其他边远地区，但对当地文化形成的影响力远远不及北印度。因此，以北印度作为本文的研究地域，更具有代表性。第三，关于社会演变。社会演变是一个非常宏观的概念，但本文将其概念限定于政治、经济和宗教文化等有限的范围内，着力论述在13—18世纪这一历史时段，印度教文化与伊斯兰文化、以印度教为代表的印度本土宗教与外来的伊斯兰教在次大陆如何相互影响、相互借鉴、平行发展，从而引起社会结构和人们生活方式的改变。两种不同宗教文化的冲突和融合，是这一时期北印度社会的典型特征，也是推动中世纪北印度社会演变的主要因素。

第一节 相关概念的界定

一、印度中世纪史的历史分期

史学界一般将印度历史划分为古代史、中世纪史和近现代史三个部分。其中古代部分起于史前，终于7世纪中叶戒日王朝的灭亡（647）。这一时期产生了著名的印度河、恒河流域文明，印度经历了从原始社会向奴隶制社会，最后向封建社会的转变。中世纪史起于戒日王朝之后，终于莫卧儿帝国彻底灭亡（1857），近现代史则起于1857年第一次印度民族大起义。

就中世纪这一历史时段而言，又可划分为中世纪早期（7世纪中叶至1206年）和中世纪（1206—1857）两个部分。中世纪早期经常被称为印度历史上的"黑暗时代"，主要是因为戒日王之后印度次大陆长期处于分裂状态，没有形成统一的中央集权国家，各封建王国之间连年混战，社会生产遭到极大破坏，民不聊生。这一时期比较有政治影响力的是印度西北部拉其普特人建立的一些印度教王国，因此也有史学家将这一时期称作"拉其普特时代"。

中世纪早期曾发生过两件影响印度历史进程的大事：

一是佛教从衰落最终走向灭亡，源于古代婆罗门教的新婆罗门教，即印度教取得了统治地位，基于种姓制度之上的印度封建社会结构逐渐形成并不断得以巩固和发展。佛教产生于公元前6世纪，由于当时古代婆罗门教教义烦琐复杂且严重脱离群众，因此社会上出现了反对婆罗门权威的沙门思潮，佛教应运而生。佛教产生之后，迅速吸引了大批信徒，尤其是在孔雀王朝（前324—前187）第三代帝王阿育王的大力弘扬下，佛教得到极大发展，后来通过南传和北传，到达了今天的东南亚、中国以及东北亚等地区。佛教的一些教义，与婆罗门教相比更显质朴和随和，因此自产生至公元4世纪前后一直非常兴盛。但随着时间的流逝，佛教的某些教义却越来越难以迎合统治阶级的利益需求，加之古代婆罗门教在经过长期的自省与改造后更加契合印度次大陆各既得利益者的政治诉求，在此背景下，大约从公元7世纪起，佛教迅速在印度次大陆走向衰落，聪明的印度教祭司们借机把佛陀描绘成印度教大神毗湿奴的第九个化身，从而巧妙地从道义上对佛教实现了收编。中世纪早期始于南印度的帕克蒂运动（भक्ति आंदोलन，又称虔诚运动），在经过宗教大师商羯罗（शंकराचार्य）的大力推动后，印度教重新获得了活力，从而以更加顽强的生命力占据着次大陆宗教文化生活的主流。中世纪早期的印度社会是以印度教为核心的宗教社会，印度教的复兴与回归为中世纪早期印度社会文化的发展注入了强心剂，成了这一时期最主要的文化特征之一。

二是穆斯林入侵印度次大陆。这无疑是中世纪早期印度历史上最重大的事件。据史料记载，大约在公元711年，中东阿拉伯地区逐渐强大的穆斯林第一次从印度西海岸进入次大陆，并于次年（712）占领了信德和木尔坦地区。[1]由于这一时期穆斯林人数较少，因此他们的影响力极其有限，在此后的几百年间也没有进行过有效的扩张。真正对印度历史产生深远影响的是来自中亚的穆斯林从北面陆路对印度进行的侵扰，公元997年至1127年，来自中亚迦兹那维王朝（Ghaznavid，又译作伽色尼王朝）的苏丹马茂德（Mahmud）对北印度进行了至少12次（一说17次）的掳掠，他们跨过寒冷的兴都库什山（Hindu Kush），经拉合尔、德里一路南下，最远到达了卡瑙季（Kannauj，中国古代翻译为曲女城）。[2]入侵者每次都会收获难以计数的金银珠宝、骆驼还有奴隶。马茂德的入侵以财富掠夺为唯一目的，他的入侵行为给北印度的社会经济带来了沉重的打击，但对北印度的政权没有形成任何威胁和干扰，因此，马茂德的入侵却并没有唤醒沉睡中的印度教诸王公们，他们很快忘掉了穆斯林入侵带来的伤痛而再一次投入彼此之间攻城略地的内战中。

不懂得从历史中吸取教训的人注定会受到历史的惩罚，在马茂德之后，沉寂了近150年的印度西北边境在1175年再一次响起了穆斯林入侵者的铁蹄声，这一次到来的是中亚古尔王朝（Ghurids）的穆罕默德（Muhammad）。与马茂德不同，穆罕默德想要的不仅仅是印度次大陆的财富，还有这里的土地以及至高无上的王权。穆罕默德在30多年时间里，占领了印度河及恒河流域的大片土地，1206年3月，穆罕默德在从拉合尔返回迦兹尼（Ghazni）的途中被不明身份的刺客所刺杀，其奴隶出身的军事首领艾伯克（Aibak）在拉合尔被拥立为王，正式建立了德里苏丹国，成为北印度历史上第一个穆斯林政权，印度从此进入了穆斯林

---

[1] अनिर कठारे, मध्ययुगीन भारताचा इतिहास (१०००—१७०७) (阿尼尔·格塔莱：《印度中世纪史（1000—1707）》), नई दिल्ली: प्रशांत प्रकाशन, 2015, पृ.42.

[2] सतीश चन्द्र, मध्यकालीन भारत: राजनीति, समाज और संस्कृति (萨迪西·金德尔：《中世纪印度：政治、社会与文化》), नई दिल्ली: ओरियंट ब्लैकस्वॉन, 2017, पृ.58.

统治时期。

1206年之后的印度中世纪史，可细分为德里苏丹国时期（1206—1526）和莫卧儿王朝时期（1526—1857）两个阶段。艾伯克最初定都印度次大陆西北部的拉合尔，但第二任苏丹伊勒图特米什（Iltutmish）将都城从拉合尔迁至德里，成为这一王朝永久的都城，因此历史上将这一时期称作德里苏丹国。

德里苏丹国包括奴隶王朝[①]（1206—1290）、卡尔吉王朝（1290—1320）、图格鲁克王朝（1320—1412）、赛义德王朝（1414—1451）和洛迪王朝（1451—1526）五个时期，先后由突厥人、波斯人和阿富汗人等掌控政权。

德里苏丹国时期是穆斯林入主次大陆后逐渐形成完善的统治机制并不断开疆拓土的重要时期，但由于这一时期穆斯林初来乍到，尚无法征服整个印度次大陆，因此此时穆斯林政权的影响力主要局限于德干高原以北的北印度。德里苏丹国时期穆斯林政权面临着严重的内忧外患，一方面新生的穆斯林政权显得非常羸弱，不得不花很大精力去平定各地此起彼伏的叛乱；另一方面，从13世纪后半期起，来自北面蒙古势力的侵扰使统治者们感到无能为力。但经过300多年的发展，至莫卧儿王朝时期，穆斯林的实力明显增强，出现了印度历史上极其少见的政治大一统局面，穆斯林王朝势力在最强大时基本上统一了整个印度次大陆，在莫卧儿帝王巴布尔、胡马雍、阿克巴、贾汗吉尔、沙贾汗执政时期，印度次大陆的政治经济文化都呈现出了空前繁荣的景象。第六代帝王奥朗则布上台之后，由于皇帝实行了一系列有违历史发展趋势的政策和措施，

---

① 即由库杜布·乌德·丁·艾伯克建立的王朝，"奴隶王朝"这种说法是不准确的。艾伯克在成为苏丹之前，已经得到了其主人穆罕默德·古尔的侄子颁发的解除奴隶身份的文书。此后继位的伊勒图特米什及巴勒班虽然也是奴隶出身，但在成为苏丹之前都已经被正式解除了奴隶身份。这一时期的其他苏丹都是上述三位苏丹的后代，属穆斯林贵族，不具有奴隶身份。

致使局势出现了重大转折,莫卧儿帝国开始走向衰落。大约在奥朗则布之后(1707),各种社会矛盾迅速激化,王朝全面走向瓦解,至1857年灭亡。

莫卧儿王朝时期印度社会的一个重要特点就是经过伊斯兰教与印度教数百年的冲突与融合,两种宗教文化相互独立却又彼此借鉴,形成了全新多元的印度文化,共同将次大陆社会经济推向了全盛时期。

二、印度教与印度教徒(Hinduism & Hindu)

首先必须指出,今天西方语境中的Hinduism和Hindu这两个英文词,是到了近代才被学术界刻意创造出来的,其最初的外延要远远大于某种宗教(印度教)或信仰某种宗教的人(印度教徒),只是到了现代,才慢慢演变成专指代印度教和印度教徒的意思。那么在中世纪,我们如何表述当时印度的本土宗教,它与本文所述的印度教有何区别,Hinduism和Hindu到底指代什么,为什么我们不能简单地用Hinduism指代印度教呢——这是本文必须厘清的几个概念。

"Hindu"一词最初来源于सिंधु(Sindhu),原指今天的印度河,后来与之毗邻的国家,如波斯、中国等都开始用这一河名指代整个印度次大陆。在我国汉魏时期的许多文献中,将古代印度称之为"身毒"或"哂都"等,就是对Sindhu这一河名的音译。后来"Sindhu"一词慢慢演变成更易于发音的Hindu。

中世纪时,当来自中亚的穆斯林跨过兴都库什山,经印度次大陆西北边境开伯尔山口(Khyber Pass)来到旁遮普时,被横亘在面前的印度河挡住了继续南下的道路。当时,这些外来入侵者便开始用"Hindu"这个词指代生活在印度河岸边的印度居民。在中世纪穆斯林统治时期,Hindu是指一切除穆斯林之外的印度次大陆居民,因此,它不仅仅包括印度教徒，还包括耆那教徒、佛教徒以及后来的锡克教徒等。按照中亚波斯语的构词规则，在"Hindu"这个词后面追加了后缀stan后形成了"Hindustan"这个词，意即这些非穆斯林居住的地方，这个词后来也成为印度次大陆的别称。

由此可见，我们不能简单地把中世纪语境下的Hindu等同于今天的印度教徒，而应该在一个更加广阔的视域中对其加以分析。

"Hinduism"是西方学术界在Hindu这个英文词的基础之上创造出来的一个新词，它是英国人统治印度期间，用以指代生活在印度的除穆斯林和基督教徒之外的所有人的宗教信仰，和后者一样，"Hinduism"最初的意思不仅仅指印度教。只是到了现代，Hinduism才逐渐演变成印度教的英文名称。但在现代之前，印度教徒并不会称自己的宗教为Hinduism，而是称之为धर्म（Dharma），意即"法"或"达摩"。时至今日，仍有一些印度教徒不愿意用"Hinduism"这个词来指代自己的宗教，只是由于英语在印度的极大普及以及在全世界范围内的强势地位，在对外交流和学术研究中，更多的印度教徒不得不接受附加于其宗教信仰之上的"Hinduism"这个新的名字。

本文所涉及的印度本土宗教，是指产生于印度次大陆、存在于中世纪的全部印度宗教，它既包括我们今天所说的印度教，也包括耆那教、锡克教等。伊斯兰教在本文中被定义为外来宗教，是相对于印度本土宗教而言的。由于在中世纪，印度教在本土宗教中占据着绝对的主流地位，因此本文着重探讨了伊斯兰教与印度教之间的冲突与融合，对耆那教、锡克教等只是偶有提及。在中世纪之后，穆斯林逐渐由外来者融合为印度民族大家庭的一部分，伊斯兰教也成为印度众多宗教中的一分子，他们共同构成了全新的印度民族和印度宗教文化，因此本土与外来的界限自然而然就不存在了。

三、北印度

从通常意义上讲，位于德干高原北部的温迪亚山脉（Vindhya Range）是印度次大陆的南北分界线，因而北起喜马拉雅山，南至温迪亚山脉的广大区域被称作北印度。在中世纪，穆斯林政权的主要势力范围局限于德干高原以北，因为富饶的恒河平原和印度河流域是农耕时代社会财富主要的聚集地，为北印度穆斯林政权的建立和维系提供着有力的经济支撑。印度河和恒河水量充沛，航运发达，出行便捷，因此中世纪很多城市都是依水而建，如德里、阿格拉等，均建立在富庶的朱木那河畔。

穆斯林统治北印度时期，先后定都拉合尔、德里和阿格拉等地，然后从上述地区不断扩张其统治范围，北印度东起孟加拉，西至兴都库什山的广大区域长期处在穆斯林的控制之下。

向南扩展势力范围是各位帝王共同的目标，这一进程大概始于德里苏丹国卡尔吉王朝时期，而至莫卧儿王朝后期贾汗吉尔年间，才真正实现了对整个南印度的短暂控制。由于南印度距穆斯林统治核心区域相对较远，因此很难对其形成有效管辖。穆斯林统治北印度时期，南印度绝大多数时间都处于相对独立的状态。

本文将研究地域局限于北印度，是因为北印度是伊斯兰教与印度本土宗教冲突与融合的主阵地，处于两种不同宗教文化冲突的最前沿，因此也最具有代表性。在中世纪北印度之外的次大陆各部分，无疑也或多或少受到了伊斯兰文化的冲击和影响，但其程度远远不及北印度那么剧烈，因此不在本文的讨论范围内。

第二节 原始资料简介

一、印度国内文献资料

穆斯林民族有修史的传统，因此关于穆斯林统治北印度时期政治、经济和社会文化的情况，历史上留下了许多宝贵的资料。

哈桑·温·尼扎米所著《塔杰的同时代人》（Hasan-un-Nizami, *Taj-ul-Ma'asir*）和明哈杰·乌德·丁·西拉杰所著《纳西尔通史》（Minhaj-ud-din Siraj, *Tabaqat-i-Nasiri*）是研究早期德里苏丹政权的主要历史文献。《塔杰的同时代人》记载了1191年至1217年间的印度历史，该书也是13世纪初唯一记载德里苏丹国历史的著作。《纳西尔通史》记载了公元1260年前的历史，全书共分为23章，内容翔实，所有历史事件都按照时间先后顺序安排，简洁明了。齐亚·乌德·丁·巴兰尼所著《菲鲁兹沙王朝史》（Ziya-ud-din Barani, *Tajikh-i-Firuz Shahi*）是卡尔吉王朝时期（1290—1320）最具史学价值的作品，也是研究这一时期历史最宝贵、最翔实的第一手资料。阿米尔·胡斯劳所著《阿拉伊史》（Amir Khusrav, *Ta'rikh-i-Alai*）描写了1295年至1311年间苏丹阿拉·乌德·丁·卡尔吉对外征战的情形和苏丹的一些主要功绩，是难得的第一手资料，具有极高的史学价值。《菲鲁兹沙王朝史》（*Ta'rikh-i-Firuz Shahi*）是与巴兰尼所著同名的另一部史学著作，这部作品可以看作是对巴兰尼所著《菲鲁兹沙王朝史》的续写，其作者为沙姆斯·伊·西拉杰·阿菲夫（Shams-i-Siraj Afif）。《菲鲁兹王朝的胜利》（*Futuhat-i-Fuzuz Shahi*）是苏丹菲鲁兹沙的自传，虽然仅仅只有32页，但对我们研究苏丹菲鲁兹沙及同时期其他穆斯林苏丹都有极高的史料价值。亚希亚·宾·艾哈默德·萨尔欣迪所著《穆巴拉克王朝史》（Yahya bin Ahmad Sirhindi, *Ta'rikh-i-Mubarak'Shari*）是目前研究公元1400年至1434年间历史唯一可以借鉴的珍贵史料。《巴布尔回忆录》（Muhammad Babur, *Memoirs of Babur*）是莫卧儿帝国开国皇帝穆罕默德·巴布尔所著编年体回忆录，书中对莫卧儿帝国建立过程中的许多重大历史事件都有详细的记载。阿布勒·法兹勒所著《阿克巴本纪》（Abul Fazl, *Akbarnamah*）和《阿克巴则例》（Abul Fazl, *Ain-i-Akbari*）是研究阿克巴大帝统治时期历史最重要的资料。此外，这一时期的重要史料还有艾哈迈德·亚德加尔所著《谢尔沙王朝史》（Ahmad Yadgar, *Tarikh-i-Shahi*），尼莫特拉所著《阿富汗史》（Nimathllah, *Makhzan-i-Afghana*），阿卜杜拉所著《道迪王朝史》（Abdullah, *Tarikh-i-Daudi*）以及达尼什曼德·汗所著《巴哈杜尔沙本纪》（Danishmand Khan, *Shahnamah-i-Bahadur Shah*）等。

二、海外史料

穆斯林统治北印度时期，印度次大陆与非洲、欧洲、西亚、东南亚及中国等都有比较密切的往来。一些旅行家的游记以及一些国家的史料典籍为我们研究这一时期的历史做了有益的补充和佐证。

安尔·贝鲁尼（Al-Beruni）所著《信德记》（*Tarikh-i-Hind*）一书描写了迦兹尼（Ghazni）苏丹马茂德掳掠印度的情况，被认为是讲述印度中世纪史的最好的外国作品。摩洛哥旅行家伊本·白图泰（Ibn Batutah）曾在印度停留14年（1333—1347），其所著《伊本·白图泰游记》（*Travels of Ibn Batutah*）一书真实反映了这一时期许多鲜为人知的历史事件，具有非常高的史料价值。意大利旅行家马可·波罗（Marco Polo）所著《马可·波罗游记》（*Travels of Marco Polo*）一书对这一时斯的印度也有许多相关记载。此外，中世纪到访印度的还有奥多利克（Friar Odoric）、乔德鲁斯（Friar Jordanus）及尼科洛·康提（Nicolo Conti）等人，他们的游记为研究这一时期的历史提供了有力的佐证。尼科洛·康提于1420

年到达印度南部城市维阇耶那伽尔（विजयनगर,Vijayanagar），据其记载这座城市守卫森严，外围防卫工事绵延达 60 多英里。波斯人阿布杜·拉扎克（Abdur Razzaq）被波斯王以使者身份派往卡里卡特（Calicut）印度教王国，他于 1443 年到达维阇耶那伽尔，对该城大加赞赏。从 16 世纪起，到访印度的欧洲旅行家为我们留下了大量宝贵的资料。拉尔夫·菲齐（Ralph Fitch）、托马斯·罗易（Thomas Roe）、威廉·霍金斯（William Hawkins）以及弗朗西斯·博奈尔（Francois Berneir）等在自己的作品里都描述了当地民风民俗、国家的商贸情况以及宫廷的奢华等。拉尔夫·菲齐是第一位周游印度的英国商人，他于 1583 年到达阿克巴宫廷，著有《印度和缅甸的英格兰先锋》（*England's Pioneer to India and Burma*）一书。托马斯·罗易作为使者于 1615 年到达贾汗吉尔的宫廷，他留下了大量的外交资料，其著作有《赴莫卧儿帝国大使托马斯·罗易》（*Embassy of Sir T. Roe to the court of the Great Mughal*）。弗朗西斯·博奈尔是一位私人医生和旅行家，他在莫卧儿宫廷为奥朗则布做了 12 年私人医生，著有《莫卧儿帝国游记》（*Travels in the Mughal Empire*）一书，书中主要叙述了奥朗则布统治时期的一些情况，所述内容均为作者旅行途中的亲身经历，是我们了解莫卧儿宫廷生活的宝贵资料。此外，中国明代学者费信所著《星槎胜览》，马欢所著《瀛涯胜览》以及黄省曾所著《西洋朝贡典录》都对中世纪印度的政治、经济及对外贸易有所涉及，可作为了解当时印度社会情况的参考。

第三节 国内外研究状况

一、国外研究状况

（一）印度学术界研究成果

印度学术界对中世纪穆斯林统治时期的历史研究起步较晚，系统的研究开始于1947年摆脱英国殖民统治、取得民族独立之后。虽然起步较晚，但得益于印度本土丰富的历史资料及对印度传统文化的精准理解，20世纪后半叶以来，许多印度学者在这一领域取得了丰硕的研究成果。

由R.C.马宗达、H.C.赖乔杜里、卡利金卡尔·达塔合著《高级印度史》（An Advanced History of India）一书是印度本土学者对印度历史进行的一次全面梳理和总结，是印度民族主义史学的代表作。范铁城、闵光沛所著《评〈高级印度史〉》一文指出，该书有两大特点：一是注重史料的考据辨析，二是博采众家之长。文章同时认为该书在三个方面出彩：一是注重文化史的探讨，二是注重地方史的叙述，三是近代部分注重经济史的考察。[①]《高级印度史》以翔实的历史资料、简明而精准的分析，为读者呈现了自印度河流域文明以来至20世纪80年代之间的历史。对于印度中世纪历史，书中不仅对各个王朝兴起及衰亡过程进行了清晰的勾勒，同时还详细介绍了这一时期印度次大陆的政治、军事、经济、文化及科技发展的情况。

除《高级印度史》外，涉及这一时期历史的通史类著作非常多，如班纳吉著《印度通史》（History of India）、潘尼迦著《印度简史》（A Survey of Indian History）等，在此不再一一列举。

专门从事印度中世纪史研究的主要成果有阿尼迈什·穆利克所著

---

① 参见范铁城、闵光沛：《评〈高级印度史〉》，《历史研究》，1987年第3期。

《印度中世纪史》（Animesh Mullick, *Medieval Indian History*）、H.S.帕蒂尔主编《印度政治、法律及军事史》（H. S. Bhatia, *Political, Legal and Military History of India*）、希乌古马尔·库布德主编《中世纪印度史》（शिवकुमार गुप्त, सम्पादक, मध्यकालीन भारत का इतिहास）三卷本、J.L.梅赫达所著《印度中世纪史高级研究》（J. L. Mehta, *Advanced Study in the History of Medieval India*）、阿尼尔·赛克森著《苏丹时期的社会文化》（Anil Saxena, *Society and Culture under Sultanate*）、伊尔凡·哈比布所著《中世纪印度经济史》（Irfan Habib, *Economic History of Medieval India*）及《中世纪印度文明史》（*Medieval India: The Story of a Civilization*）等。伊尔凡·哈比布生于1931年，是目前印度中世纪史研究方面最著名的学者，其许多研究成果都被学术界所引用。此外，印度国内比较出名的历史著作还有萨帝希·金德尔所著《中世纪印度》（Satish Chandra, *MedievalIndia*）以及《中世纪印度：政治、社会与文化》（मध्यकालीन भारत: राजनीति, समाज और संस्कृति）等。

（二）西方学术界研究成果

印度中世纪史在西方学术界的研究态势良好，大约从19世纪起西方学者就对穆斯林统治时期的历史开始了系统的研究，大批英国学者、美国学者著书立说，成果颇丰。

1817年英国历史学家詹姆士·穆勒（James Mill）的三卷本《英属印度史》（*History of British India*）问世，追述了古代至莫卧儿王朝时期的历史。该书第一次将印度历史划分为三个阶段：印度教时期、穆斯林时期及英属印度时期，这种分期方法强调英国对印度的历史贡献，一直被《牛津印度史》（*The Oxford History of India*）、《剑桥印度史》（*The Cambridge History of India*）等权威著作所沿用，但却受到了印度民族主义史学家的强烈反对。英国学者在其早期的研究成果中，往往认为古代印度充满了暴虐和专制统治，声称印度没有自我管理的能力，明显有粉饰英国殖民统治的痕迹。

早期的研究成果还有英国史学家艾森特·A.史密斯所著《牛津印度史》及《早期印度史》（The Early History of India）等，书中对中世纪印度的历史都有所涉及，但论述不够深入。约翰·里查德（John Richard）等编著的《新编剑桥印度史》（The New Cambridge History of India）是近年来出版的有关印度历史的一套非常权威的丛书，书中对中世纪印度的政治、军事、经济、文化、艺术等多个方面都进行了深入的研究，目前，该丛书的部分汉译本已由云南人民出版社翻译出版。此外，牛津大学出版社还不定期出版印度历史研究方面的论文集，涵盖了国际学术界的最新研究成果。彼得·杰克逊（Peter Jackson）是当前美国学术界在印度中世纪史研究方面的领军人物，其所著《德里苏丹国：政治军事史》（The Delhi Sultanate: A Political and Military History）一书对德里苏丹国时期的政治和军事史进行了详细的介绍和科学的评析；作者在另一部著作《蒙古帝国及早期穆斯林印度研究》（Studies on the Mongol Empire and Early Muslim India）一书中，对印度中世纪的奴隶制度、妇女地位以及伊斯兰文化对印度传统文化的冲击等都进行了深入的研究。此外，在法语、德语、葡萄牙语、西班牙语、意大利语及阿拉伯语等语言文化圈也可能存在有关印度中世纪史的一些研究成果，由于本人只懂中文、英语和印地语，因此无法获取上述语种的相关资料，敬请通晓者知会。

二、国内研究状况

印度中世纪史的相关研究在中国非常薄弱，目前很少有学者对其进行过专门和系统的研究。已有的研究成果多集中于介绍穆斯林入主印度次大陆后的王朝更迭,而从政治、经济、军事、社会文化等角度对这一段历史进行系统剖析与研究的学者极少。较早的研究成果有民国时期刘炳荣著《印度史纲》及李志纯编著《印度史纲要》等,上述著作对穆斯林统治时期的历史只是进行了概要性的介绍。林承节所著《印度史》(人民出版社2014年版)是目前中国学术界印度通史类研究方面最权威的著作。书中对印度的历史进行了全面的梳理和论述,对于印度中世纪的历史除介绍王朝更迭之外,还对这一时期的政权组织形式、土地占有形式、建筑艺术及宗教改革等有较系统的评述。

此外,研究印度古代历史的通史类著作还有华中师范大学印度史研究室主编《简明印度史》(湖南人民出版社1991年版)、培伦主编《印度通史》(黑龙江人民出版社1990年版)、林太著《印度通史》(上海社会科学院出版社2007年版)、刘欣如著《印度古代社会史》(中国社会科学出版社1990年版)及林承节著《印度古代史纲》(光明日报出版社2001年版)等。这些著作虽然对这一时期的历史有所涉及,但由于它们的总篇幅有限,往往只有几十万字,具体到中世纪时期也就只有几万字,所以普遍存在研究不够深入细致的问题。

论文方面,黄思骏在《德里苏丹国时期的田赋制度和伊克塔制度》(《世界历史》1997年第1期)一文中,对这一时期的税收制度进行了研究,在《印度中世纪早期国王赐赠土地与封建制的产生》(《历史研究》1992年第5期)一文中,对印度的土地制度及印度是否存在封建制的问题进行了较深入的探讨;张玉兰在《德里苏丹国时期印度穆斯林文化的发展》(《南亚研究》1989年第1期)一文中,对早期伊斯兰文化在次大陆的传播及对印度社会的影响进行了分析研究。

另外,在有关印度中世纪文化、文学、宗教等领域的研究成果中,对这一时期的历史偶有涉及,但往往都是一笔带过,研究不够深入。除此之外，目前尚未发现对这一时期历史进行专门研究的博士、硕士论文发表。

三、存在的问题

20世纪中期以来，印度中世纪史研究在世界范围内取得了长足的发展。受新史学流派的影响，研究领域也开始从传统的政治史、经济史和文化史向性别史、环境史和社会史等方向转变。跨学科研究成为印度中世纪历史研究的主要趋势，尤其是穆斯林统治印度时期的宗教问题、民族问题、妇女问题等成为近年来研究的热点。虽然对这一时期的历史研究取得了一些成果，但仔细研读不难发现，其中依然存在着一些非常突出的问题。

首先，西方学者，尤其是英国学者，在其早期的史学研究成果中，对英国统治之前的印度历史或多或少地存在诋毁的成分，而对英属印度时期的历史则大加褒扬，带有明显的殖民主义色彩。在印度历史分期的问题上，一些英国学者将印度历史分为前殖民地时期、英属印度时期及独立后时期，认为印度今天的民主与文明都是英国殖民统治的功劳，突出英国在印度历史上所扮演的"救世主"形象，这种不顾历史本身，而对历史进行"简单粗暴"分期的做法受到了印度学者的强烈抗议。美国学者在这方面则显得比较公允，往往能通过更加理性的视角从事历史研究。

其次，印度国内学者的研究工作虽然比较深入细致，但却往往无法摆脱自身宗教立场的束缚，无法从世俗的角度更客观理性地分析史料，还原历史本来面目，尤其是在研究中世纪穆斯林统治时期的历史时，穆斯林学者和非穆斯林学者的观点往往有一些出入，对一些历史事件甚至还存在很大的争议，需要读者对其进行一定的甄别。

最后，中国学术界对印度中世纪史的研究存在着明显的不足，主要体现在以下两个方面：一是研究的领域不够全面。国内印度学研究的主流集中于印度文学、印度文化、中印文化交流、中印关系等领域，对于印度历史本身的研究明显欠缺，对许多历史分支的研究目前都没有展开。二是研究的层次比较低，深度和广度远远不够。现有的研究成果多是从宏观范围对历史发展脉络的一种梳理和介绍，而缺少对许多具体历史细节的深入细致的分析、归纳和总结。

通过《中国知网》数据库关键词"印度中世纪"搜索后发现，目前已发表的专门研究此段历史的中文论文仅有十余篇，足以说明中国学术界在这方面研究的欠缺。

第一章　中世纪早期的北印度社会

自 7 世纪中期戒日王朝（又称曷利沙王朝，Harsha）之后，在漫长的 500 多年间，由于缺乏强有力的中央集权力量，北印度再一次由相对统一走向了分裂，大小不等的上百个印度教王国各据一方，相互之间连年混战，社会生产遭到严重破坏，经济发展迟缓，人民生活水平普遍低下，印度历史进入了所谓的"黑暗时代"。历史学家习惯于将 7 世纪中叶至 13 世纪初德里苏丹国建立前这段历史称作中世纪早期，以作为印度从古代向中世纪的过渡。

中世纪早期的印度一方面依然闪耀着印度古代文明的光辉，另一方面却处于次大陆历史大变革的前夜，变得风雨飘摇。中世纪早期的印度社会呈现出几个明显的特征：封建制度得到了进一步巩固和发展，种姓制较以往更加细化，拉其普特势力不断崛起，佛教全面走向衰落。与此相适应，社会结构也发生了一些变化———一些达官显贵从国王那里分得土地，成为新兴的封建地主；随着封建经济的发展，社会进一步细化，商人、手工业者人数较以往有所增加。

虽然 8 世纪初穆斯林对信德和木尔坦的占领并未对印度传统的政治版图构成实质性的改变，11 世纪初迦兹那维王朝苏丹马茂德对北印度的掠夺也如同生活中遭遇的其他劫难一样，很快被印度人所忘却，但不得不说，这一时期，表面强大的印度从本质上来讲却是非常脆弱的。佛教自释迦牟尼创立之后在印度次大陆迅速传播，曾经一度呈现出与印度教分庭抗争之势，但到了戒日王（647 年去世）之后却迅速衰落，逐渐走向消亡，最终被日益强大的印度教所完全吸收，以印度教为核心的宗教思想和价值观念在中世纪早期得以回归。随着帕克蒂运动的兴起，印度教不断自省和完善，种姓制度作为印度教等级社会中最核心的部分在这一时期较以往明显加强了，妇女就地位而言尽管不如男人但却在社会上受人尊重。在北印度持续数百年的混战中，位于次大陆西北部的拉其普特族群逐渐强大，其政治势力不断扩张，鼎盛时期统治了北印度的绝大多数土地。拉其普特人的崛起是中世纪早期印度历史上的又一个重大事件，因此这一时期又被称作拉其普特时代。

从政治、社会和宗教各个角度来看，中世纪早期的印度都是非常羸弱的。造成这一状况的主要原因是印度教王国的统治者们视线狭隘，他们自高自大而且有很强的优越感，从不去思考如何超越周边其他国家，也不主动改进自己的军事装备，缺乏提升国家治理水平的热情；统治者们因循守旧，一味依赖一些传统的武器装备和战术，他们往往热衷于争夺王权，而忽略发展经济。但总体而言，这一时期印度的社会经济仍然有所发展，尤其是手工业和商业贸易较以前更加发达，印度的海外贸易在此期间也一直在持续增长，但是随着封建制度的确立和种姓等级制度的加强，财富分配不均的情况在不断加剧。社会财富主要集中在一些高种姓阶层手中或印度教寺庙里，这也是后来穆斯林入侵者经常捣毁印度教寺庙的重要原因。

北印度地势平缓，水资源丰富，土地肥沃，农业产量高，与相对贫瘠的南部山区或高原相比，一直是印度次大陆相对发达的地区，因而也成了各个政治势力争夺的焦点。在中世纪早期，就先后有阿拉伯人、突厥人和阿富汗人等多次到达北印度进行掳掠和侵扰。虽然历经战争创伤，但无论是城市还是农村地区，随着封建经济的发展和社会分工的细化，当地催生了一批新的社会阶层，原有的社会结构也随之发生了调整和变化。总体而言，中世纪早期的北印度基本沿袭了印度教社会原有的等级制度和社会观念，这与穆斯林政权建立后的印度中世纪形成了鲜明的对比。

第一节　种姓制度的演变

种姓是印度社会普遍存在的一种社会现象，在梵语中，种姓最初被称作"瓦尔纳"（वर्ण, varna），意即"颜色"，后来又开始演变成"迦提"（जाती, jati），意指不同出身、从事不同职业、处于不同社会层次的社会群体。从种姓最初的名称来看，它表面强调的是不同肤色，实质则指的是不同的种族。

种姓制或称瓦尔纳制依据肤色将人分为四等，即婆罗门（祭司）、刹帝利（武士阶层）、吠舍（工商业者）和首陀罗（底层劳动者）。除此之外，还有大量的被排除在上述种姓序列之外的人，他们被称作"不可接触者（अछूत）"，印度独立运动期间，圣雄·甘地将底层人民称为"哈里真"，而印度独立之后，在宪法中称其为"表列种姓"。

种姓是印度社会特有的等级制度，汤因比曾指出，种姓制度是一种"社会病态"，它阻碍了社会的和谐统一。[1]种姓制度将社会成员划分为等级森严的四个部分，他们之间既不通婚也不分享食物。即便是那些属于同一种姓的人，他们由于生活在次大陆的不同地方慢慢也形成了各具特色的生活习惯和社会习俗。处于上层社会的高种姓阶层，享有种种特权，而低种姓者，往往是被歧视和受剥削的对象。在种姓制社会中，体现着"婆罗门至上"的原则，一个人从出生到死亡，所经历的每一个宗教仪式都要由婆罗门来主持，因此这些婆罗门享有很大的权力，他们控制着社会生活的各个方面。但多数婆罗门只专注于宗教和精神生活，对

---

[1] Anil Saxena, *Society and Culture under Sultanate*（安尼尔·萨克森纳：《德里苏丹国时期的社会文化》），New Delhi: Anmol Publications Pvt. Ltd., 2007. p.5.

发展科学技术和改良社会生产模式等不感兴趣。

事实上，种姓制只是印度社会早期一种理想化的等级制度，在现实生活中，它表现得更为错综复杂。随着时间的流逝，四种姓制发展分化为许许多多不同的小集团，这些小的集团被称作迦提。

可以说，迦提制是瓦尔纳四种姓制的内化和发展。印度人经常将瓦尔纳和迦提混为一谈，但事实上，它们之间是有着很大区别的。西方学者习惯于用"caste"一词指代种姓，既包括瓦尔纳制，也包括迦提。有时为了以示区别，学者们将瓦尔纳制称作caste，而将迦提称作sub-caste，即亚种姓。关于种姓是什么时候产生的，时至今日依然没有一个确切的答案，但可以肯定的是，至中世纪早期，在拉其普特时代，印度社会的种姓制度无疑是加强了，它是印度教社会长期存在的根本的等级制度。

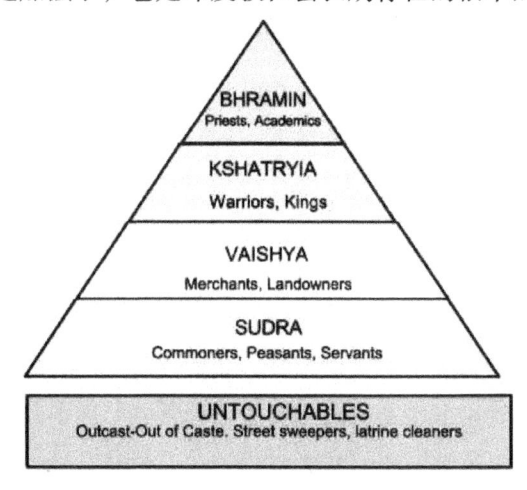

图1 种姓等级结构分布图①

一、种姓制度的起源

关于种姓制度的起源，自19世纪以来，东西方学者做了大量的研究

---

① 资料来源于网络 http://www.egyptsearch.com。

工作,但至今仍莫衷一是。学术界一般认为,种姓制度大约产生于公元前1500年雅利安人入侵印度次大陆前后,最早对种姓制有确切记载的文字出现于约成书于公元前10世纪左右的《梨俱吠陀》中,其中《原人歌》中这样写道:

  原人之口,是婆罗门;彼之双臂,是刹帝利;彼之双腿,产生吠舍;彼之双足,出首陀罗。①

绝大多数学者认为,雅利安是一个社会等级森严的社会群体,印度次大陆的种姓制度,应该是雅利安人入侵次大陆时带来的,是外族文化强加给印度土著的产物。但近年来,也有学者从社会人类学的角度进行了重新考察,认为在雅利安人到来之前,一些印度土著居民群体中,已经存在种姓概念或是种姓制度的雏形,尤其是分布于印度南部和东北部地区的一些部落——雅利安人的势力从未触及这些地方,但他们中却存在着类似种姓制度的等级观念。②

种姓制度在印度次大陆存在了3000多年,然而,时至今日,要给种姓制度下一个确切的定义,却依然十分困难。种姓制度不是阶级,高种姓的人不一定就属于统治阶级,反之,低种姓的人也不一定就完全无法参与政权。种姓制度也不是完全依肤色来区分。据说当年是雅利安人为了将自己与印度土著达罗毗荼人区分开来,运用了"瓦尔纳"这一概念,但事实上肤色不同的印度人,也有可能属于同一种姓。种姓制度更不可能是雅利安人与非雅利安人的划分标准,在现实生活中,种姓与人种之间已经没有必然联系了。

---

① 佚名:《梨俱吠陀》,巫白慧译,商务印书馆,2010年,第255页。
② राजू राज, प्राचीन भारत का इतिहास(拉珠·拉杰:《古代印度史》), नई दिल्ली: सादी बुक हाउस, 2017, पृ.127.

德里大学教授、著名的社会人类学家谢利尼瓦斯认为,"种姓是一种世袭的、内婚制的地方性集团。这种集团与世袭的职业相联系,在地方种姓等级体制中占据特定的地位"[①]。这一定义为大多数学者所接受,认为是对种姓制度定义相对全面的一种说法,它揭示了种姓制度的一些主要特点,如种姓内部的职业具有世袭性、种姓实行内婚制等。

二、中世纪早期的种姓制社会

在中世纪早期,随着佛教的没落和印度教的强势回归,种姓制度在印度社会得到进一步加强,中世纪早期的印度等级社会开始分化为许多种姓和亚种姓,而不再是传统意义上的四大种姓,即种姓已经由最初的"瓦尔纳"演变成为"迦提"。瓦尔纳更多强调的是不同出身和肤色,而迦提更多强调的则是出身和职业。在中世纪早期,随着社会经济的发展,社会分工进一步细化,一部分从事着世袭职业、有着共同出身的人逐渐成为一个独立的群体,他们形成了新的种姓——例如这一时期一个新的种姓戈亚斯德拉(Kayastras)出现了,属于这一种姓的人通常在宫廷里当差,其主要工作是从事写作和记录。此外,大批外来居民在这一时期也开始在印度次大陆定居下来,他们也慢慢地被不同的种姓所吸收。从这一时期开始,种姓制度变得严苛而狭隘,不同种姓的行为习惯和婚嫁习俗等在种姓内部都有明确而详尽的规定,极大地影响着社会习俗和人们的礼仪习惯、神祇崇拜以及饮食习惯等。

中世纪早期的种姓制度从本质上来说依然强调一个人属于什么样的社会等级,但从表象上来讲,它强调的则是一个人的社会职业,如金银工匠、理发师群体等,从这个层面来看,种姓的社会功能无疑是明显增

---

① M. N. Srinivas, *Caste in Modern India*(M. N. 谢里尼瓦斯:《现代印度的种姓制度》),Bombay, 1962, p.3.

强了。

在中世纪早期的印度社会，"不可接触制"非常盛行。社会由高种姓阶层主宰，低种姓的人往往处于被歧视和被压迫的地位，各种姓之间的接触非常少。高种姓的人不会食用低种姓人准备的饭菜，在路上遇到低种姓者甚至是碰到低种姓者的影子都会认为是一种"不洁"的象征，感觉自己被玷污了。由此可以看出，印度教社会表面上是一个包容性非常强的社会，实质则是一个存在着高度歧视、不平等和排外的社会，它通过宗教、地域和种姓将人们彻底分开，并赋予每一个特定的群体不同的权利。

印度教社会同时又是一个合作型社会，不同种姓者之间存在着一定的依赖与合作关系。种姓制虽然充满了等级观念和不平等思想，但历史上在很长一段时间里却推动印度社会和平有序地向前发展。

种姓制度强调种姓内通婚，跨种姓婚姻非常少见，早婚在当时非常流行。婚姻通常由男女双方父母或同一种姓内部年长者决定，基本属于包办婚姻，个人选择的自由度很低。种姓间通婚，尤其是逆婚——即高种姓女子嫁给低种姓男子的现象基本没有，而低种姓女子嫁给高种姓男子因符合《摩奴法论》中的有关规定，因而容易被社会接受。中世纪寡妇再嫁的现象比较少，失去丈夫之后她们多数会选择在丈夫的葬礼上跳入火坑结束自己的生命，这被看作是对夫君忠诚的表现，在社会上会得到赞许。而那些由于各种原因没能以"萨帝"[①]（Sati）结束自己生命的寡妇，将过上极其悲惨的生活，在社会上不被别人认可和尊重，失去生活来源后，往往生不如死。

此外，这一时期社会上也流行一夫多妻制，一些封建主和宫廷贵族通常都有好几个妻子，重男轻女思想极为严重，女孩出生普遍不受欢迎，

---

① 寡妇自焚习俗。

尤其是在拉其普特贵族家庭，往往会将家中刚出生的女孩杀死。在古代印度，父母必须给即将出嫁的女儿准备丰厚的嫁妆，这是印度社会长期以来存在重男轻女思想的主要原因。对于拉其普特贵族而言，女儿的出生虽然不会给他们造成太大的经济压力，但女婴不受欢迎，之所以会有这种现象发生，更多的可能是因为拉其普特族群天性好战，需要更多的男子长大成人后驰骋沙场，而女子则难以承担此重任。因此相对于普通百姓家庭，上层社会中重男轻女的思想更为严重。

在中世纪早期，社会道德价值观念普遍有所滑坡，无论是印度教徒还是佛教徒，都非常注重个人得失，变得非常自我，在生活上也安于享乐，有些人甚至腐化堕落。佛教在进入密教阶段之后严重脱离群众，很快失去了人们的支持。一些高种姓阶层和一些富人，完全以追求和满足自身物质利益为出发点，中世纪早期的印度行走在"礼崩乐坏"的边缘。8世纪初出生于印度南部的商羯罗，立志要改变这一局面，决心通过自己的努力建设一个更加纯粹的印度教社会。他通过发动帕克蒂运动，呼吁人们对神要虔信和博爱，使印度教的普世观念得到了进一步的巩固和深化。

第二节　封建制度的发展

在中世纪早期，印度的封建制度得到进一步巩固和加强。处于封建社会最顶层的印度教国王，实行一种被称作是"权力下放"式（decentralized）的政治制度，国王虽然是国家最高的统治者和国家财富的占有者，但会同一些级别较高的宫廷官员共同分享自己的权力，这些官员即成为后来的封建之主。国王通过札吉尔制度将土地封赐给各级官吏，这些官吏在各自的领地内替国王征税、管理地方事务以及在国王所需时提供兵源、战马等军事力量。印度教国王并不直接参与地方事务的管理,他只供养着数量极其有限的军队,国家的主要收入来源于各地的税收。

一、封建政权组织形式

国王在自己的王国内部拥有至高无上的权力,集行政权、司法权于一身,是国家全部物质财富的所有者。同时,国王还掌控着军队的最高指挥权。王位实行世袭制,通常由国王最年长的儿子继承王位,但同时国王也有权力指定他的任何一个儿子作为王位继承人。国王的权力虽然至高无上,但他却不能肆意妄为,在遇到需要决断国家大事时,"国王必须和他的大臣、宫廷里的高级官员以及自己的长子一起协商决定"[①]。从理论上讲,国王必须以为全体子民谋福利为己任,但事实上,国民的福利以及国家的兴衰很大程度上取决于国王自身的治理能力和道德修养。一部分国王切实为提高子民福祉兢兢业业,一部分国王则更喜欢沽名钓誉、贪图享乐。国王由宫廷里的大臣们辅佐,大臣则由国王任命,大臣的数量不等,每一位大臣分管一项工作,同时对国王负责。国王会在宫廷中设置一些重要职务,如外交大臣、财政大臣、禁卫军头目、治安官、法官、军队统帅等,同时也会根据官阶给这些大臣们一定的政治特权和物质赏赐,大臣们辅助国王处理朝政,在一定程度上也会影响国王的决定。在这一时期,国家被分为若干行省,省下再设区,区下设村庄。国王通常会任命自己最信任的官员(通常是自己的儿子或有血缘关系的近亲)去镇守各省,在区、村一级也有国王任命或安插的官员,这些分布在宫廷之外的官员代替国王在各自的辖区内实施统治。

---

① Irfan Habib, *Medieval India: The Story of a Civilization*(伊尔凡·哈比布:《中世纪印度文明史》), New Delhi, National Book Trust, 2017, p.47.

第一章 中世纪早期的北印度社会

在中世纪早期，封建土地制度（札吉尔制度）得到进一步加强，国王将一些土地赏赐给自己的近亲或宫廷高官，这些土地被称作札吉尔。这些受赐的封建贵族效忠于国王，定期为国家缴纳一定额度的赋税，他们平时供养着一定数量的军队，在国王需要时派遣军队参与国王实施的战争中。国王有权随时收回封地或在官员间不定期对调封地，但后来这些受赐的土地慢慢变为贵族们可继承的财产，也就相应地固定了下来，受赐的封建主成为土地真正的占有者。

札吉尔制度在实施之初，的确发挥过一些积极作用，它有效地提升了国王治理国家的行政效率，在一定程度上通过赏赐换取了封建贵族对国王的支持和忠诚，受赐的封建主在自己的领地里重视发展农业生产，有效促进了社会经济的发展，但其弊端也是极其明显的——无论是在宫廷中还是在地方行省，这些封建贵族都享有相当大的特权，而这些特权在某种程度上削弱了最高统治者的权威。札吉尔制度将国家的土地化整为零，加速了土地的私有化，因而在很大程度上加剧了国家的分裂和国王权力的分化。享有札吉尔的封建主更加关心如何在自己领地内增加收入，他们有时也会发动针对周边国家的战争以扩大自己的领地，很多封建主变得非常富有和强大，以至于最终威胁到王权甚至脱离国王的控制而宣布独立。因此，札吉尔制度的实施并不利于印度次大陆的统一，它在某种程度上加剧了次大陆内部各政治势力之间的内耗，从而阻碍了一个更加强大的统一的印度帝国的出现。

宫廷最主要的财政收入来源于地方各封建主的税收，此外，贸易税、手工业税、盐税、灌溉税和进出口税等也是国家财政收入的重要来源。这一时期农民的负担普遍较轻，农业税收通常以现金或实物的形式收取，税率大概在土地总收入的 1/3 至 1/6 之间。[①]国库的主要开支则集中在国王本人及宫廷日常消费以及为建造宫殿、养活军队以及开展公共服务活动等方面。

  在这一时期，传统的大刀、长矛、盾牌以及战象仍然是印度军队的主要装备。国王会在军中任命各级官员，战争中国王也经常率军亲征，城堡隘口被认为是最有效和最牢固的防御工事，几乎所有的国王都会加强城堡建设。因此，在拉贾斯坦、古杰拉特以及南印度的许多地方，今天仍留存着一些非常坚固的城堡。但是，这一时期印度的军事力量依然很弱，一方面是因为传统的武器装备长久以来没有得到更新，在战争中不占优势，另一方面是因为临时纠集起来的军队缺乏统一指挥，难以形成战斗力。由于国王自身拥有的军队并不多，战时主要的军事力量由各地的封建主提供，这些封建主的军队经常军纪涣散，缺乏训练，各自为政，在战争中很难做到协调统一。另外，这些由各地封建主供养的军队对国王的忠诚度不够，很难为了国王出生入死，因而军队整体的战斗力很弱。在中世纪早期，印度次大陆的政治环境在数个世纪里似乎没有大的变化，统治者们虽然彼此连年混战，但却没有一个人强大到能够统一整个印度，这种政治上的均势折射出这一时期没有一个国王曾经试图借鉴过同时代其他国家先进的战术或主动改进军事装备。这在后来拉其普特人与突厥人的战争中表现得非常明显，面对中亚灵活的骑兵和先进的战术，依然企图利用战象取得胜利的拉其普特人注定是会失败的。

---

① See Sunil Kumar, *The Emergence of The Delhi Sultanate*（苏尼·古马尔：《德里苏丹国的诞生》），Ranikhet: Permanent Black, 2012, p.132.

二、社会结构

为了更好地理解这一时期北印度社会的主要特征，我们有必要在研究之前对社会结构这一概念进行厘清。人类社会是由不同的个体构成的，个体之间为了满足各自不同的需求而相互接触，彼此发生联系。在这一过程中，不同的个体在社会生活中扮演着不同的角色，同时拥有相应的权利和义务，最终形成了他们在社会中所拥有的不同地位。人们的社会行为与特定的形式和价值相联系，而这种价值和形式又指导人们进行相应的社会活动。社会结构就是这样的一种模式，它表明人在社会生活中扮演的不同角色，但背后却隐藏着一系列复杂的社会关系，这种社会关系按照一定的秩序构成相对稳定的网络。广义的社会结构指政治、经济、社会等领域多方面的结构状况，而狭义的社会结构则主要指社会阶层结构。

印度是一个有着悠久历史的文明古国，出现于公元前2000年左右的印度河流域文明和此后的吠陀文明，为人类历史的发展做出了巨大的贡献。城市文明曾经在印度历史中占据着重要地位，尤其是在梨俱吠陀时代（约前1500—前1000年）。从某种角度来讲，早期的印度河流域文明其实代表的就是一种城市文明———一般而言，城市是统治阶层的聚集地，是各级政权的核心地带，这里的宫殿大厦不仅是权力和财富的象征，同时也代表着统治区域社会经济的发展状况和文明程度。而农村作为城市的相对面，经常作为统治阶层管辖的对象，在政治权利享用、经济发达程度方面自然不及城市，但却为城市生活提供着重要的物质保障。城市居民与农民相互依赖，尤其是在经济联系方面，二者关系非常紧密。城市生活的许多物质资料，如粮食、牛奶、蔬菜和手工业生产的原材料等，都得依赖农村提供，而农民则通过上述交换活动，获取维系生活和农业再生产的必要资金。

在中世纪早期的北印度，城市里只居住着人口占极少数的穆斯林统治阶层、部分商人和手工业者，绝大多数人口生活在农村地区，构成了印度社会的主体。一般认为，家庭、家族、种姓、阶层和村庄是农村社会结构的最基本分层，它们构成了印度农村社会全部的政治、经济和文化联系。村庄里每个社会成员的地位和角色、权利与义务都体现在了这五个层面上：

家庭是人类社会最基本的构成单位。在印度，家庭的社会功能尤其重要，一个人在社会生活中所从事的职业和所处的地位很大程度上取决于他（她）的出身，即家庭的社会地位。印度社会存在两种典型的家庭类型，一是仅由夫妻和未成年子女构成的关系极其紧密的小家庭或称核子家庭（nucleated family），二是包含有更多血缘关系成员的联合家庭（संयुक्त परिवार）。在中世纪早期，印度家庭以联合家庭为主，一般是三代甚至三代以上的人共同生活在一起，他们一起劳作，在同一个厨房做饭，共同拥有家庭的财产，共同承担着家庭的各项义务。每一个家庭成员都有很强烈的家庭意识，他们把整个家庭看作是一个不可分割的整体，而个人只是其中的一分子，每一个家庭成员都有义务照顾好家庭内部的其他成员。联合家庭的一个重要特征就是财产为家庭所有成员共有，任何家庭成员都无法以私人名义占据家庭财产，当家庭涉及政治、经济、文化、宗教生活时，"不是以个人，而是以家庭为单位组织发起"[1]。联合家庭强调整体，弱化个体，因此个人在家庭中的自由度也相对较低。就家庭成员的婚姻而言，也经常被看作是不同家庭之间而非不同个人之间相互联系的一件大事。

联合家庭一般推举年龄最长的人来管理整个家庭，并推动家庭相关

---

[1] Braham Singh, H. C. Sharma, eds., *History of Medieval India*（布拉哈姆·辛格、H. C. 夏尔马主编：《中世纪印度史》）, New Delhi: Omega Publications, 2008, p.249.

的各种事务正常运行，所有家庭成员对管理者有很强的服从意识。联合家庭在印度由来已久，但至中世纪早期，由于经济的发展加速了家庭手工业的兴起，因此，这一时期的联合家庭不仅强调有血缘关系内部成员之间的相互依存，更体现了家庭内部成员之间共同的经济利益。

家族是比家庭更为宽泛的一个概念，一般由一个或多个有血缘关系的家庭组成，但构成家族的各成员之间的关系远不及家庭成员之间那么紧密。他们有着共同的祖先，但这种血缘关系一般都相对较远，多属于3至7代人之间。家族经常作为一个整体参加一些大型的集体活动，当家族成员产生矛盾和纷争时也多在族内解决，家族通常会推举年长且德高望重的人出任族长，统筹协调家族内部事务，但家族内部禁止通婚。

种姓是印度等级社会的核心，和城市相比，种姓制度在农村更加严苛，农民生活的方方面面都和种姓有关。种姓构成了农村社会最基本的等级层次，在印度农村，土地基本上都为高种姓阶层所占有，他们成为农村社会的统治阶层，通常被称作柴明达尔（ज़मीनदार，zamindars），即地主，而广大农业劳动者多出身低种姓，在经济上依附于地主。地主负责征税，对土地有着绝对支配权，属于上层社会，而劳动力则处于下层社会。20世纪80年代，我国学者对印度历史上是否存在封建制展开了激烈的讨论，以印度土地政策和农民是否真正占有土地为切入点，形成了截然不同的两种结论。而印度学者对这一问题的看法却比较一致，著名历史学家伊尔凡·哈比布（Irfan Habib）认为印度历史上是存在封建制的，而封建地主这个阶层最早出现于拉其普特势力崛起时，也就是中世纪早期。由于种姓具有世袭性，因而处于同一种姓的人不一定来自同一家族或家庭，但是，同一家庭或家族的人一般却都属于同一种姓。人们通常只在种姓内部或亚种姓之间通婚，只有个别的低种姓女子嫁给高种姓男子后，其种姓才得以自然提升。

阶层是依照经济地位划分的、超越了种姓和家族概念的不同社会群体。在印度农村，经济上处于优势，对土地和生产资料占有绝对支配权的地主，属于统治阶层或统治阶层的代理人，而自身没有土地，在经济和人身关系上都依附于地主的广大农业劳动者，他们则属于被统治的农民阶层。在中世纪早期，地主虽然有时占有土地，但往往却受到来自国家权力中心最高统治阶层的牵制，他们通过上缴税收和贡赋等方式来换取最高统治阶层的信任，以代理人的身份代表国王治理农村，从而维系自身的既得利益。

村庄是印度农村主要的构成形式。通常，在村庄内部，有一系列联系紧密的房屋，周围是村民们的农田，村庄被包围其中，相对安全。村民通常由有着血缘关系、从事相同或相近职业的一个或数个家族成员构成，但他们也可能属于不同的种姓或社会阶层。村庄内部一般设有五人长老会（पंचायत），由村民推举的五名德高望重的长者组成，负责处理村子内部的各种纠纷和事务。村庄与村庄之间相对独立，彼此联系不是特别紧密。印度农村的这种组织形式称作村社制度，一般认为它是印度农村在经历了战争、王朝更迭之后，却依然能够保持稳定和自给自足状态的一个主要原因。早期对印度农村进行研究的成果有时过分夸大了农村的自治，印度的农村多被描述成一个封闭的孤立的系统，近年来西方学术界对这一问题提出不同的观点，认为印度农村村落之间并非没有联系或联系不够紧密，而是相互之间有着非常紧密的联系。

第三节　拉其普特势力的崛起

在中世纪早期，印度的政治版图支离破碎，自曷利沙王朝灭亡之后，500多年间再也没有一个统治者能够建立起一个统一的印度帝国。事实上，印度历史上实现统一的时间极其短暂，绝大多数时间次大陆处于这种各自为政、支离破碎的状态。虽然许多有野心的且实力强大的印度教国王曾试图统一印度，但成功者却寥寥无几。孔雀王朝（मौर्य राजवंश，Maurya Empire）在某种程度上做到了这一点，该王朝的第三代帝王阿育王建立了一个几乎涵盖了印度次大陆全部疆土的国家，但从此以后没有人能够像阿育王一样建立同样统一强大的印度。笈多王朝（गुप्त राजवंश，Gupta Empire）部分地实现了统一印度的目标，但也只是将北印度的大部分土地纳入自己的管辖之内。进入中世纪以来，随着封建制度的确立和发展，尤其是封建土地制度札吉尔的推广造成了社会力量的进一步分化，印度次大陆因而很难再次形成统一的局面。

尽管这一时期的印度缺乏强有力的中央政权，次大陆小国林立，但是位于西北部拉其普特势力的崛起依然被看作是中世纪早期印度次大陆最重大的历史事件之一，一些历史学家甚至把这一时期称作是拉其普特时代。拉其普特人生活在印度次大陆西北部沙漠地带，有学者认为他们属于雅利安人的后裔，也有人认为他们是中世纪早期来到次大陆的外来民族。拉其普特人属于种姓制度中的刹帝利阶层，具有顽强的意志和精湛的骑术，骁勇善战。曷利沙王朝之后，拉其普特族群逐渐强大，从公元8世纪到公元9世纪前后，拉其普特人在北印度建立了多个印度教王国，其中比较著名的有瞿折罗·普腊蒂哈腊王国（Gurjar-Pratihar）和罗湿陀罗拘陀王国（Rashtrakuta Empire），前者定都卡瑙季，后者定都门亚卡特（Manyakhet）。北印度从拉贾斯坦到克什米尔再到东部卡瑙季的大片土地都处于拉其普特族群的管辖之下。

一、拉其普特族群的起源

在古代印度尚未有明确的民族和国家概念，社会严格按照种姓制度分化为不同的等级集团，这些社会集团内部成员间往往存在着一定的血缘关系，而各社会集团之间则处于割裂状态。由于实行种姓内婚，不同种姓阶层之间很少有血缘关系上的流动。一般认为拉其普特人属于刹帝利阶层，但值得注意的是，在8世纪之前，"拉其普特"（राजपुत्र）一词既没有在梵语文学中出现过，刹帝利集团内部也不存在所谓的拉其普特血统，因此有关拉其普特人的起源问题，在史学界就出现了分歧，一部分学者认为他们是生活在印度西北部的雅利安人的后裔，也有学者认为，拉其普特这一社会群体是公元8世纪之后才在印度次大陆出现的，很可能来自次大陆之外。"拉其普特"最初只是指代社会中存在的一个特殊群体而非一个民族，因为这一时期印度次大陆还没有民族这个概念。曷利沙王朝之后，印度次大陆再一次处于分裂状态，出现了数百个大小不等的印度教王国，这一时期一些外来民族如匈奴等开始定居于印度西北部的旁遮普地区，逐渐被印度化，其中生活在上层社会的一部分人，他们的主要职业是作战，因此成为印度教社会刹帝利的一员，他们开始被称作拉其普特人，而那些处于中下层的外来者，慢慢融入一些低种姓阶层中。尽管没有太多史料对上述说法加以佐证，但考虑中世纪早期印度社会的实际情况，拉其普特人来自次大陆之外的说法似乎更为可信。

从以上分析可以看出，拉其普特人被认为属于刹帝利阶层主要是基于其从事的社会职业而非血缘关系，这与一贯强调血缘出身的印度教种姓社会有着明显的不同。在融入印度社会的过程中，由于其从事的职业与印度教武士阶层——刹帝利非常接近，因此印度教婆罗门确定拉其普特人属于刹帝利阶层。拉其普特这一群体普遍具有好战的特性，战争是他们赖以生存的职业，也是他们实现自我价值的主要途径。

二、拉其普特政权的组织形式

中世纪早期崛起于印度次大陆北部的各拉其普特政权具有典型的封建政权性质。和同时期的其他印度教王国一样，拉其普特人也在王国内部确立了封建制度，实施札吉尔土地制度——土地被分配给一些封建大地主，他们只需要定期向宫廷上缴一定数量的赋税，以及在国家需要的时候提供军事上的支持。

从土地占有形式上来看，这一时期北印度所有的土地都属于印度教国王所有，由国王在贵族间进行分封，受赐者被称作札吉尔达尔，这些札吉尔达尔通常都和拉其普特首领有一定的血缘关系。札吉尔达尔的主要职责除了替国王管辖所属领地之外，还兼有为国家征税及战时为国王提供军队的义务。因此，这一时期国家的强盛与否很大程度上取决于这些札吉尔达尔对国王的忠诚度和国王本人的性格，一些性格较弱的国王往往对札吉尔达尔缺乏有效的约束力，因此经常造成宫廷权威受到挑战的局面，严重时还会发展成为地方势力的叛乱或独立。国王自身掌握着数量极其有限的军队，而由地方封建主临时提供的兵士又往往缺少训练，组织涣散，并且对国王也缺乏足够的忠诚度，因而在战争中很难取得胜利。札吉尔制度在加强对地方实施有效管辖的同时，却造成了国家更大范围的分化，削弱了王权和宫廷的权威。因此，在突厥人进攻北印度时，这些拉其普特王公很难形成统一的联盟，来共同阻击外来的入侵者，最后被入侵者逐个击破。

在拉其普特人统治北印度期间，对于广大生活在社会底层的普通民众而言，生活并未受到太大影响，也没有因为政权更迭而发生大的变化，尤其是在农村地区，人们依然依靠五人长老会处理村庄或家族内部的一些纷争，国家的税收也是由长老会或部落和村庄头人出面征收。种姓制度在拉其普特王国内部非常盛行，除了传统的四大种姓之外，这一时期也出现了许多亚种姓，这主要是基于社会分工不同而形成的。在拉其普特王国，婆罗门享有很大的特权，他们号称掌握所有的知识，无论是宗教知识还是世俗知识，在宫廷里，他们往往担任印度教王国的大臣。拉其普特首领和军士构成了刹帝利阶层，而商业活动则主要由吠舍承担，首陀罗从事着传统的农业耕作，同时为其他三个阶层服务。而那些不可接触者则生活在村庄或城市之外。

从种姓的角度来看，拉其普特族群多属于刹帝利阶层，他们也常常骄傲地自称为古印度大神罗摩和克什希那的后代。毫无疑问拉其普特人非常勇敢，在战场上也从来不会退缩，他们十分慷慨大度，"即便是最可怕的敌人向他们寻求保护，拉其普特人也会极其宽容大度地帮助他们"[①]。在中世纪早期，妇女的贞洁和名誉在社会上受人尊重，男人们为了保全妇女的贞洁和名誉不惜牺牲自己生命，社会上流行"乔哈尔"（Jauhar）和"萨帝"（Sati），即妇女集体自焚和在丈夫死后殉葬，这一现象在拉其普特族群中非常普遍，尤其是一些高种姓阶层中。

中世纪早期的印度处处充满战争的气息，即将战败的一方会在最后一次出征之前将自己的妻女集中在一起让她们进行集体自焚，然后才走向战场直至战死。这种称作"乔哈尔"的社会习俗一方面是为了避免战败后自己的妻儿落入敌人之手被玷污或凌辱，另一方面却和种姓内婚不无关系。尽管如此，有一点必须注意，那就是妇女的实际地位在这一时期开始下降，社会上开始流行"深闺制度"（Pardah）而所有女性必须严格遵守，妇女逐渐沦为他们丈夫的附属品，同时也可能会成为一些社会陋习如"萨帝制"的牺牲品。

拉其普特人在中世纪早期抵御穆斯林入侵的过程中发挥了重要的作

---

① R. S. Sharma, *India's Ancient Past*（R. S. 夏尔马：《古代印度》），New Delhi: Oxford University Press, 2017, p.312.

用，尤其是在同古尔的穆罕默德的战争中，有效延缓了穆斯林侵入印度次大陆的速度，同时也让穆斯林入侵者感受到了印度本土军事力量的强大。由于拉其普特族群肩负着守卫国家的任务因而在社会上备受尊重，但这种种姓和职业带来的优势地位却非常容易滋生享乐和腐败。拉其普特族群的上层社会尤其是统治阶级往往挥金如土，过着一种非常奢华的生活。

拉其普特族群虽然强大，但最终拉其普特人仍然没有建立一个统一的印度帝国，在抵御穆斯林的战争中以失败告终。

造成这个结果的原因是多方面的：首先持久的战争造成了拉其普特力量的内耗。自曷利沙王朝之后，北印度的许多地方都处于拉其普特人的统治之下，但这些有着共同祖先的拉其普特人相互之间却战事不断，在中世纪早期数百年的时间里，他们热衷于彼此攻城略地，聚敛财富，而较少关注发展经济，连年的战争极大地消耗了拉其普特族群的军事力量。二是思想因循守旧，不善于学习吸收新事物。这一特点表现在他们在军事上不注重学习吸收周边国家先进的战术，不善于改进武器装备，在火药武器在中亚军队中已经非常盛行的情况下，仍然梦想借助业已过时的战象和大刀长矛取得战争胜利。三是拉其普特势力组织涣散，很多王国之间经常发生战争，在外敌入侵时难以形成有效的同盟一致对外。四是统治阶级缺乏政治远见，在中世纪早期，拉其普特人的民族认同感尚未形成，敌我不分，在穆斯林入侵北印度的过程中，一部分印度教国王甚至主动为入侵者提供便利，企图借助外来势力战胜自己的对手，最后反而被穆斯林入侵者所利用，做了亡国奴。

第四节 佛教的衰落

由于古代婆罗门教祭祀仪式烦琐复杂、基本教义严重脱离群众，因而在公元前6世纪前后社会上出现了要求削弱婆罗门地位的沙门思潮，佛教和耆那教就是在这种背景下产生的。佛教由释迦牟尼创立，由于其宗教仪式简单，倡导不杀生和众生平等的教义有效迎合了普遍民众的情感诉求，易于修行，因此在短期内吸引了大批信徒。后来经孔雀王朝第三任帝王阿育王推动，佛教开始走出印度向周边国家传播。佛教自创立至公元4世纪前后，在印度与婆罗门教（即后来的印度教）一度形成分庭抗争之势，但自笈多王朝起佛教开始走向衰落，在戒日王朝时虽有短暂复苏，但已经难挽颓势。至中世纪早期，北印度穆斯林政权建立（1206）之前在次大陆完全消亡。

佛教走向没落以至最终消亡，是中世纪印度社会的一个重要特征。究其原因，主要有以下几个方面：

一、外部原因

印度教的排挤和吸收同化是佛教消亡的重要原因。大约在公元2世纪前后，婆罗门教在总结古印度六大哲学派别思想的基础上，充分吸收佛教、耆那教的精华部分，形成了新婆罗门教，即印度教。印度教一改过去婆罗门教烦琐复杂的祭祀礼仪，宣传不杀生思想，呼吁种姓平等，很快获得了民众的支持，至公元8世纪经过宗教大师商羯罗的改革后教义日臻完备。而佛教在这一时期却进入了密教阶段，变得异化而复杂，严重脱离群众。佛教与婆罗门教在教义方面本来就存在许多相通之处，经后者演变而来的印度教更好地顺应了时代发展的趋势和人们的精神需求，因此，和印度教相比，佛教教义的优势已不复存在。更为重要的是，印度教祭司为了同化佛教，将佛陀说成是印度教大神毗湿奴的第九个化身，极大地降低了广大信徒从佛教转向印度教的情感阻力，从而实现了对佛教的完美"收编"。

二、内部原因

教义缺乏创新、宗教仪规异化、僧团腐化变质是中世纪早期佛教没落的主要原因。佛教最初宣传众生平等，祭祀仪式简单，为广大信徒尤其是印度社会的低种姓阶层所普遍接受。但随着印度教的诞生和发展，印度教和佛教的教义有极高的相似度，二者之间的区分度不高，而密教化后的佛教变得复杂而神秘，拉大了与广大民众的距离。此时的印度教却处于上升阶段，从生老病死到终极关怀，有一套完备的宗教仪规，更加符合人们的精神诉求，因而更加具有吸引力。此外，中世纪早期随着封建经济的发展，寺庙内的上层人士已经成为大封建主，他们拥有大量的土地和财富，生活奢华，僧侣普遍腐化堕落，戒律松弛。由于寺院自身不具备生产能力，还需要普通民众进行供养，在某种程度上也增加了下层人民的经济负担，因而逐渐受到人们冷落甚至反对。

另外，佛教的衰落与失去统治阶层的支持和穆斯林外部势力的打击也有一定关系。佛教诞生之后，由于受到如阿育王一样的帝王的推崇而得以快速传播，但到了笈多王朝时期，统治者更热衷于信奉新兴的印度教，因而佛教逐渐失去了来自权力顶层的支持，迅速走向衰落。

自公元8世纪起，密教化后的佛教只拥有极少信徒，但此时佛教并未在印度次大陆完全消亡。真正给佛教带来最后致命一击的是来自中亚的穆斯林，12世纪末，古尔的穆罕默德军队入侵北印度时，捣毁了大量的佛教和印度教寺庙，入侵者不仅掠走了寺庙内的大量财富，同时还杀死了大批信徒。1193年，穆罕默德军队攻入佛教圣地那烂陀寺，对寺庙洗劫一空，破坏了存放佛经的图书馆，杀死了寺庙内的大批僧侣，从此佛教在印度次大陆彻底消亡。①

小 结

公元7世纪至公元12世纪，习惯上被称作中世纪早期，无疑是印度历史上一个承上启下的重要阶段。在这一时期，刚刚完成从奴隶社会向封建社会过渡的印度次大陆，在各个方面都处于一个全新的起步阶段。正是由于中世纪早期印度的封建制度发展还不够成熟和完备，封建经济还不够发达，致使在这一时期社会出现了某种程度的错乱，这种错乱的具体表现就是战争频发，缺乏强有力的中央集权政治，没有任何一股政治势力可以统一整个次大陆，因此这一时期的印度版图实际上是由上百个大小不等的印度教王国构成的，它们之间冲突不断，彼此的合作很少。政治版图的这种分裂状态是由多种原因造成的，其中最主要的原因就是封建土地所有制，由于在中世纪早期普遍流行封建采邑制度，一些拥有土地（札吉尔）的封建主，在实力足够强大后经常摆脱国王的控制而宣布独立，导致了封建王国数量的增加。

种姓制度是构成印度等级社会的根本制度，产生于雅利安文明时期的种姓制度，长久以来对印度次大陆居民的政治、经济和宗教文化生活都产生着重要的影响。至中世纪早期，种姓制度在发展过程中出现了一些细微的变化，在四大种姓之外逐渐出现了一些亚种姓，这些亚种姓的出现主要是封建经济发展之后社会分工细化的结果。然而这些新产生的

---

① See Rekha Pande, *Religious Movements in Medieval India*（雷卡·帕黛：《中世纪印度宗教运动》），New Delhi: Gyan Publishing House, 2005, p.201.

亚种姓，依然可以划分至四大种姓的范围之内，即它们依然有可能属于婆罗门、刹帝利、吠舍或首陀罗中的一种，只是这一时期对它们的称谓上有了变化。种姓制度被细化之后，种姓内部的界限更加明显，不同种姓之间的交往很少，基于血缘关系和社会分工基础之上的种姓制度流动性越来越弱，因此从某种意义上来讲，中世纪早期印度社会的种姓制度无疑是加强了。

从宗教的角度来看，佛教自产生以后至公元4世纪前后在印度社会一直呈现出不断上升的发展势头，但从笈多王朝起，由于不被统治者所看好，佛教逐渐受到冷落开始走向衰败。虽然在戒日王执政时期佛教在某种程度上有所升温，但毕竟大势已去，在戒日王之后佛教迅速衰落，至中世纪早期佛教的社会影响力已经微乎其微。佛教的衰落有自身的内部原因，也有来自社会宗教氛围的外部因素，其中佛教教义思想不能很好地维护统治阶级的利益，不能满足普遍信徒的情感诉求是佛教衰落的主要原因。佛教在发展到密教阶段之后增加了许多神秘主义色彩，严重脱离群众，其基本教义已经不能满足普遍民众的需求，加之在这一阶段，印度教通过自身的一系列自省和改造，日趋完备，有效迎合了统治阶级和普通信徒的精神诉求，因此得到了自上而下的支持。此外，佛教与印度教从本质上来讲同是源于古代婆罗门教，因此二者在宗教教义和仪式等方面有很多共同之处，但随着时代的发展，二者差异性越来越小，以至于在中世纪早期，佛陀正式被确认为印度教大神毗湿奴的第九个化身，从而完全融入印度教之中，至此佛教在印度次大陆便销声匿迹了。

中世纪早期印度社会的一个重要特征就是拉其普特势力的崛起。关于拉其普特族群的起源一直有着不同的说法，学术界更倾向于认为他们是中世纪早期来自次大陆外部的一些民族演变而来的，因为在8世纪之前的印度古代典籍中，我们很少能看到对拉其普特人的相关描述。拉其普特人天生骁勇善战，因此被认为是属于刹帝利阶层，事实上，自奴隶社会后期起，婆罗门在印度教社会的地位实际上已经处于下降状态，而手中握有军队的刹帝利在政治生活中扮演着更为重要的角色。中世纪早期，拉其普特人在次大陆北部建立了许多印度教国家，尽管统治这些国家的拉其普特人之间可能存在着某些血缘关系，但他们相互之间却并未形成一个统一的联盟，彼此之间因为利益冲突导致的战争也从未停止过。拉其普特王国之间这种松散的甚至是对立的关系，为穆斯林入侵者提供了可乘之机。在中世纪早期的北印度，就先后有迦兹纳维王朝的苏丹马茂德和古尔王朝的穆罕默德先后进行侵扰。公元11世纪初，马茂德对北印度进行了多达17次的侵扰，掠夺走了大量的财富，给当地的社会生产和人民生活带来了沉重的打击。[①]面对穆斯林的入侵，极个别的拉其普特王国也进行了一定的抵抗，但多是出于维护自身利益的需要，这一时期反对穆斯林的战争尚未上升到反对外来入侵的民族战争的层面。一部分拉其普特人甚至幻想着借助穆斯林军队打压和削弱自己的对手，因此中世纪早期也有一部分人参与到穆斯林军队中去。拉其普特势力的崛起似乎为四分五裂的印度带来了统一的曙光，然而由于统治阶级自身缺乏远大的政治抱负，目光短浅，在面对外敌入侵时也没有形成强有力的反侵略同盟，而是各自为政，甚至与入侵者妥协合作，最终没有逃过被穆斯林统治者征服的命运。

---

① See J. L. Mehta, *Advanced Study in the History of Medieval India*（J.L.梅赫达：《印度中世纪史高级研究》），vol. 1, New Delhi: Sterling Publishers (P) Ltd., 2016, p.50.

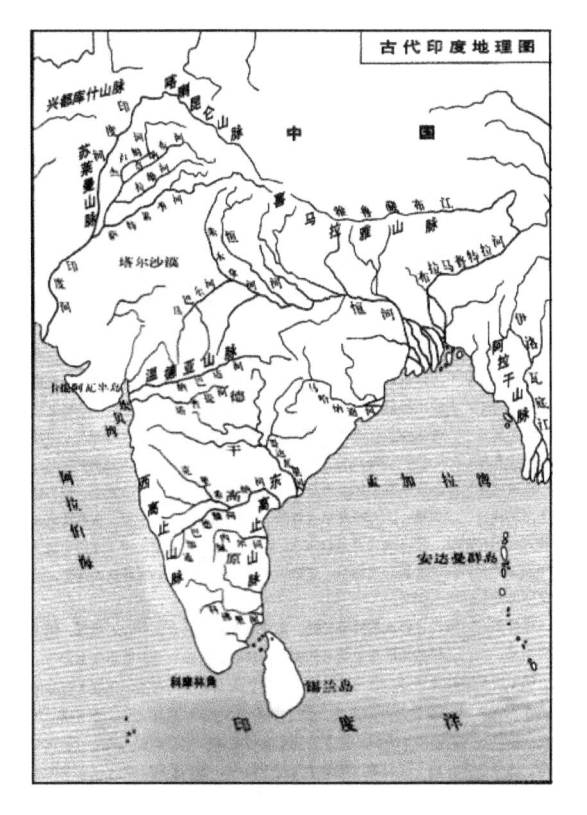

图 2　古代印度地理图（资料来源：林承节著《印度史》）

第二章　北印度穆斯林政权的建立与发展

　　印度中世纪史上最重大的政治事件就是穆斯林的入侵。尽管印度历史上从来都不缺乏外敌入侵的例子，早在公元 7 世纪之前，就有希腊人、帕提亚人、西徐亚人和匈奴等先后越过印度西北部兴都库什山，经开伯尔山口进入次大陆，然而他们无一例外地都被强大而且极具包容性的印度文化同化了，异族入侵并没有对印度本土居民的宗教和社会文化生活产生太多影响，很多个世纪以来以种姓制度为核心的印度社会一直处于婆罗门的控制和指导之下。然而，8 世纪初穆斯林的到来尤其是 13 世纪初北印度穆斯林政权的建立，却极大地改变了次大陆长久以来保持的这一局面。首先是阿拉伯人，其次是突厥人和阿富汗人充当了改变印度次大陆命运的急先锋。虽然这一时期的穆斯林或多或少地都受了伊斯兰圣战思想的影响，但可以断定，觊觎印度次大陆的财富才是上述穆斯林入侵印度的主要目的，而以宗教名义开疆拓土则属其次。因此，穆斯林对北印度的入侵也经历了由单纯经济目的向谋求经济政治共同利益这样一个转变的过程。从 8 世纪起，在此后的 500 多年时间里，穆斯林最终在印度次大陆站稳了脚跟，而后又以统治者的身份占据北印度权力制高点达 600 多年之久。

　　穆斯林带来的不仅是次大陆统治阶层的更迭，更是价值体系、意识形态、生活方式的改变。和以往不同的是，在强大的伊斯兰文化面前，印度文化虽然极显包容，却难以将其完全同化吸收，以印度教为核心的本土文化在次大陆的垄断局面被彻底打破。伊斯兰文化借助政权的力量在印度次大陆迅速传播，一部分印度教徒——尤其是低种姓印度教徒，为了逃避高种姓阶层的迫害，也自觉皈依了伊斯兰教，穆斯林逐渐成为印度次大陆一支重要的社会力量。

经过与印度本土居民上千年的冲突融合，穆斯林不再作为外来民族，而是成为印度民族大家庭中的重要一员，印度社会从此进入了一个更加多元的时代。

第一节　穆斯林对北印度的入侵

公元570年，先知穆罕默德诞生于阿拉伯圣城麦加，他创立了一神论的伊斯兰教。伊斯兰教的创立无疑是世界历史上最重大的事件之一，这种宗教崇尚武力，极大地激发了教徒征服世界的热情。其最初的追随者阿拉伯人很快就将伊斯兰教发展成了亚洲政坛一股非常强大的力量。大约从公元632年开始，先知的继承者哈里发们就率领军队向四方挺进，在短短不到一个世纪的时间里，就在西起大西洋、东至印度河岸的广袤土地上插上了伊斯兰旗帜。阿拉伯人之后，波斯人逐渐进入伊斯兰世界的权力核心，大批波斯人开始信奉伊斯兰教并对其不断强化。大约从10世纪起，来自中亚的突厥人迅速崛起，成为伊斯兰世界的中坚力量，游牧民族出身的突厥人骁勇善战，通过不断征战，伊斯兰教迅速向东西方传播并成为世界上最主要的宗教之一。

得益于印度次大陆独特的地理条件，北有喜马拉雅山作为天然屏障，西北有兴都库什山守护，西南有阿拉伯海和浩瀚的印度洋环绕，加之当时陆路的交通条件非常艰苦，而阿拉伯人的航海和造船技术还比较落后，因此，无论是借助陆路还是海路，距离相对较远的印度次大陆对阿拉伯人而言都有些可望而不可即，这也是在公元7世纪次大陆几乎没有受到穆斯林侵扰的重要原因。尽管在这一时期，穆斯林也曾尝试到达过阿富汗南部地区以及印度西海岸的孟买和信德等地区，但都没有产生太大的影响。大约从 8 世纪初开始，穆斯林统治者才真正开始决定在次大陆扩大影响力，但这一过程由于受到当时历史地理条件的限制显得极其缓慢。阿拉伯人、波斯人先后从海路和陆路踏上印度次大陆，但除了实现经济目的之外，政治上收获甚微。直到 13 世纪初，来自中亚古尔王朝的穆罕默德进入北印度，建立了实质性的穆斯林政权——德里苏丹国，穆斯林才第一次作为一支独立的政治力量存在于印度，次大陆的历史也从此真正进入了穆斯林统治时代。

一、阿拉伯人

据历史考证，阿拉伯人也许是最早到达印度次大陆的穆斯林。大约在公元 637 年，阿拉伯人就派遣了一支军队到达今天的孟买附近，不久又派军队到达信德地区，占领了今天巴基斯坦境内俾路支省的一些土地。[①] 但可能是由于当时人数规模较小，影响力有限，加之缺乏相关史料的佐证，一直没有得到史学界的普遍认可。历史学家习惯于将公元 712 年，即阿拉伯人穆罕默德·卡西姆（Muhamud Kasim）率军占领信德，看作是穆斯林对印度次大陆真正意义上的第一次入侵。据史料记载，锡兰（Ceylon）国王给当时的伊拉克总督哈加季（Hajaj）运送礼物的商船在印度西海岸信德附近海域受到了当地海盗的打劫，而当时信德的统治者达哈尔（Dahar）对海盗惩治不力，哈加季数次派兵到达信德，但都被当地的印度教王国所打败，因此大约在公元 711 年，总督哈加季盛怒之下决定委派自己的侄子穆罕默德·卡西姆率领军队远征信德，以"惩治当地的印度教国王"[②]为旗号。这或许只是阿拉伯人的战争借口而已，事实上，他们对伊斯兰教狂热的宗教激情、意欲不断扩张帝国领土的政治野

[①] सतीश चन्द्र, मध्यकालीन भारत: राजनीति, समाज और संस्कृति, पृ.54.

[②] K. R. Gupta, D. S. Paul, Meenakshi Taheem, Manpreet Kaur, *Medieval India*（K. R. 古布特、D. S. 保尔等：《中世纪印度》），New Delhi: Atlantic Publishers & Distributors (P) Ltd., 2013, p.34.

心以及对次大陆财富的觊觎才是远征印度的真正原因。

卡西姆率领的军队在今天巴基斯坦卡拉其附近水域登陆，在当地一些佛教徒和部分变节的印度教首领的帮助下，向印度教王国的统治者们发起了进攻并很快占领了次大陆西北部的信德（712）和木尔坦地区（713）。在取得最初的军事胜利之后，卡西姆并没有迅速扩大战果——事实上他并未打算长久停留在印度次大陆，在取得胜利三年半之后卡西姆便被召回了伊拉克，后来被哈里发处死，信德和木尔坦地区的实际管辖权则被委派给了其他穆斯林。后来，随着巴格达哈里发的没落，信德和木尔坦的穆斯林统治者与伊斯兰权力中心的联系越来越松弛，在实质上已经取得了独立。

卡西姆的入侵被历史学家赋予了特殊的意义，被看作是穆斯林真正进入印度次大陆的标志性事件。然而，阿拉伯人虽实现了对印度的首次入侵，其影响力却极其有限，对信德和木尔坦的占领也并没有立即产生深远的政治影响。因此，甚至有学者把这次入侵说成是"印度历史和伊斯兰历史中的插曲，一次徒劳无功的胜利"[①]。除信德和木尔坦之外，此后的数百年间，阿拉伯人并没有扩大其在印度次大陆的势力范围，这主要可能是由于当时穆斯林人数较少，自身不够强大，在当地受到了强大的拉其普特人、遮娄其人和波罗提诃罗人等印度本土族群的反抗的缘故，初来乍到的穆斯林不得不通过与当地印度人合作来求得生存和维系自身的统治。

阿拉伯人及伊斯兰文化的到来在这一时期并未对印度文化产生太多影响，相反，阿拉伯世界却受到了来自东方印度文化的浸染，古代印度一些先进的科学技术通过阿拉伯人传到了中东。

[①] [印度]R. C. 马宗达、H. C. 赖乔杜里、卡利金卡尔·达塔：《高级印度史》（上、下册），张澍霖等译，北京：商务印书馆，1986年，第289页。

二、突厥人

伊斯兰世界的领导权起初掌握在阿拉伯人手中，后来逐渐过渡给波斯人，最后落到了突厥人手中。突厥人最初属于半开化的游牧民族，但是伊斯兰文化在中亚兴盛之后，在短短不到一个世纪的时间内，充分汲取伊斯兰文化的精华，不断提升了自身的文化和军事素养，很快成了甚至可以与蒙古人相抗衡的强大族群。

与阿拉伯人和波斯人相比，突厥人是后来皈依伊斯兰教的，因此有着更高涨的宗教热情，同时，突厥人也有着非常强烈的种族优越感，凭借自己强大的军事实力，他们很快征服了西亚和中亚的大片土地，并把进攻的目标选在了东方的印度。

大约从公元997年起，来自中亚迦兹那维王朝（Ghaznavid）的突厥人马茂德（Mahmud）越过印度西北部的开伯尔山口，到达了富庶的北印度，在此后短短的20多年间，对印度河、恒河沿岸的重要城市白沙瓦、卡瑙季、马图拉以及羯陵迦等地进行了多达17次的掠夺。

> 入侵者捣毁印度教庙宇、屠杀当地百姓，将无数财富珍宝以及大量奴隶、骆驼从北印度带到了自己位于迦兹尼（Ghazni）的首都。①

马茂德及其追随者对北印度的多次入侵主要是出于经济目的，掠夺财富是他们唯一的目标，在多达17次的掠夺中，他们的足迹虽然遍及印度河流域和整个恒河平原,但马茂德的入侵没有明显的政治和宗教目的，虽然他们也破坏和焚烧了印度教的一些庙宇，但在古代，印度教寺庙是

---

① Anil Saxena, *Early Sultanate Period*（安尼尔·萨克森纳：《德里苏丹国早期》），New Delhi: Anmol Publications Pvt. Ltd., 2007, p.25.

社会财富主要的聚集地,对寺庙的破坏和焚烧有毁灭证据的嫌疑而并非一定出于宗教目的。在多次入侵北印度的过程中,与印度教国王相比,马茂德在军事力量上保持着绝对的优势,但从来没有以推翻和取代当地印度教王国的统治为终极目标。因此,我们甚至可以说,马茂德的入侵对北印度造成了巨大的创伤,但这种创伤并非无法愈合——他并没有触及印度教社会的根本。在马茂德之后,北印度依然处于非常分散的印度教国王统治之下,他们依然热衷于彼此攻城略地,而从来没有想过从历史中吸取经验教训,结成同盟以应付未来可能的外族入侵。

关于马茂德多次入侵印度的原因,史学界众说纷纭,但归纳起来主要有以下几个方面:

一是苏丹马茂德意图在印度次大陆建立伊斯兰的荣光。据马茂德同时代的宫廷史学家乌德必(Utbi)所述,马茂德对印度的入侵是出于伊斯兰圣战目的,为了在次大陆传播伊斯兰教以及消灭印度本土的偶像崇拜。[①]考虑当时的情况和突厥人的宗教热情,这种说法是完全有可能的。马茂德不仅掳掠了印度教庙宇里聚集的大量财富,同时还摧毁了神庙及庙内供奉的神像,这些举动似乎都间接证明了马茂德是在刻意地清除异教,在被征服之地弘扬伊斯兰教。但当代著名中世纪史学家穆罕默德·哈比布教授(Muhammad Habib)对这一观点持明确的反对意见。他认为马茂德并不是一个宗教狂热分子,对于伊斯兰教,他也没有太多的宗教热情,在宫廷之中,他甚至不愿听从乌里玛(Ulema)的意见,在早期政教合一的穆斯林社会,一切以伊斯兰教法为根本,而乌里玛则是伊斯兰教法的忠诚维护者,许多穆斯林统治者在名义上都宣称"君权神授",代表安拉在人间实行统治,但在实际生活中他们却对伊斯兰教法经常有

---

① See Animesh Mullick, *Medieval Indian History*(阿尼迈什·穆利克:《印度中世纪史》),New Delhi: Dominant Publishers and Distributors, 2011, p. 39.

僭越之嫌。从这个层面讲,哈比布的观点不无道理。

此外,哈比布认为,马茂德对印度的多次入侵只是出于他游牧民族的本性,游牧民族从来都不会定居在一个地方。此外,马茂德破坏印度教庙宇主要是为了获得财富而并非出于宗教目的,其动机来自经济而非宗教。

二是为了获取财富。在这一点上没有历史学家提出任何质疑。马茂德拥有庞大的军队和官僚体系,需要大量的财富来维系其在中亚的统治以及保证其对外扩张政策的实施,而自然资源相对贫瘠的中亚地区并不能满足马茂德的这一需求,富庶的印度次大陆尤其是印度河、恒河沿岸地区,蕴藏着大量的财富,可以为其提供大量的资源。加之每年夏天,经兴都库什山南下印度的道路相对通畅,因此印度次大陆成了马茂德不二的选择。

三是为了实施政治报复。早在马茂德就任苏丹之前,迦兹纳维王朝与毗邻的印度教王国之间就曾经多次交战,且至少有三次印度教王国取得了军事上的胜利。马茂德上台之后,认为有必要消灭与自己毗邻的这个潜在的对手,而在南下印度的过程中,在次大陆取得的初步胜利则进一步坚定了其深入印度腹地的决心。

四是和同时代其他伟大的统治者一样,马茂德也梦想通过征服战争获得名声和民众的支持。此外,还有部分历史学家认为,马茂德进攻印度的一个主要目的是为了获得印度大象,因为中亚地区本身不产大象,而冷兵器时代,尤其是在火药用于战争之前,体格庞大的战象在战争中发挥着至关重要的作用,在古代印度,大象不仅是财富的象征,更是实力的体现。因此这些学者认为,马茂德正是看中了大象在战争中的这一特殊优势,想借助战象轻松地对付其在中亚的敌人。

三、阿富汗人

真正对北印度社会产生重大影响和带来根本改变的是马茂德入侵约一个半世纪之后,来自中亚古尔王朝(Ghur)的穆罕默德对北印度的再次入侵。迦兹纳维王朝后期,位于阿富汗西南高地的古尔王朝迅速崛起,公元1152年,迦兹纳维政权被古尔王朝推翻。1174年,古尔王朝的第二任苏丹穆罕默德登上王位,将印度作为其对外征服的首要目标。穆罕默德虽然出身阿富汗,但自身具有突厥血统,因此许多历史学家并不十分认同其阿富汗人身份。穆罕默德是一个非常有政治抱负的苏丹,他决心征服印度以扩展自己的势力。和马茂德明显不同的是,古尔的穆罕默德不以财富掠夺为首要目的,对北印度土地和政权的觊觎是穆罕默德入侵北印度的主要动机和目的,这也许和当时穆罕默德在中亚受到排挤和威胁,意图开辟新的领地有关。此前古尔王朝在向西发展的过程中遇到了来自波斯贵族的严重阻碍,因此他们才将目光投向东方的印度。当然,穆罕默德对印度的入侵也是觊觎这里的财富——这也是他目的中的一个。大约在公元1191年,穆罕默德纠集了一支数量可观的大军向北印度发起了进攻。此时北印度的许多地区处于拉其普特人的统治之下,强大的拉其普特人组成了军事同盟,在德里西北部约100英里外的塔拉因(तराइन,Tarain)迎战穆斯林军队,这就是第一次塔拉因战争,也是穆斯林军队和拉其普特联盟第一次大规模正面对抗。在双方交战中穆斯林军队全线溃败,伤亡惨重。不甘心失败的穆罕默德迅速重整军队,1192年,穆斯林军队与拉其普特联盟在同一地方再次展开激战。这一次,穆罕默德充分吸取经验教训,他借助来自中亚地区灵活的骑兵和先进的战术,给拉其普特盟军造成了致命的打击。穆斯林军队大获全胜,拉其普特人的政治中心德里也处于穆罕默德的控制之下。穆罕默德任命自己忠诚的奴隶——突厥人艾伯克在北印度代行管辖职责。艾伯克带领军队迅速向东、西、南三个方向扩张，卡瑙季、羯陵迦、马尔瓦等地先后被其占领。1206年，穆罕默德在返回迦兹尼的途中遇刺身亡，艾伯克迅速放弃其代理人身份，宣布自己为苏丹，在北印度建立起了第一个真正意义上独立的穆斯林政权，由于艾伯克及此后的许多苏丹都是奴隶出身或是奴隶的后代，因此历史上将他建立的王朝称作是"奴隶王朝"。艾伯克最初定都拉合尔，至第二任苏丹伊勒图特米什（Iltutmish）起迁都德里并相对固定下来，因此，史学家将艾伯克建立的政权又称作德里苏丹国。德里苏丹国是穆斯林在北印度建立的第一个全国性的政权。

第二节 北印度穆斯林政权的主要分期

从1206年德里苏丹国政权建立，至1857年莫卧儿王朝最终灭亡，北印度穆斯林政权延续了600多年，其间虽然几经易主，掌控政权的也先后有突厥人、阿富汗人和蒙古人等，但穆斯林始终作为统治阶层位于权力的上层，而印度次大陆广大原有居民一直处于被统治的地位。在穆斯林统治北印度期间，虽然也一直存在着中央政权与地方政权、穆斯林与穆斯林、穆斯林与印度教徒之间的矛盾和冲突，但至18世纪中期，穆斯林在北印度的政治核心地位一直没有改变。历史学家将穆斯林统治北印度时期分为德里苏丹国和莫卧儿王朝两个主要的阶段。

一、德里苏丹国时期

如上文所述，德里苏丹国这一名称主要是因为自艾伯克自称苏丹起，其后数代王朝多定都德里而来，是历史学家便于历史研究而附加给这一时期的一个历史名称，而非一个政治实体概念。习惯上将奴隶王朝（1206—1290）、卡尔吉王朝（1290—1320）、图格鲁克王朝（1320—1412）、赛义德王朝（1414—1451）和洛迪王朝（1451—1526）纳入这一历史时期。德里苏丹国最终于1526年被有蒙古血统的巴布尔建立的莫卧儿帝国所取代。

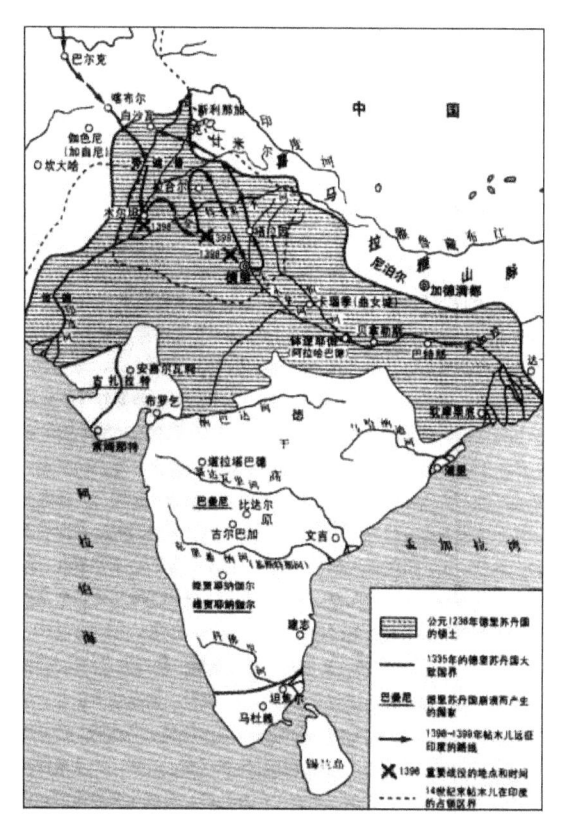

图3　13—14世纪德里苏丹国疆域图（资料来源：林承节著《印度史》）

德里苏丹国时期建立最早的王朝是奴隶王朝，从1206年至1290年存在了近90年。之所以称这一时期为"奴隶王朝"是因为王朝的建立者艾伯克自身就曾是古尔的穆罕默德的奴隶，而第二任苏丹伊勒图特米什也曾是奴隶出身，其后的数位苏丹也多是奴隶或是奴隶的后代。然而历史学家认为这种说法并不确切，因为艾伯克虽然出身奴隶，但在其开始管辖印度次大陆时，已获得了其主人穆罕默德颁发的解除奴隶身份的文书。而第二任苏丹伊勒图特米什在就任苏丹前也同样获得了身份的解放，其后的数任苏丹虽然也多是奴隶出身或是奴隶的后代，但是在出任苏丹时，早已不是奴隶，而是北印度穆斯林权力集团的中坚力量。此外，奴隶和苏丹本身就是两个身份相对立的社会阶层，一旦成为国之君王，就不可能再是奴隶。因此，"奴隶王朝"这一提法并不被后来的许多史学家所接受。

奴隶王朝的第一任苏丹艾伯克，在位仅仅只有四年，但却被认为是北印度穆斯林政权的真正建立者。艾伯克在其主人穆罕默德死后，被军队高层拥立为王，定都拉合尔。作为奴隶出身的军事将领，艾伯克面临着诸多困难，他无法获取所有突厥贵族军官的信任和支持，因为他们中的一部分人对艾伯克充满嫉妒，也在觊觎王位。此时战败的拉其普特人——虽然在与穆斯林的冲突中受到了重创，但并不甘心失败，而是在很多地方依然与穆斯林军队发生着激战。此外那些被艾伯克征服了土地，也并非完全在其掌控之中，尤其是一些如孟加拉等偏远的地区，只是名义上归顺穆斯林中央政权，实际权力仍然掌握在当地的军事首领手中。

尽管面临着上述诸多困难，艾伯克依然被认为是苏丹穆罕默德最优秀的奴隶，他很快克服了来自中亚古尔王朝的威胁，使德里苏丹政权逐渐摆脱了来自中亚穆斯林势力的控制而成为北印度真正独立的政治力量。虽然在名义上德里苏丹国依然受到巴格达哈里发的领导，但实际上北印度已经成为伊斯兰世界相对独立的政治区域。艾伯克为北印度穆斯林政权的建立和巩固做出了巨大的贡献，几乎同时代所有的史学家都对艾伯克的忠诚、勇敢和正义大加褒扬。宫廷史学家哈森·尼扎姆（Hasan Nizami）称赞他致力于追求和平和王国成员的福祉，而明哈杰（Minhaj）则认为他是一个非常大度的人，给了他"百万施主"的称号，因为艾伯克本人十分慷慨,"每次外出都会给民众施舍大量财物"①。

艾伯克虽然建立了穆斯林政权,但他的王朝还没有来得及在北印度真正稳固下来,艾伯克本人就在一次意外中丧生。因此,历史前进的重任就落在了其继任者身上。此后继位的苏丹伊勒图特米什是第一位定都德里的穆斯林统治者,他对北印度穆斯林政权的巩固和发展做出了巨大贡献。伊勒图特米什击败了蒙古人的侵扰,瓦解了拉其普特高层对穆斯林政权的威胁,以自己的名义铸造钱币,开始注重发展经济,使穆斯林政权逐渐走向稳固。为了缓解穆斯林贵族的思乡之情,苏丹开始美化德里的环境,修建伊斯兰风格的花园和宫殿,使德里成了一个有着浓厚伊斯兰风格的城市。在伊勒图特米什之后,这一时期比较著名的苏丹还有奴隶出身的巴勒班,巴勒班是奴隶王朝中第一个将苏丹的权力进行明确和规范的君王,他使北印度穆斯林政权更加成熟和稳健。奴隶王朝经过近90年的发展,从最初的摇摇欲坠发展成为统治北印度的强大的政治实体。

奴隶王朝之后,卡尔吉王朝、图格鲁克王朝是德里苏丹国最兴盛的时期。在这近100年的时间里,穆斯林政权得到了进一步巩固和加强,苏丹从政治、经济、宗教、文化等多个方面加强自身的统治,从而在德里苏丹国时期形成了北印度历史上少有的大一统局面。然而自1398年起,来自西北部帖木儿的侵扰,迅速地将德里苏丹国拉向了解体的边缘。在经过赛义德王朝和洛迪王朝动荡不安的统治之后,这里最终被来自阿富汗巴布尔建立的莫卧儿王朝所替代。

早期突厥人建立的政权有几个明显的特征:苏丹和他的幕僚们采取的是波斯宫廷的机制,而军队则按照蒙古或突厥的方式组建,除了上层的中央政府外,下级的政权组织形式则完全依照古老的印度教社会体系

---

① Animesh Mullick, *Medieval Indian History*, p. 63.

构成；早期的苏丹政权，显得非常单薄且羸弱，不被当地的印度教徒所喜爱和拥护，也没有能力从精神和物质两方面在当地人中取得信任；早期的苏丹政权主要依靠突厥贵族自身的支持。

此外，中世纪早期的王权体系是一个混血体，它既非伊斯兰教也非印度教，而是二者兼而有之。苏丹的权力主要基于波斯传统而非伊斯兰教法，这也是早期穆斯林政权的一个显著特征。

二、莫卧儿王朝时期

从地理的角度来看，中亚和西亚与印度毗邻，其间虽有一些山脉将二者割裂开来，但却难以像喜马拉雅山那样形成密不透风的天然屏障。一些来自西亚和中亚的游牧半游牧民族经常会越过这些山口，进入水草丰美的印度河、恒河平原，西起旁遮普东到孟加拉，印度富庶的土地、丰富的物产、发达的城市和港口对他们充满了诱惑。纵观印度历史，中亚的发展对其向来有着深远的影响。如前文所述，10—12世纪的迦兹纳维王朝及此后的古尔王朝，对次大陆都产生了非常直接而深远的影响。大约从14世纪开始，随着蒙古帝国的迅速衰落，中亚的穆斯林势力再次获得了重生的机会，建立了自己的政权，具有突厥和蒙古血统的帖木儿成为改变次大陆历史的核心人物。

帖木儿一生南征北战，他征服了呼罗珊（今伊朗东部）、伊拉克等地区，同时对德里和旁遮普地区进行了多次侵扰，在晚年时他甚至计划侵入明王朝统治下的中国。帖木儿创立的帝国在他死后迅速瓦解，但其创立的文化价值体系，对后世尤其是河间地（Doab）区域其他政权产生了深远的影响。莫卧儿帝国的建立者巴布尔就是在这种影响中成长起来的，他不断四处征战，通过开疆拓土充实自己的实力。富庶的印度一直是巴布尔意欲征服的地方，通过帕尼帕特（Panipat）战争，他基本清除了洛迪王朝的政治势力，建立起了莫卧儿王朝，而洛迪王朝在阿格拉所储存的大量财富则极大充实了巴布尔的实力，使他暂时渡过了经济难关。

从1526年至1530年，巴布尔经过一场又一场与阿富汗贵族及拉其普特人的战争，奠定了其王朝在北印度的政治根基。巴布尔之所以能够在军事和政治上取得胜利，除了他本人骁勇善战之外，还存在以下一些主要因素：

一是当时北印度的政治条件。在巴布尔入侵北印度之前，洛迪王朝已经日落西山，北印度分裂成了许多各自为政、相互之间连年混战的小的王国，他们在相互内战中消耗着彼此的力量和财富，而不可能联合起来阻击外来的巴布尔军队。在巴布尔南下印度的前夕，印度次大陆没有一支政治力量能够对其进行有效阻击。缺乏政治上的统一是阿富汗人和拉其普特人被巴布尔迅速打败的主要原因。支离破碎的印度弱不禁风，为入侵者提供了良机，巴布尔正是利用印度这一弱点建立了自己的政权。

二是巴布尔的性格及其军事才能。巴布尔能够取得成功的主要原因是他的性格与领导能力。他天生具有领袖气质，有着顽强的意志和坚忍不拔的性格。作为成吉思汗的后人，他有着蒙古人的血统，在中亚地区多年的戎马生涯中，他积累了丰富的战争经验。他要求自己的追随者们要保持忠诚，在任何时候都要坚持战斗到底。

三是火炮技术的使用。巴布尔在战争中成功地使用了火炮技术，这是他在印度次大陆取得军事胜利的重要因素。对于依然依靠大象和大刀长矛作战的印度士兵来讲，火炮是一个全新的事物，火炮在敌阵中造成的巨大破坏和恐慌，使一直占据传统战争优势的战象瞬间乱作一团。和火药相比，传统武器刀剑等在战争中的作用越来越小。巴布尔正是利用火炮这一先进技术，成功地击败了阿富汗人和洛迪军队。

四是最新实用的战术和训练有素的精良军队。和印度军队相比，长年征战的巴布尔军队更加训练有素,他的士兵更加清楚如何在交战中占据有利位置和如何攻防。印度军队虽然数量庞大,但却显得非常笨拙且移动很慢,巴布尔的军队更懂得如何在敌营中制造恐慌。在战争中,乱作一团的印度军队难以形成有效的防御阵线,最终只能被对方消灭。据史学家莱耐普尔(Lane Poole)所述,"深谙中亚乌兹别克战术的巴布尔军队从后方对印度军队形成包抄之势后,对方只好弃甲逃跑。印度军队依靠数量庞大却又行动缓慢的象队企图赢取战争的方法显然已经过时了。受到惊吓的大象将敌人和自己人统统踩在了脚下"[①]。

五是由于巴布尔士兵的献身精神。巴布尔的士兵对自己的领袖充满了爱戴和献身精神,他们随时准备为他牺牲一切。没有这些忠诚的追随者巴布尔很难取得这一系列的胜利。"君王代表着上天的意志,只要我们一息尚存,在牺牲和奉献自我方面我们就绝不会迟疑。"[②]巴布尔的士兵们以此表达对主人的忠诚。而与此相反,印度士兵则更加注重财富,他们参军打仗更多是为了赚钱养家糊口。贪图享乐的性格以及炎热的气候使他们没有能力和勇气去打败任何外来入侵者。

六是由于伊卜拉欣·洛迪失道寡助。巴布尔在第一次帕尼帕特战争中取得胜利的重要原因就是洛迪军队孤立无援。由于自身的傲慢及对自己阿富汗首领和贵族的不友好政策,苏丹洛迪将自己的许多朋友都变成对手,没有人希望他取得成功,更没有人对他表示忠诚,愿意为他牺牲奉献。洛迪及其宫廷贵族的傲慢自大导致没有一个印度王国的统治者愿意去帮他,最终只能以惨败告终。

七是拉其普特联盟缺乏统一领导和凝聚力。在1527年巴布尔与梅瓦尔(Mewar)国王拉纳·辛格(Rana Sanga)的战争中,对方拥有数量相当庞大的军队,"统领着8万骑兵和500头战象的军队首领就达到了

---

①② K. R. Gupta, D. S. Paul, Meenakshi Taheem, Manpreet Kaur, *Medieval India*, p177.

120人"①。拉其普特士兵无疑也是相当勇敢和善战的，但却无法取得战争的胜利。主观原因是缺乏统一组织和领导，各自为政，在有可能夺取胜利的关键时刻，拉其普特士兵不能互相配合，接受统一组织协调，因而被敌人所利用。客观原因则是在莫卧儿军队先进的火药武器装备面前拉其普特士兵手中的大刀长矛显得毫无用处。

八是由于拉纳·辛格自身的战术失误。国王拉纳·辛格应该在第一次帕尼帕特战争之后就立即对莫卧儿军队进行反击，而不是给对方喘息的机会。在巴布尔忙于同洛迪军队激战的时候，他就应该收复阿格拉，然而他却中了巴布尔的圈套一直在忙于战争。这些错误导致了拉其普特军队最终被重重击垮，而拱手将印度次大陆让与莫卧儿军队。

莫卧儿王朝是印度历史上继孔雀王朝之后出现的又一个极其繁荣鼎盛的时期。它不仅再次实现了印度次大陆大一统的局面，而且将印度封建经济推向了顶峰。莫卧儿王朝时期也是印度政治上最强大、封建经济最发达、疆域面积最大、对现代印度影响最深远的历史时期。从1526年至1857年，莫卧儿王朝存在了300多年，尤其是在其前六任帝王执政期间，即巴布尔、胡马雍、阿克巴、贾汗吉尔、沙加汗和奥朗则布时期，北印度穆斯林政权空前强大，经济发达，不仅在印度次大陆，在整个伊斯兰世界都具有极大的影响力。1707年奥朗则布退位之后，由于受到来自西方列强的不断蚕食，加之许多隐藏的社会矛盾日益凸显，莫卧儿王朝迅速走向衰落，至18世纪中期，王朝只能控制德里及其周边很小范围的地区，至1857年莫卧儿王朝最后一任帝王巴哈杜尔沙二世外逃缅甸，盛极一时的莫卧儿王朝最终成为历史。

---

① Animesh Mullick, *Medieval Indian History*, p.264.

图 4　18 世纪上半期印度地理图（资料来源：林承节著《印度史》）

　　莫卧儿帝国为印度留下了许多宝贵的物质文化财富，尤其是在第三任帝王阿克巴执政期间，北印度国富民强，经济发达，战乱相对较少，而阿克巴所实行的相对宽容的宗教政策，也使得社会矛盾有所弱化。印度教徒与穆斯林之间的矛盾和冲突，在这一时期降至历史上最平和的时期。而与阿克巴相反，第六任帝王奥朗则布（1658—1707 年在位）是一位非常虔诚的穆斯林，他强化了政权的伊斯兰色彩，使穆斯林政权与世俗主义政治有了明显的界限。在宗教政策上，他推崇伊斯兰教，而对印度本土宗教印度教、锡克教、耆那教等进行限制和打压，从而加剧了社会矛盾和动荡。奥朗则布之后，印度社会潜藏的各种矛盾不断显现并迅速激化，最终将强大的莫卧儿帝国推向了分崩离析的边缘。

第三节　印度穆斯林社会的形成及主要阶层

13世纪初，来自中亚伊勒巴里（Ilbari）部落的突厥人在北印度建立了德里苏丹国（1206—1526）。突厥人虽然建立了德里苏丹政权，但他们却并非印度次大陆唯一的穆斯林，早在8世纪初，来自中东的阿拉伯人就占据了次大陆西部的信德和木尔坦地区，12世纪末大量的卡尔吉人、阿富汗人、赛义德人（Sayyid）[①]等随突厥人一起也来到恒河平原。北印度穆斯林政权建立之后，上述民族不断从中亚等地迁徙至印度次大陆，构成了德里苏丹建国初期庞大的穆斯林"移民军团"。这些外来的民族慢慢适应了印度当地的自然环境，开始在次大陆定居下来，不断繁衍生息，成为印度社会的一部分。

大批外来穆斯林迁入的同时，许多印度本土居民——特别是印度教低种姓阶层，受《古兰经》平等思想的吸引及苏非圣人们说教的影响，同时也是为逃避德里苏丹政权强加给非穆斯林的人头税，放弃原有的宗教信仰和种姓，皈依了伊斯兰教。外来移民的到来和印度本土居民的大量改宗使印度穆斯林人口迅速增长，逐渐出现了不同的社会分工和与之相应的社会阶层。从德里苏丹国时期成书的历史著作及外国人的游记里，我们可以大概得知这一时期穆斯林社会的基本结构。

穆斯林社会分为三个阶层：（1）苏丹及贵族。（2）学者及宗教圣贤。（3）普通民众。第一阶层包括苏丹及王室成员、贵族、各级官员和部落头人等，第二阶层是知识分子阶层，主要包括穆斯林文学家、艺术

[①] 伊斯兰教对先知穆罕默德之女法蒂玛与阿里所生的后裔的专称，意为"圣裔"。

家、先知穆罕默德的后裔、精通伊斯兰教法的乌里玛（ulama）及苏非圣人等，第三阶层主要是广大普通民众，包括农民、手工业者、商人、民间艺人、家仆和奴隶等。

以上对穆斯林社会阶层的划分是建立在职业、出身和财富的基础之上的，但又与国家政权息息相关。如果按照马克思主义有关阶级划分的理论，从对生产资料占有的视角去看的话，苏丹及贵族属于拥有特权的统治阶级，其余的属于被统治阶级。统治阶级位居社会上层，普通民众生活在社会底层，而游离于统治阶级之外但对政权又能产生一定影响的宗教圣贤和学者文人处于二者之间。由于伊斯兰教宣扬人人生而平等，所以这种分层并不像印度教种姓社会那么细微和严格，生活在社会最下层的任何人都有可能向上层社会流动，从而在政治、经济等领域占据高位——至少从理论上讲是如此。

一、苏丹及贵族

在穆斯林统治时期，苏丹及其王室成员拥有最高的社会地位。苏丹既是国家的政治领袖，同时也是宗教领袖，其一切行为都是为维护自身既得利益和捍卫伊斯兰统治秩序。他们经常通过发动战争、扩张领土来聚敛财富，以维系国家机器的正常运转和王公贵族们的日常开销。

早期的印度穆斯林政权实行严格的政教合一，苏丹们往往会设法从伊斯兰哈里发那里获取成为统治者的委任状，并宣称自己是按照安拉的旨意实施统治。理论上讲苏丹们要绝对服从自己的宗教，严格按照伊斯兰教法治理国家，但实际上却不尽如此。有时为了维护其自身利益，他们也会违反伊斯兰教的一些规定。阿拉·乌德·丁·卡尔吉（Ala-ud-din Khalji，1296—1316年在位）时期，由于国库入不敷出，苏丹开始征收有违伊斯兰教教义的房屋税和牧场税，引起了一部分穆斯林的强烈反抗。①虽然在日常生活中苏丹们的行为有时会与伊斯兰教的一些规定相抵触，但在公开场合，他们仍坚持宣称自己是穆斯林统治者。

苏丹在宫廷里过着极其奢华的生活。大兴土木、建造宫殿几乎是每位苏丹必须做的一件事情。由于德里苏丹国的传统是苏丹死后，其生前的宫廷陈设等应如同博物馆一样保持原样不变，因此继任者一般都会另择他处为自己重新修建宫殿。此外，穆斯林政权建立之初，很多来自中亚的王公贵族对印度干燥炎热的气候和自然环境不适应，渴望能回到中亚去。苏丹为了减少他们的思乡之情，也会建造各式穆斯林风格的宫殿、花园和清真寺等。德里苏丹国建立初期，每位苏丹至少都拥有两个宫殿，一个供私人起居之用，一个用来处理朝政。这一数量在德里苏丹国后期有所增加，到苏丹菲鲁兹·沙·图格鲁克（Firoze Shah Tughluq，1351—1388年在位）时期，单用以会客的宫殿就根据到访者级别不同分为三种：用于贵族的、王室成员的以及普通人的。②由于城市面积有限，一些苏丹继位后也会另立新都，建造新的宫殿、集市、花园、清真寺等。

除建造宫殿外，苏丹们通常都拥有庞大的后宫，妻妾成群，有的还成立了专门的机构用以选妃和管理后宫。13世纪孟加拉地区的奴隶市场上太监交易非常频繁，这些太监主要用于管理苏丹和王公贵族们的后宫。③苏丹还是整个王室的最高管理者，所有王室成员的任命、教育及其他内部事务等都由苏丹决定。奴隶在中世纪印度非常普遍，拥有众多奴隶同样是苏丹们的共同爱好。据中世纪摩洛哥著名旅行家伊本·白图泰（Ibn Battuta）

---

① See Anil Saxena, *Society and Culture under Sultanate*, p.129.
② See H. S. Bhatia, ed., *Political, Legal and Military History of India*（H. S. 帕蒂尔主编：《印度政治、法律及军事史》），vol. 4, New Delhi: Deep & Deep Publications, 1984, p.95.
③ See J. L. Mehta, *Advanced Study in the History of Medieval India*（J.L.梅赫达：《印度中世纪史高级研究》），vol.3, New Delhi: Sterling Publishers Ltd., 2015, p.94.

记载，苏丹阿拉·乌德·丁·卡尔吉拥有约 5 万奴隶，而苏丹菲鲁兹沙对奴隶有着异乎寻常的热情，在其统治期间，"宫廷里奴隶的数量达到了约 20 万人"[①]。为役使这些奴隶，苏丹建立了许多手工作坊，对一些奴隶进行技能培训后，让他们从事手工业生产。此外，宫廷里还有众多依附于苏丹的占星术家、宫廷诗人、乐师等，他们极大地丰富了苏丹及王公们的文化娱乐生活。

苏丹经常给王室成员不同的封赐，从《伊本·白图泰游记》的相关描述中我们可以看出，广施博济几乎是每一位苏丹的共同特点。苏丹穆罕默德·图格鲁克（Muhmmad Shah Tughluq，1325—1351 年在位）就曾经赐予法学家纳绥尔丁 10 万第纳尔[②]和数百名奴隶，赐予劝善者鲍尔汗丁 4 万第纳尔，赐予哈里发的儿子吉亚斯丁 40 万第纳尔、100 座村庄和大量男仆女婢。[③]

王公贵族们经常会从苏丹那里得到封地、金银珠宝和奴隶等，苏丹还经常把象征王权的华盖和锦衣赐予王公贵族，并为他们加官晋爵。苏丹和王室成员膳食精致，衣着华丽，生活无忧，挥金如土。德里苏丹国时期税制几经改革，但保障苏丹及王室开支的专门税收却从来没有改动过，这些税收不纳入国库，直接供王室花销。

继苏丹及王室成员之后，身居高位的是穆斯林贵族。他们协助苏丹治理国家，占有大量的社会财富，是德里苏丹国时期上层社会的主要组成部分。那些来自中亚的突厥人和阿富汗人，原本多数是地位低下的奴隶或家仆，出身卑微，但在德里苏丹政权建立的过程中，随着其主人掌

---

① K. N. Chitnis, *Socio-Economic History of Medieval India*（K. N. 吉德尼斯：《中世纪印度社会经济史》），New Delhi: Atlantic Publishers & Distributors Ltd., 2009, p.61.
② 第纳尔（Dinar），中世纪印度的一种金币，单位重量为 200 格令。
③ 参见[摩洛哥]伊本·白图泰：《伊本·白图泰游记》，马金鹏译，华文出版社，2015 年，第 279—283 页。

握国家政权，他们的地位也开始跟着扶摇直上，逐渐成为封建贵族。

中世纪史学家亚希亚·宾·艾哈默德·萨尔欣迪（Yahya bin Ahmad Sirhindi）在《穆巴拉克王朝史》（*Ta'rikh-i-Mubarak'Shari*）一书中如此描写这一时期的突厥人：

> 那些曾经穷困潦倒的、自己操持家务的、身边连一个奴隶都不曾有的突厥人，现在却成了大量马匹和骆驼的主人。曾经只拥有一匹马的人，现在却成为拥有千军万马的统帅。①

德里苏丹国时期，贵族的称号按照级别依次为汗（khan）、马利克（malik）和阿米尔（amir），每位贵族的社会地位都是基于其所任职务、称号及军事级别等因素之上的。贵族一般都拥有苏丹封赐的田地——伊克塔（iqta），在自己的封地里享有税收支配权和行政管理权，同时还负责为苏丹提供战时所需的军队，他们是集行政权和军事权于一身的特权阶级，有着很高的社会地位。德里苏丹政权的王位起初一直把持在来自中亚的突厥贵族手中，但慢慢地，来自中东、阿富汗等地的穆斯林以及出生于印度本土的新穆斯林也开始参与政权，对王权发起了冲击和挑战。突厥贵族一开始歧视这些非突厥穆斯林，但随着自身势力的日渐式微，最终却改变不了被后者所代替的历史宿命。

卡尔吉王朝的建立者贾拉勒·乌德·丁（Jalal-ud-din，1290—1296年在位）虽然具有突厥血统，但史学家普遍认为其为阿富汗人后裔，中世纪史学家巴兰尼（Barani）也认为其"出生于一个与突厥人有所不同

---

① शिवकुमार गुस, सम्पादक, *मध्यकालीन भारत का इतिहास (1000—1526ई.)* （希乌古马尔·库布德主编：《中世纪印度史（1000—1526）》），जयपुर:पंचशील प्रकाशन,1999, पृ.310.

的种族"①。卡尔吉王朝的建立，标志着突厥贵族开始被非突厥贵族所取代，外来的穆斯林"移民军团"逐渐让位于印度次大陆日渐强大的本土穆斯林贵族，这是历史发展的必然。

多数穆斯林贵族和苏丹一样，乐善好施，非常慷慨。苏丹巴勒班（Balban，1266—1286年在位）时期劝善者伊玛杜勒就以乐于施舍而出名，他经常把自己的仆人招呼到家里，送给他们衣服，并为一些来自农村的穷人提供食物和诵读《古兰经》的费用。贵族菲克鲁·乌德·丁给1.2万名学习《古兰经》的信徒和学者提供经费，有时还会为穷困家庭的女孩提供嫁妆。他每天都换新衣服，更换新床单，第二天就会把这些衣服和床单施舍给穷人。同样，马利克阿里也因自己的大方而出名，他给别人施舍的钱财"从来没有少于过100坦卡（tanka）②，有时还会施舍衣服和马匹"③。

关于德里苏丹国时期贵族们的收入情况，我们没有直接的史料，但从同时代史学家们的记载中可以部分得出结论。苏丹伊勒图特米什（Iltutmish，1211—1236年在位）曾任命赛格·乌德·丁·艾伯克为禁军首领，然后给他30万吉坦尔（jitar）④的年薪，然而艾伯克对此并不满意。苏丹穆罕默德·图格鲁克给自己的瓦济尔（wazir，即首相）每年4万坦卡的俸禄，在其统治期间汗的收入约为20万坦卡，马利克的收入在5万至6万坦卡之间，高级军事将领的收入为3万至4万坦卡，而一般军官的收入为2000—1万坦卡。苏丹菲鲁兹沙曾给自己的首相贾汗（Khan Jahan）130万坦卡的年薪，给阿米尔们的俸禄也不会少于70万

---

① [印度]R.C.马宗达、H.C.赖乔杜里、卡利金卡尔·达塔：《高级印度史》，张澍霖等译，第313页。
② 坦卡（tanka），中世纪印度的一种银币，单位重量约等于175格令。
③ शिवकुमार गुप्त, सम्पादक, *मध्यकालीन भारत का इतिहास(1000-1526ई.)*, पृ.310.
④ 吉坦尔（jitar），中世纪印度的一种铜币，合标准货币单位坦卡（tanka）的1/48。

坦卡。①洛迪王朝时期（1451—1526），阿米尔米扬·穆罕默德拥有约300曼②的黄金。③从以上数字我们可以看出，德里苏丹国时期上层社会是相当富有的。

和苏丹一样，穆斯林贵族们也过着极其奢华的生活。他们拥有大量的田地、财富、军队和奴隶，很多贵族家里也有诗人、艺术家、歌伎和乐师等为其服务。几乎所有阿米尔以上级别的贵族都有自己的后宫，据史学家沙姆斯·伊·西拉杰·阿菲夫（Shams-i-Siraj Afif）记载，"菲鲁兹沙时期首相贾汗的后宫里妻妾就多达2000人"④。

二、学者及宗教圣贤

穆斯林社会的第二个阶层是伊斯兰学者和宗教圣贤，他们在社会上备受尊重，在宗教、文化等领域都有很高的地位和影响力。这一阶层主要包括赛义德人、乌里玛、苏非圣人、穆斯林文学家、艺术家等。德里苏丹国时期，一部分外来的穆斯林宣称自己是先知穆罕默德之女法蒂玛的后裔，他们被称作赛义德人。在苏丹伊勒图特米什时期，这些赛义德人来到德里并在不同地区定居下来，他们严格执行伊斯兰教法，凡是和先知穆罕默德家族相抵触的行为习惯都被视为非法。起初印度次大陆的赛义德人并不多，但随着蒙古大军对中亚地区的不断侵扰，大批赛义德人开始来到印度斯坦寻求庇护，他们受到了苏丹巴勒班的热烈欢迎。这些赛义德人充分利用他们在苏丹宫廷和穆斯林社会的影响力，获得了无

---

① शिवकुमार गुप्त, सम्पादक, *मध्यकालीन भारत का इतिहास*(*1000-1526ई.*), पृ.311.
② 曼（Maund），古印度重量单位，约等于1公斤。
③ See H. S. Bhatia, ed., *Political, Legal and Military History of India*, vol. 4, p.282.
④ Irfan Habib, "Slavery", in J. S. Grewal, ed., *History of Science, Philosophy and Culture in Indian Civilization*（伊尔凡·哈比布：《奴隶》，J. S.格里威尔主编：《印度文明中的科技、文化及哲学史》）, vol.VII, part1, New Delhi: Oxford University Press, 2009, p.434.

以复加的尊敬,每一个赛义德人,都被认为是集勇敢、诚实、虔信及其他众多优秀品质于一身的代表。赛义德人如果受聘于一个较低的职位,"不仅被认为有失他们的身份和地位,同时对聘用者来讲也是一种罪过"①。赛义德人普遍被认为具有广博的知识,他们甚至可以对一些所谓超自然的神秘现象做出解释,很显然,社会上对他们的崇拜已经达到了盲目的境地。

1398年,在帖木儿(Timur)离开印度之后,赛义德人掌握了德里苏丹政权,但不幸的是,他们并不具备管理国家的能力,在经历短暂的统治之后,赛义德王朝最后一任苏丹阿拉姆沙(Alam Shah,1445—1451年在位)平静地把王位交给了阿富汗人。②然而政治上的失利却没有影响赛义德人作为一个特殊阶层所享有的社会地位,后来执政的阿富汗苏丹赋予了他们甚至高于帖木儿入侵之前的特权与地位,这一状态一直持续到16世纪初德里苏丹国的灭亡。

在穆斯林社会,比赛义德人影响更大的是乌里玛阶层,主要包括伊斯兰神学家、法学家等,他们深谙伊斯兰教法,其职责就是推行伊斯兰教法并阻止破坏教规的行为。《古兰经》并没有赋予乌里玛任何特权,只是把他们看作是穆斯林社会中的一个普通阶层,其职责是呼唤人们步入正途。然而后来乌里玛的影响力却在穆斯林社会中迅速提升,先知也被附会了这样的训示:"尊敬乌里玛,他们是先知的继承者,尊敬乌里玛就是尊敬伊斯兰先知,尊敬安拉!"③类似的观点在穆斯林的宗教教育中经常被提及,因而乌里玛的形象在人们心中自然变得日趋高大。在德里苏丹国初期,乌里玛的地位仅次于苏丹,苏丹在处理重大行政事务和宗教事务时,都会征求乌里玛的意见,因为乌里玛代表着对伊斯兰教法

---

① H. S. Bhatia, ed., *Political, Legal and Military History of India*, vol. 4, p.128.
② [印度]R.C.马宗达、H.C.赖乔杜里、卡利金卡尔·达塔:《高级印度史》(上、下册),张澍霖等译,第363页。
③ H. S. Bhatia, ed., *Political, Legal and Military History of India*, vol. 4, p.126.

最权威的解释，尊重乌里玛就是尊重伊斯兰教法，作为国家政治和宗教领袖的苏丹，为维护其作为伊斯兰哈里发委任的统治者的形象，自然不愿意去违背伊斯兰教法。在此情况下，乌里玛的重要性无疑被极度夸大了，在苏丹阿拉·乌德·丁·卡尔吉之前，没有哪位苏丹有勇气去限制他们的权力。因此，乌里玛虽然没有直接参与政权，但他们对政权却一直有着不容忽视的影响力。

德里苏丹国中后期，随着国家政权向世俗化方向不断演变，统治阶级逐渐意识到，乌里玛的存在不仅阻碍了国家的世俗化进程，其言行有时也不利于特权阶级维护其自身利益，因此他们决定把乌里玛的权力限制在宗教范围之内。阿拉·乌德·丁使乌里玛处于苏丹的严格控制之下，他规定乌里玛"只能处理那些单纯的和宗教相关的诉讼案件，除此之外不得染指其他任何事务"[①]。苏丹穆罕默德·图格鲁克沿袭了这一做法，把乌里玛看作一个普通的社会阶层，没有给予他们太高的权力和地位，在其统治期间，也有一些乌里玛被无情杀害。由于苏丹在国家治理方面出现了一系列致命的错误，如迁都道拉塔巴德、提高河间地的税率等，导致社会上一时怨声四起，民不聊生。图格鲁克死后，乌里玛看准时机，成功地说服新继位的苏丹菲鲁兹沙重新重视他们的意见，因此在菲鲁兹沙统治时期，乌里玛的社会地位有所恢复，他们编撰了大量的宗教典籍，一些宗教学校又重新充满了活力。但这一时期，随着穆斯林政权日趋成熟，统治阶级对乌里玛的认知也更加理性，在阿富汗人执政即洛迪王朝期间，乌里玛虽然拥有很高的社会地位，但苏丹却绝不允许他们干预政治，乌里玛只能借助自己神学家或法学家的身份在宗教领域产生有限的影响。

乌里玛作为一个特殊阶层，整体上有较高的社会地位，但在其内部不同的乌里玛其地位却不尽相同，那些被苏丹和贵族们经常造访的乌里

---

① H. S. Bhatia, ed., *Political, Legal and Military History of India*, vol. 4, p.126.

玛声名显赫，而那些聚集在苏丹或贵族门前的乌里玛却常常被人轻视。乌里玛阶层依照其行为习惯、圣洁程度及宗教、政治观点等又可以分为两种。一种远离世俗事务，笃信伊斯兰教，恪守教规却又不走极端，大度、仁爱而又虔诚，正因为如此，他们在社会上更受尊重。与其相反，第二种乌里玛经常积极参与政治，参与世俗事务，他们致力于保护自身利益，提升自己的影响力，朝有益于自己的方向解释伊斯兰教法。当苏丹的行为有悖于伊斯兰教法的时候，这些乌里玛也会全力支持苏丹并不遗余力地鼓吹苏丹行为的合法性，其主要目的就是获取苏丹各种名号的封赏。在德里苏丹国时期，有许多这样的乌里玛，他们贪婪、吝啬而又自私，常常蔑视别的宗教，因此招致了一些贵族和其他宗教人士的批评。中世纪著名的文学家阿米尔·胡斯劳（Amir Khusrau, 1252—1325）就曾批评说，"大法官（即掌管宗教诉讼事务的乌里玛）对伊斯兰教法一知半解，他们根本不配享有那么高的社会地位"①。

居于穆斯林社会第二阶层的还有学者、艺术家、苏非圣人等，他们经常从苏丹那里得到赏赐和庇护，因此也享有较高的社会地位。苏丹伊勒图特米什非常重视学者和文人，经常欣赏他们的诗作，聆听他们的演讲，其统治期间，德里不仅是全国政治中心，同时也是文化中心，许多国家的穆斯林贤达都云集于此，著名的《纳西尔通史》（Tabaqat-i-Nasiri）的作者明哈杰·乌德·丁·西拉杰（Minhaj-ud-din Siraj）就生活在这一时期的德里。②阿米尔·胡斯劳是苏丹阿拉·乌德·丁·卡尔吉宫廷的常客，他是德里苏丹国时期最负盛名的学者，被称作"印度的鹦鹉"。

胡斯劳一生写了许多非常优秀的诗作，其中有一些作品具有极高的史料价值。不同历史时期，学者、艺人们的社会地位不尽相同，这完全取决于他们的受重视程度和苏丹的个人喜好，有的苏丹喜欢诗歌，经常

---

① H. S. Bhatia, ed., *Political, Legal and Military History of India*, vol. 4, p.127.
② See Animesh Mullick, *Medieval Indian History*, p.71.

对宫廷诗人一掷千金；有的苏丹不喜欢音乐，大量乐师被迫害致死。这一时期的苏非圣人主要有莫因·丁·契什提、巴哈乌丁·扎卡利亚等，他们创立了契什提和苏赫拉瓦迪等著名教团。苏非圣人们远离宫廷和城市，在广大农村地区默默地传播伊斯兰教，并试图在伊斯兰教和印度教之间架起沟通的桥梁，拥有一定的社会地位。

三、普通民众

穆斯林社会的第三个阶层是普通民众，以印度本土新皈依的穆斯林为主体，也有一部分外来穆斯林及其后裔。他们一般生活在社会的底层，依靠自己的劳动获取财富，维持生活。普通民众阶层又可细分为以下几个子阶层：商人及高利贷者、手工业者、农民、普通士兵、奴隶和家仆等。

印度自古就有同外国进行贸易的传统。德里苏丹国时期，对外贸易更加频繁，经印度次大陆到达西亚、非洲及东亚的海上航线被进一步打通，来自阿拉伯世界的优良马匹、奴隶等经海路被输往印度，许多来自中国、马来半岛的货物如瓷器、丝绸等也出现在德里的市场上。陆路贸易也很发达——经兴都库什山到达波斯、阿富汗及中西亚的商道一直保持畅通无阻，木尔坦是印度西北部的商贸重镇。穆斯林商人经常与国外的商人进行合作，把货物从一个地方倒卖到另一个地方从中谋利。这一时期，由于许多国家都处于穆斯林的统治之下，对穆斯林商人过境货物只征收一半的关税，[①]得益于其宗教和政治上的优势，印度次大陆的对外贸易基本为穆斯林商人所垄断，而次大陆内部从事小宗商品交易的，则多是印度教徒或皈依了伊斯兰教的下层穆斯林。由于多数进口商品都被苏丹和王公贵族所消费，而苏丹却经常通过干预市场把商品价格压得很

[①] See B. R. Verma and S. R. Bakshi, eds., *Muslim Rule in Medieval India*（B. R. 沃尔马、S. R. 巴克什主编：《中世纪印度穆斯林统治》），New Delhi: Commonwealth Publishers, 2005, p.234.

低。因此，绝大多数商人收入微薄。极少数商人慢慢积累了雄厚的资金而成为高利贷者，在社会上逐渐享有了一定的地位，他们经常放债，通过收取高额利息而敛财，"年利息一般都在10%至20%之间"[①]。

德里苏丹国时期，穆斯林政权的建立，结束了长期以来北印度分裂的局面，政治上的统一为经济的快速发展提供了可能，客观上也加速了手工业的发展。为满足苏丹及王公贵族们对日常必需品的需求，苏丹开办了许多手工作坊，接受过一定技能培训的奴隶和家仆，开始从事手工业生产，成为手工业者。"苏丹菲鲁兹沙时期就有约1.2万名奴隶在德里附近官办的作坊里从事手工业生产。"[②]这些官办的作坊为宫廷生产各种日常用品，如灯具、窗帘、华盖、官服、官帽、鞋子、披肩等。

不断增长的人口数量也推动了家庭手工业的快速发展，一些农民逐渐脱离农业生产，成为专门的手工业者。德里苏丹国时期，纺织业、锻造业、造纸业、皮革业、酿酒业等都得到了长足的发展。德里城及其周边地区有大量的石匠、木匠、裁缝、铁匠、鞋匠等，他们多是具有世袭职业的手艺人，从事着建筑雕刻、制衣、制糖、皮革加工等工作。除了德里之外，古杰拉特和孟加拉地区的丝织业、毛纺业也很出名，对布匹的印花和染色在这一时期也开始兴盛起来，社会上流行穿印染过的服装，出现了许多精通上述技术的手工业者。经济的发展和社会分工的进一步细化，催生了大批手工业者，他们虽然摆脱了以往仅仅依靠农业生存的单一模式，但却依然生活在社会的底层，是最普通的劳动者，其经济状况没有发生实质性的改善。正如阿米尔·胡斯劳所说："皇冠上的每一颗珍珠，都是贫苦农民血泪的结晶。"[③]

印度是一个传统的农业国，其中农民是一个非常庞大的社会阶层。

[①] K. N. Chitnis, *Socio-Economic History of Medieval India*, p.368.
[②] H. S. Bhatia, ed., *Political, Legal and Military History of India*, vol. 4, p.98.
[③] B. R. Verma and S. R. Bakshi, eds., *Muslim Rule in Medieval India*, p.237.

第二章 北印度穆斯林政权的建立与发展

在德里苏丹国初期，北印度的农民主要由皈依了伊斯兰教的新穆斯林构成，但随着社会的发展，大量的外来穆斯林也开始从事农业生产。农民的收入与他们的勤劳程度及天气情况等因素紧密相关，他们生活在社会的底层，依靠自己有限的物资和有限的收入维持生计。恒河两岸的土地肥沃，农民在这里种植小麦、大豆、黍等。突厥人的入侵给印度农村经济带来的冲击并不明显，这主要是因为伊斯兰教的扩张是以城市为中心展开的，往往占据城市而放松了对农村的控制。穆斯林政权建立以后，许多地区都纳入了苏丹的统治范围，但在广大农村地区，基本都保留了原有的生产和生活方式，即使有一部分人皈依了伊斯兰教，但却并没有完全抛弃印度教的一些生活习惯。穆斯林农民每年都要按规定上缴一定数量的赋税，通常为其粮食产量的1/5至1/2，此外，还"须将年收入的1/10作为天课捐出，以接济穆斯林穷人"①。德里苏丹国时期，由于战事频发，农业生产经常受到破坏，因此这一时期农民的收入普遍较低，生活困窘。

由于德里苏丹国时期实行伊克塔制度，因此很多士兵平时都分散于贵族们的封地中，只有在苏丹需要的时候才集结起来出征打仗，他们的社会地位很低，经常死于战争。

底层社会还包括大量的奴隶和家仆。奴隶是中世纪伊斯兰世界普遍存在的社会群体，分为官属奴隶和民间奴隶两种。官属奴隶一般只为苏丹及王公贵族服务，他们或跟随主人南征北战，或为主人日常起居服务，有些奴隶被派往作坊从事手工业生产，还有一部分女奴供苏丹和贵族消遣娱乐。

值得一提的是，德里苏丹国时期，官属奴隶的地位较古代有明显提升，他们甚至高于一般的自由民，个别奴隶通过个人努力，社会地位不断攀升，有些甚至成功问鼎权力的顶端——如奴隶王朝时期（1206—1290）苏丹艾伯克、伊勒图特米什和巴勒班等，曾经都是奴隶出身，但经过个

---

① [印度]穆罕默德·阿希格·艾勒哈·拜尔纳:《简明伊斯兰教法》，金忠杰等译，中国社会科学出版社，2014年，第85页。

人努力，最后都成功登上了王位。

和官属奴隶相比，民间奴隶的地位相对较低，他们多从事农业生产，个别也从事手工业生产。奴隶被视作主人的私有财产，可以被任意买卖，苏丹阿拉·乌德·丁时期德里市场上"从事田间劳动的男奴价格为10—15坦卡，仅仅略高于一头产奶的水牛价格，而从事家务劳动的女奴价格最低，仅为5—12坦卡"①。受封建制度的制约，这一时期的奴隶已明显不同于古代奴隶，主人不能随意杀害奴隶，也没有角斗、人兽斗等残酷的表演。德里苏丹国时期，除大量的奴隶外，苏丹、贵族和乡绅地主还拥有众多家仆，和奴隶相比，他们唯一的区别就是拥有人身自由，然而他们的生活质量却不一定会高于奴隶，家仆们从事着最低贱的工作，收入微薄，依附于主人养家糊口。

从政治、经济、宗教、文化各个角度来看，中世纪的北印度社会都处在一个转型期。在这一时期，外来的穆斯林取代印度本土居民成为北印度的统治者，冲击和改变了以种姓制度为核心的印度原有的社会结构，形成了独具印度特色的穆斯林社会阶层。

印度文化的一个显著特点就是具有很强的包容性，历史上曾有多次外族入侵的例子，不同种族、民族和宗教信仰在印度次大陆经过不断地融合，最终都会形成一个整体。与以往不同的是，伊斯兰文化在印度次大陆并没有被完全同化，而是较好地保持了其相对独立性，尤其是在穆斯林占统治地位的北印度。虽然穆斯林人口较印度教徒而言处于少数，但伊斯兰教、伊斯兰价值观却占据着北印度文化的制高点，宗教、文化及政治优势决定了穆斯林拥有比印度教徒更高的社会地位。而就穆斯林社会内部而言，随着经济的发展，社会分工进一步细化，由于出身不同，所从事的职业各异，导致各阶层对社会财富的占有也有所不同，这些阶

---

① Irfan Habib, "Slavery", in J. S. Grewal, ed., *History of Science, Philosophy and Culture in Indian Civilization*, vol.VII, part1, p.433.

层都或多或少受到了印度教种姓社会的影响。作为宗教和政治领袖的苏丹，试图摆脱政教合一的束缚，将国家带向世俗化的道路。曾经被视若"神明"的乌里玛逐渐被边缘化，势力日渐式微。由于各种原因皈依了伊斯兰教的印度新穆斯林，并没有带来社会地位的改变，他们依然生活在社会的底层，背负着种姓制度的深深烙印。

小 结

从穆斯林首次进入印度次大陆到在北印度建立第一个穆斯林政权，这看似单一的政治发展过程，实际上却是数百年间由不同的政治和社会因素最终促成的复杂结果。公元712年阿拉伯人卡西姆对信德和木尔坦地区的占领被视作穆斯林第一次真正踏上次大陆的土地，虽然阿拉伯人也在信德和木尔坦建立了政权，但由于当时穆斯林实力太弱，无法独自对所占领土进行有效管辖，因此就不得不与当地的印度教王公贵族分享权力。在卡西姆之后的300多年间，木尔坦、信德以及古杰拉特等地区，多处于穆斯林的控制之下，先是阿拉伯人，后来又演变为迦兹纳维王朝和古尔王朝的统治者。但阿拉伯人的到来却经常被历史学家看作是一个孤立的事件，认为它与后来北印度德里苏丹政权的建立似乎没有太多直接关系。真正对印度历史进程产生重要影响的是迦兹纳维王朝的苏丹马茂德以及后来古尔王朝的穆罕默德对北印度的掠夺和侵扰，马茂德完全出于经济目的，而穆罕默德则更多是为了在印度寻求立足之地。穆罕默德的奴隶艾伯克建立了德里苏丹政权，经近90年的发展，至卡尔吉王朝时，穆斯林在北印度才基本站稳了脚跟。

穆斯林统治北印度时期又可细分为德里苏丹国和莫卧儿王朝两个重要阶段。德里苏丹国经历了奴隶王朝、卡尔吉王朝、图格鲁克王朝、赛义德王朝和洛迪王朝,而莫卧儿帝国经历了前六位帝王之后迅速衰落。在穆斯林执政期间,掌控国家政权的基本上都是外来穆斯林,如波斯人、突厥人和阿富汗人等,其中绝大多数是由印度教皈依而来的新穆斯林,他们生活在社会的底层,这样在穆斯林社会内部就出现了等级差别。穆斯林统治北印度期间,这种社会等级分化一直存在并且受印度教种姓制度的影响而不断加深。

自1206年北印度穆斯林政权建立之后,印度穆斯林社会就分化为两个主要的社会群体——外来穆斯林和本地穆斯林。随着时间的流逝,本地穆斯林的人数很快超过了那些来自中亚的外来穆斯林,这可能主要是因为这一时期苏非圣人的传教活动发挥了一定作用,另外,穆斯林人口的增长也与统治阶级的宗教政策和统治者的个人性格有一定关系。外来的穆斯林主要包括波斯人、突厥——蒙古人和阿富汗人,他们构成了这一时期的穆斯林统治阶级,而绝大多数由印度教改宗而来的新穆斯林则生活在社会中下层,没有获得太多的政治上的特权,这一时期也没有发现这些新皈依的穆斯林被统治者赐予很高的职位。中世纪的穆斯林社会主要分为了苏丹及贵族、学者文人和宗教圣贤以及普通民众几个主要群体,这些群体又可以细化为许多小的阶层。如穆斯林贵族从上至下就包括了汗、马利克和阿米尔三个级别,而学者文人和宗教圣贤则主要包括乌里玛、哲学家、赛义德人以及他们的后代等。普通民众除了农民、商人和手工业者之外,还有大量的男女奴隶。男奴通常被安排去从事户外农业生产,而女奴一部分被安排从事家务劳动或主要供主人消遣娱乐,"这些侍奉主人的女奴地位要明显高于其他奴隶"[①]。

普通民众主要是新皈依的穆斯林,主要居住在农村地区或城市里为

---

① Kunwar Mohammad Ashraf, *Life and Conditions of the People of Hindustan 1200—1550 A.D.* [古瓦尔·穆罕默德·阿什拉夫:《印度人民的生活状况(1200—1550)》], Karachi: Indus Publication, 1978, pp.82-88.

他们专门划定的区域——如苏丹巴勒班就曾规定这些新皈依的底层穆斯林必须集中住在首都德里的阿巴斯街、阿尔维街等。①

德里苏丹国时期外来的穆斯林主要有古尔人、卡尔吉人和突厥人等，各省一级的统治阶层也主要由他们组成，这些远离首都的穆斯林贵族通常都拥有由苏丹封赐的土地——即札吉尔。札吉尔本来只属于苏丹，受封者只享有行政管辖权和征税权，起初不允许继承，但遇到一些比较软弱的苏丹时，札吉尔也经常会成为穆斯林贵族的私有财产。在苏丹阿拉乌德丁·卡尔吉时，苏丹曾一度停止土地分封，试图削弱这些札吉尔受赐者的权力，但不久这一古老的土地分配方式再次兴起。而宗教圣贤多是由来自中亚的外来穆斯林，一般都在宫廷活动，为苏丹和宫廷解释伊斯兰教法，以维护伊斯兰教法的权威。穆斯林底层社会主要由那些新皈依伊斯兰教的新穆斯林构成，他们自身来自印度教的低种姓阶层，改宗之后，他们的社会地位及职业没有发生本质的变化，依然是封建统治阶级剥削和压榨的对象。

北印度穆斯林政权的建立，经历了一个漫长的历史过程（8世纪初至13世纪末），在这一过程中，穆斯林作为外来民族经过三次大规模的入侵，从最初的经济掠夺至后来的军事占领，最终在次大陆站稳了脚跟，而这一时期印度本土的印度教王国（主要是拉其普特人建立的国家）却没有形成一个统一的联盟来抵御外来势力的入侵，最后不得不将主宰印度次大陆命运的权力交给这些外来的穆斯林。曾经作为次大陆主人的印度本土居民，不得不沦为穆斯林政权下的"二等公民"，在政治、社会地位方面明显不及执政的穆斯林，在宗教信仰方面还经常受到他们的排挤和歧视。北印度穆斯林政权的建立，打破了印度教徒掌控国家政权的传统，印度历史也从此进入了新的一页。

---

① See Sabahuddin Abdal-Rehman, *Bazm-i-Mamlukiyah*, Lahore: Printline Publishers, 2001, p.185.

第三章 穆斯林政权对北印度的冲击与影响

德里苏丹国和莫卧儿王朝是印度中世纪史上最重要的两个历史时段，穆斯林的统治几乎贯穿了整个印度中世纪。虽然这一时期在次大陆南部还存在着一些大小不等的印度教王国，但与强大的穆斯林政权相比，他们显得微不足道。尽管穆斯林在绝大部分时间并未实现次大陆政治上的统一，但他们却长久统治着北印度绝大多数地区，在莫卧儿王朝后期，穆斯林势力甚至扩展到了整个印度南部，一度实现了全国的统一。因此，我们甚至可以将印度中世纪等同于穆斯林统治北印度时期。从13世纪初德里苏丹国建立至18世纪中叶莫卧儿王朝全面走向瓦解，穆斯林在北印度一直处于统治地位，在长达600多年的时间里，穆斯林政权对印度次大陆原有的政治、经济、文化、宗教生活等诸多方面都产生了极其深远的影响，印度社会也从此由以印度教为核心的一元社会进入包括印度教文化、伊斯兰文化在内的多元社会。更为重要的是，来自中亚的穆斯林，在这一时期成功地实现了身份的转变，他们由外来入侵者逐渐晋升为印度次大陆真正的主人，和次大陆原有的土著居民一起共同创造了全新的印度文化，共同主宰着印度次大陆的命运，构成了全新的印度斯坦民族。穆斯林文化与印度本土文化的冲突与融合，为今天南亚地区民族、宗教和多元文化格局的形成奠定了坚实的基础。

第三章 穆斯林政权对北印度的冲击与影响

第一节 政治方面

穆斯林到来之前的北印度，政治分化，小国林立，战事不断。封建制度刚刚确立，新晋的封建贵族通过各种手段聚敛财富，安于享乐，社会经济发展迟缓，科技创新停滞不前。即便是在被称作拉其普特时代的中世纪早期，次大陆仍然缺乏统一的中央集权，各自为政，各印度教王国之间持续不断的战争，造成了资源的极大内耗。次大陆自身的羸弱，为穆斯林入侵者提供了可乘之机，这也是人数占极少数的穆斯林在短时间内占领北印度并建立了穆斯林政权的主要原因。在穆斯林统治北印度的600多年间，印度教社会原有的政治体制受到了极大的冲击和影响，许多印度教王国归顺穆斯林政权，曾经拥有至高无上权力的印度教国王也不得不屈从于穆斯林势力，沦为他们的附庸。穆斯林建立了基于伊斯兰教法和中亚波斯传统的政治体制，从此在政治上占据优势地位。

一、以伊斯兰教为核心的集权政治

（一）德里苏丹国时期行政体系

1206年，奴隶出身的突厥人艾伯克在其主人古尔王朝的穆罕默德去世之后自立为苏丹，建立了北印度第一个穆斯林政权——德里苏丹国。穆斯林政权的组织形式是完全仿照阿拉伯帝国阿巴斯王朝的政治体制建立起来的，同时也受到了中亚波斯传统、印度次大陆政治和人文环境的影响。苏丹拥有至高无上的权力，掌控着国家全部的土地、财富和军队，是国家的最高统治者。和此前的印度教国王不同，苏丹理论上要接受伊斯兰世界政治权力中心的领导——即必须得到哈里发的任命，代表真主安拉管理人间事务。因此，早期的北印度穆斯林政权与伊斯兰权力中心一直有着千丝万缕的联系，许多苏丹都曾得到过来自伊斯兰权力中心哈里发的委任状。北印度穆斯林政权内部以伊斯兰教法为根本,根据伊斯兰教法和圣训确定政权组织形式、制定法律和税收制度等。印度教社会基于种姓制度和吠陀经典等宗教教义治理国家的传统在穆斯林政权中央一级被全面废除了。

关于"苏丹"这一职位是如何产生的,史学界一直没有找到确切的令人信服的证据。苏丹第一次出现是在巴格达哈里发没落之后,对那些"占据着曾经属于哈里发土地的独立的统治者们"①的称谓。"苏丹"一词最初的意思是指权力、权威,后来发展演变成为对穆斯林统治者的一种称谓并在整个伊斯兰世界流行开来。苏丹最初只是指世俗的统治者,后来其地位得到了提升,成为王权的象征,集行政、司法和军事权力于一身。德里苏丹国时期,苏丹名义上要受到哈里发的领导,实际上其行为不受哈里发的任何限制,已经是印度次大陆完全独立的统治者。苏丹权力极大,且几乎不受限制,即便是伊斯兰教法,有时对其约束力也是极其有限,苏丹会根据自身利益需求,制定和修改法律,完全按照自己的意志行事。其他社会成员没有任何权力,唯有服从苏丹的统治。

伊斯兰教法学家认为苏丹的职责主要有以下几个方面:捍卫宗教不受侵犯;处理子民间的争执;保卫伊斯兰疆土;为出行的穆斯林提供道路安全保障;维护和加强法律;加强穆斯林政权和边疆安全,避免被外敌入侵;对那些对伊斯兰教怀有敌意的人发动圣战;征收赋税;从国库为各级官员分配俸饷;任命各级官员;处理公共事务。②中世纪的穆斯林社会基本上是建立在一种平等基础之上的,没有像印度教种姓制度那么严格的社会分层,任何社会和宗教背景的人都可以平等地在国家中找到自己的位子,甚至成为苏丹。从理论上讲,皇权和王位并不是与生俱来

---

① H. S. Bhatia, ed., Political, *Legal and Military History of India*, vol. 4, p.75.

② Anil Saxena, *Early Sultanate Period*, p.247.

的，而是基于一个人的品行和能力，"只有被穆斯林社会的精英们广泛认可了的人才会成为苏丹"①。

尽管统治者们一再强调他们是按照伊斯兰教法在治理国家，德里苏丹国时期的行政制度主要还是基于波斯传统。穆斯林政权早期的政治制度呈现出以下几个方面的特点：

1. 以伊斯兰教为立国之本。穆罕默德的奴隶艾伯克建立了北印度第一个穆斯林政权，古尔王朝的军队入侵北印度的主要目的除了掠夺财富外，也有扩张领土、传播伊斯兰教的一面。因而，北印度穆斯林政权主要是基于伊斯兰教之上建立的，宗教是其立国之本。统治者依照伊斯兰教法和波斯传统在次大陆实施统治。

2. 强调君权神授。苏丹不遗余力地宣传君权神授思想，声称自己是代表真主安拉在人间实施统治，他的话因此便成为法律，没有人可以违背苏丹的意志。苏丹独揽大权于一身，是神权与王权的结合。

3. 苏丹都比较尽职尽责。苏丹将治理国家、服务子民视为自己最基本的职责。在德里苏丹国时期，苏丹们非常重视改善国民的生活水平。如果他不能很好地服务于自己的子民，那他就无法给真主一个交代，同时也会受到来自普通百姓的反对。

4. 乌里玛阶层地位显赫。苏丹必须依照伊斯兰教法治理国家，其行为不能和伊斯兰教法有所冲突或违背，乌里玛是维护伊斯兰教法的神职人员，他们有权力对苏丹有违伊斯兰精神的行为加以限制。在国家治理方面，乌里玛扮演着重要的角色，在绝大多数情况下苏丹都会尊重乌里玛的意见。当然也有少数苏丹，如巴勒班和阿拉姆丁等，他们很少听取乌里玛的意见。

---

① Abraham Eraly, *the Age of Wrath: A Hitory of the Delhi Sultanate*（阿布拉罕·伊拉利：《愤怒年代：德里苏丹国史》）, Haryana: Penguin Books, 2015. p. 262.

5. 没有明确的继承人确定办法。在伊斯兰教法中，苏丹这一职位并不具有继承性。因此，在穆斯林政权建立早期，围绕王位继承问题产生了很多矛盾，后来演变成残酷的战争。新苏丹在获得王位前，往往要经过大规模的争夺王权的斗争，宫廷内部各势力集团也会围绕苏丹人选问题展开激烈斗争，最后往往是失败的一方被杀害或清除。

6. 只有苏丹拥有财政收入的使用和分配权。德里苏丹国时期，苏丹虽然名义上受到哈里发的领导，定期也会为哈里发进贡部分财物，有些苏丹还从哈里发那里获得了证明自己统治合法性的委任状，但实际上苏丹的行为往往不受哈里发的限制，他们是唯一有权对国家财政收入进行支配和分配的人。苏丹经常将大量的财富用于后宫开销、修建宫殿等方面。

7. 苏丹非常独裁。由于伊斯兰教法往往对苏丹难以形成有效的约束，苏丹的行为有时甚至可以超越伊斯兰教法的有关规定，因此，苏丹往往独断专行，非常独裁。

8. 贵族的权力很大。这主要由苏丹本人的能力和性格决定的。有些比较年幼或个性软弱的苏丹，往往会受到宫廷中一些势力强大的封建贵族的胁迫和控制，为了维系其统治苏丹们不得不经常屈从于这些贵族，有些甚至会成为贵族们的傀儡。苏丹拉济娅执政时期（1236—1240），以前苏丹伊勒图特米什的奴隶组成的"四十人集团"在宫廷中的势力非常大，苏丹的许多政策都受到了他们的抵制。这些封建贵族甚至会联合反对苏丹的势力，推翻苏丹的统治。苏丹拉济娅最终就是被宫廷中的贵族们赶下台并被处死的。

9. 穆斯林政权具有很强的封建性。德里苏丹国时期的政权组织形式具有很强的封建特色，苏丹全面主管宫廷事务，各行省的管辖权则实际掌握在一些实力雄厚的军事首领手中，他们享有很大的特权，苏丹与边远行省之间的关系相对疏远,往往没法实施有效统治,最终导致中央政权与地方政权的离心,有时甚至发展成战争,这在很大程度上也和苏丹本人的性格及各地官员对宫廷的忠诚程度有关。苏丹在国内实施伊克塔制度,这种土地制度在缓解宫廷中经济压力的同时,却造成了社会权力的极大分化,也造就了更多的封建地主阶级。

德里苏丹国时期,在官僚体系中,除了苏丹之外,权力最大的就是首相(Wazir),当苏丹势力较弱的时候,首相的权力几乎不受限制,但这毕竟是少数情况。宫廷中的其他官员都要对首相负责,包括财政大臣。首相有权组织在全国范围内进行征税,对国库的每一笔开支都有权过问,他的助手会对宫廷中各个部门的所有账目进行清查和核算,"所有官员俸禄的发放、军队的各项开支等都要经过首相签字"[1]。首相所在的部门被称作财政部,下面通常会设副首相一名,协助首相管理宫廷各类事务。副首相下面有时也会任命一名官员,对全国的账目进行登记造册。

除了财政部之外,国家还设有宗教事务部、司法部和军事部,这构成了德里苏丹国时期穆斯林政权的四大支柱。除了以上主要部门之外,这一时期还设有负责传递信息的通信部等低一级的部门。从穆斯林贵族内部的级别划分来看,这一时期,穆斯林贵族中级别最高的是汗(Khan),位居第二的是马利克(Malik),此后是阿米尔(Amir),在德里苏丹国的贵族群体中,没有比阿米尔更低的封号。

这一时期国家的军事力量主要掌握在苏丹本人和各行省的贵族手中。军队主要的兵种是骑兵,因为骑兵在战场上更加灵活,速度更快。在穆斯林建立政权的过程中,正是依赖精锐的骑兵队伍,才在短时间内击败了数量上占有优势的印度教王国军队。战象尽管行动迟缓,战争中仍然

---

[1] शिवकुमार गुस्, सम्पादक, *मध्यकालीन भारत का इतिहास (1000-1526ई)*(希乌古马尔·库布德主编:《中世纪印度史(1000—1526)》),जयपुर: पंचशील प्रकाशन, 1999, पृ.235.

在这一时期发挥着重要作用。苏丹的军队中也有大量的步兵,但其作用已经不及骑兵重要。军队中装备有火药武器,至少从苏丹阿拉乌德丁·卡尔吉起,军队中就"长期保留着负责操作火炮和填充弹药的兵士"[①]。军队中除了突厥人之外,还有阿富汗人、波斯人、蒙古人和印度本土居民。事实上,大约在苏丹马茂德进攻北印度时,就有印度教徒参加到其队伍中。在德里苏丹国时期,印度教徒在穆斯林军队中人数众多。军队通常以50人或150人为单元,划分为许多小的部分。军事组织形式在不同王朝有所不同,最初是苏丹、省督和部分贵族都养活军队,后来又一度改为由国家招募,"兵员最多时达47.5万人"[②]。

在德里苏丹国时期,国家被划分为许多行省和附属国,后者主要是指那些臣服于穆斯林政权的印度教王国,他们有权在自己的王国内部继续维持其统治,但不能对穆斯林宫廷怀有敌意,他们有义务在自己的王国内保护穆斯林的安全,定期向穆斯林宫廷进贡,而主要的贡品通常都是大象。全国最多时被划分为23个行省,行省一级的统治者省督通常也都拥有很大的权力,但他们的行为却处在穆斯林宫廷的严格监视之下,当苏丹势力较弱的时候,这些各地的贵族们也会经常违背苏丹的意志,处在一种半独立的状态。省下面设县,县下面设税区,最基层的行政单位是村。税区以上的官员基本都是由穆斯林贵族或皈依了伊斯兰教的印度教徒担任,而税区及以下的官员,主要由印度教徒担任。

(二)莫卧儿王朝时期的行政体系

由于莫卧儿王朝的建立者巴布尔在位时间(1526—1530)极短,还

---

① Anil Saxena, *Early Sultanate Period*, p.256.
② 林承节:《印度史》,人民出版社,2014年,第118页。

没有来得及建立起完备的统治体制就驾崩了，而继任者胡马雍势力较弱，忙于自保，因而莫卧儿帝国主要的行政制度都是在阿克巴及以后的帝王执政期间确立下来的。阿克巴不仅是一位勇敢的战士、杰出的军事统帅、伟大的宗教改革家，更是一位名垂青史的优秀君王。他所建立起来的各项政治制度，在巩固封建政权的同时也有力地推动了社会经济的发展，在其后的整个莫卧儿时代都被不断延续。其政策的一个重要特色就是任何制度的制定都与印度次大陆当地的政治社会环境和风俗习惯相适应，而很少受到伊斯兰世界通用的治国理念的束缚。事实上，阿克巴的政策很大程度上受到了谢尔沙（1540—1555年在位）的影响，是对德里苏丹国时期波斯模式的改进和发展：

1. 国王。莫卧儿王朝时期的政权组织形式是君主专制。皇帝拥有行政、司法和财政大权，代表着国家最高权威，他负责制定一切法律，其决定无人能左右。但是，阿克巴有时也会和自己的大臣们分享一些权力，他会听取大臣和普通百姓的建议，施行仁政。在德里苏丹国时期，政权以军事性和封建性为主要特征，在莫卧儿王朝时期，虽然也以军事性为特征，但更加合理和规范。阿克巴制定了一套非常宽松而又科学高效的国家行政制度和税收制度，为莫卧儿帝国政治上的稳定和经济繁荣做出了巨大贡献，这些政策经过修订和完善一直持续到英国开始殖民统治之前。

2. 宫廷。莫卧儿的宫廷非常雄伟豪华。皇帝阿克巴每天都会在觐见厅（Audience Hall）花费至少两个小时，接见各类诉讼案件上访者并当场进行处理。阿克巴由一帮各尽其责的大臣所辅佐：首相负责所有的行政部门，是皇帝最主要的助手，财政大臣掌管全国财政和税收，国库所有的支出都必须经过他批准；负责发放俸禄的大臣主要是统计计算全国的曼萨布达尔数量并给高级官员们发放俸禄，而大法官则是皇帝的宗教导师，负责维护皇帝的权威，处理国家的一些司法事务，同时建议皇帝任命省一级的法官。

3. 行省制度。莫卧儿帝国被分为了 15 个行省，对皇帝忠心且有领导才能的官员被委派去管理这些行省。在每个行省，都有皇帝亲自任命的负责人，被称作苏伯达尔（सूबेदार, Subedar），苏伯达尔通常对皇室或是级别更高一级的官员负责。他享有非常大的权力，相当于省一级的国王，在行省一级全权负责行政、司法、军事和社会治安等事务。为了防止其独立或叛乱，皇帝经常会在苏伯达尔的身边安插耳目，密切监视其一举一动。在行省一级，苏伯达尔还是专门负责给皇帝传递消息的通信官员和由皇帝亲自任命的负责财政的官员。

行省进一步被分为不同的税区（सरकर, Sarkar），税区又细分为博拉格那（परगना, Parganas），区一级的首领被称作弗吉达尔（फौजदार, Faujdar），他掌握着数量有限的军队，负责维持其管辖区域内的法律和治安，弗吉达尔由许多官员协助处理行政事务。在城市中，有专门维护社会秩序的治安官员（कोटवार, Kotwals）。

4. 军队。国家维持着数量有限的常备军，在战时，兵源主要来自以下四个方面：一是国王或世袭的军事首领的军队；二是不同级别的曼萨布达尔提供的军队；三是由国家支出军费但平时归曼萨布达尔指挥的后备军；四是临时招募的军队。按照伊斯兰教法，战争所获的 1/5 财富归军士所有，因此他们的月俸"大概在 5—7 卢比之间"[①]。阿克巴非常注重改良军事装备，对于大炮和火药武器尤其重视，他还雇用外国技师参与武器制造和军事训练，虽然和同时代西方国家的武器装备相比仍存在差距，但和印度次大陆其他王国相比，莫卧儿帝国的武器已经非常先进了。在这一时期，印度还没有现代意义上的海军，但是商业和海运的

---

① Animesh Mullick, *Medieval Indian History*, p.243.

发达推动了造船业的发展,在达卡港口,"常年驻守着一支由 750 艘船只组成的军队以防范缅甸人对孟加拉的侵扰"①。

5. 司法制度。阿克巴有很强的正义感,对于所有世俗事务,他坚持所有人一律平等,没有所谓的特权。阿克巴说:"如果我不能主持正义,我就会被自己审判。"②这绝不是一句空话,事实上,阿克巴的宫廷是非常公平的。作为皇帝,他掌握着最高的裁定权,在他之下,是国家的大法官,他主要解决和宗教有关的一切事务,也处理涉及印度教徒和穆斯林的民事案件。在这一时期,既没有成文的法律也没有律师,一切以《古兰经》为蓝本。《古兰经》有至高无上的权威,可以对一切纷争做出解释。这一时期的刑罚也是非常严酷,但是一些严酷的刑罚必须经过皇帝的批准。在村一级,人们通过五人长老会(पंचायत, panchayats)或族长来处理各种纠纷。法官们一般都被认为是公平廉洁和不偏不倚的,但事实上,他们在生活中非常傲慢和腐化,经常滥用职权谋取私利。

6. 社会改革。阿克巴是一位非常爱民的皇帝,为了切实改善百姓的生活,他采取了许多措施。1563 年,他宣布废除了香客税,极大地减轻了印度教徒的负担。次年(1564)他又废除了向非穆斯林征收的人头税。③香客税和人头税是长期以来由穆斯林统治者强加给印度次大陆的广大非穆斯林的宗教杂税,不仅给广大印度教徒造成了经济上的负担,也伤害了他们的宗教情感。因此,阿克巴的这一举动在社会上为他赢得了赞誉和支持。印度教社会长期以来存在着一些陋习,如萨帝制、童婚、杀害女婴等,阿克巴试图对上述行为进行禁止。他规定不应该违背妇女意志在其丈夫死后将其投入火坑进行殉葬,同时禁止童婚和杀害女婴。

---

① K. R. Gupta, D. S. Paul, Meenakshi Taheem, Manpreet Kaur, *Medieval India*, p.230.
② K. R. Gupta, D. S. Paul, Meenakshi Taheem, Manpreet Kaur, *Medieval India*, p.231.
③ शिवकुमार गुस, सम्पादक, मध्यकालीन भारत का इतिहास (1000—1526ई.), पृ.177.

阿克巴提倡在婚姻中尊重夫妻双方的意愿，鼓励寡妇再嫁。这些社会改革措施在印度教徒中产生了积极的影响，尤其是赢得了中下层民众和社会弱势群体的支持，同时也推动了印度社会文明的进步。

7. 曼萨布达尔制度。在莫卧儿王朝阿克巴大帝时期，宫廷推行一种称作曼萨布达尔（मनसबदारी व्यवस्था, Mansabdari System）的行政制度。曼萨布是由皇帝任命的一种集行政权、军事权于一体的官阶，拥有这些官阶的人被称作是曼萨布达尔。阿克巴按拥有士兵的数量将全国分为33个官阶，最少的10人，最多的有1万人。一个普通官员所能享受的最高官阶是5000人的曼萨布，5000人以上至1万人的这些曼萨布官阶只有皇室成员才能享用。曼萨布达尔由皇帝直接选拔任命，官阶可以得到不断提升，当然在有的情况下也会被降阶或解职。曼萨布不是世袭的，也不能被继承，往往和札吉尔制度结合在一起。曼萨布制度保证了受封者拥有一定的行政权和军事权，而札吉尔制度则为受封者提供了财政上的支持。

中世纪穆斯林政权的一个显著特点就是政教合一，即统治阶级的所有行为都不能违背伊斯兰教法的精神，必须受伊斯兰教法的指导。早在德里苏丹国时期，苏丹艾伯克、伊勒图特米什、巴勒班及阿拉乌德丁·卡尔吉等都想方设法从哈里发那里获得委任状，一方面是为了愚弄人民，造成君权神授的错觉，为自己的王位寻求某种合法性，希望民众能支持和服从其统治，另一方面则说明苏丹们对伊斯兰教法心存敬畏，不敢僭越。在莫卧儿王朝时期——尤其是在阿克巴大帝时期，穆斯林政权出现了世俗主义倾向，宗教与政治的关系开始松散，但这一时期仍然无法实现真正的世俗政治。至奥朗则布时期，由于皇帝是一位非常虔诚的穆斯林，因而阿克巴大帝时期实施的许多宽松的宗教政策都被废止了。奥朗则布完全以伊斯兰教法为准绳，推行严苛的宗教政策，加剧了穆斯林与非穆斯林之间的矛盾。

中世纪穆斯林统治时期的另一个重要特点就是中央集权政治，这与印度次大陆长久以来处于分裂状态形成鲜明对比。在穆斯林到来之前，印度历史上次大陆除了孔雀王朝时期曾实现政治统一外，其余时间几乎一直处于分裂状态。之所以说古代印度只是一个地理上的概念而非一个政治实体，原因就在于此。穆斯林到来之前的印度长期缺乏中央集权，原因是多方面的，这和印度教国王们普遍缺乏政治远见，次大陆各政治势力长期处于均势状态、印度本土居民缺乏反抗精神等诸多因素有关。但穆斯林的到来改变了次大陆长期以来的状态，虽然人数上并不占优势，但是穆斯林很快借助伊斯兰世界一些先进的和行之有效的治国方略实现了对北印度甚至是整个印度次大陆的有效管辖。穆斯林政权强调中央集权，统治者将权力牢牢掌控在自己手中。在宫廷之中，无论是德里苏丹国时期的苏丹还是莫卧儿王朝时期的皇帝，都拥有许多可以为其出谋划策、协助处理朝政的大臣，但最终的决定权仍然掌握在最高统治者手中。大臣们可以为统治者提出意见，但却无法左右统治者的意志。相比政治上的长期割裂，中央集权政治更有利于封建经济的发展，因而在特定的历史时期和历史环境下发挥了重要的作用。中世纪穆斯林中央集权政治发展到后期，实现了国富民强，尤其是在莫卧儿王朝的中后期，印度封建经济在沙贾汗和奥朗则布执政期间到达了顶峰。

二、对印度封建统治秩序的改造

传统的印度教社会是建立在种姓制度之上，以对土地等社会财富的占有不同，分为权力上游的封建主和社会底层的普通民众。印度教国王和由国王任命的各级官吏，作为统治阶级享有各种特权，行使着治理国家的职责。广大农民在种姓和印度教传统教义、理念的指导下接受来自权力上层的统治。北印度穆斯林政权的建立和发展，极大地改变了这一态势。首先是曾经作为印度教王国最高统治者、拥有至高无上王权的国王成为穆斯林统治阶级的附庸。在绝大多数被穆斯林军队征服的地区，印度教国王为了维护其既得利益，都不得不与穆斯林政权达成妥协，通过定期上缴赋税、为穆斯林提供军事援助等方式，沦为替穆斯林统治人民的工具。他们有的名义上仍然为印度教国王，但其权力受到了很大的限制，尤其是必须臣服于穆斯林中央政权。在印度教王国的宫廷和下一级政权中，穆斯林统治者经常会安插自己的亲信，对印度教国王及其官员的行动进行监视，对那些对穆斯林宫廷怀有二心或表现不忠的印度教官员，穆斯林统治者会毫不留情地予以清除。

从经济的角度来看，早期穆斯林政权建立之前，印度次大陆的封建制度已经确立，一些高种姓婆罗门和印度教达官显贵成为封建地主阶级，他们占有大片土地，拥有巨额财富，社会上等级观念森严，贫富差距悬殊。穆斯林政权的建立彻底改变了这一状况。首先是在被穆斯林占有的区域，土地不再属于某个印度教国王或封建贵族，而是属于穆斯林统治阶级。苏丹或穆斯林皇帝成了这些土地实际的占有者，他们会根据官员们的实际贡献进行赏赐，这种赏赐在德里苏丹国时期被称作伊克塔制度，到莫卧儿王朝时期，演变成为札吉尔制度，后来发展成了柴明达尔制度。另外，穆斯林统治者在征服印度教王国的领地时，也往往会对其财富进行掠夺或没收。很多印度教王国在经历穆斯林军队的洗劫后，财富所剩无几，在短期内也就无法对穆斯林统治进行有效反击。

北印度穆斯林政权对以种姓制为核心的印度封建统治秩序造成了沉重的打击。在中世纪，婆罗门极力想维护其利益，不断地将种姓制度严格化。但是，随着形势的发展——尤其是穆斯林和伊斯兰教在政治上占据着统治地位，苏丹和伊斯兰国家也慢慢剥夺了他们的一些特权，婆罗门的地位和权威已经一落千丈,今非昔比。穆斯林统治者破坏了大批印度教寺庙,没收了高种姓阶层的一些土地和财产,给他们的生活带来了深重的打击。尽管莫卧儿王朝时期统治者吸收一部分印度教高种姓阶层(以刹帝利为主)到宫廷当差,与穆斯林统治阶级分享一部分权力,但从人数上看这毕竟是极少数,况且在宫廷之中非常关键和重要的职位一直由穆斯林贵族占据着,印度教官员实际上被极大边缘化了。和昔日相比,高种姓阶层在这一时期的地位和境遇已经有了明显的下降。由于一些高种姓阶层失去了土地或经济来源,他们不得不开始从事一些过去只有低种姓阶层才会从事的职业,因此这一时期印度社会的种姓制实际上已经不及过去那么严格。尽管如此,种姓制度依然顽固地存在于印度教社会之中,尤其是一些印度教王国中,和过去几乎没有区别。种姓制度存在的经济基础和社会文化基础没有改变,因此它不可能因外部力量的冲击而消失。

三、对以种姓制为核心的社会分工体系的冲击

种姓制度是印度等级社会的核心,从古代吠陀时代起,印度社会就确立了婆罗门、刹帝利、吠舍和首陀罗四大种姓,另外还有许多人被排除在四大姓之外,成为不可接触者。到了中世纪,种姓制度在发展过程中进一步分化,原来的四种姓根据出身和职业的不同,演变为许多亚种姓,这些亚种姓与社会分工紧密相连。穆斯林政权建立以后,一部分印度教徒,尤其是一些低种姓阶层为了逃避种姓制度的压迫皈依了伊斯兰教,因为伊斯兰教宣传众生平等,不存在种姓制度和种姓压迫。由于摆脱了种姓制度的束缚,这些新皈依的穆斯林在职业选择上较以往有了更多的自由度,他们中的有些人甚至通过努力,最终进入了穆斯林上流社会。因此,穆斯林政权建立之后,北印度原有的社会分工体系被打破了,

虽然在一些已经臣服的印度教王国内部仍然延续着原有的等级制度和职业选择的限制，就整个穆斯林社会而言，这种基于种姓之上的等级制度和社会分工体系无疑是被弱化了。在穆斯林政权建立初期，宫廷中掌握治国大权的很多官员都曾是奴隶出身，他们曾经生活在社会的最底层，但此时却成了统治阶层。一些曾经在印度教社会长期处于被压迫、被歧视地位的低种姓阶层或奴隶，在皈依伊斯兰教后则开始在军队、宫廷当差，社会地位和经济地位有了明显提升。

在穆斯林统治后期，一些印度教徒即使不皈依伊斯兰教，在穆斯林宫廷同样可以谋得差事，有的所处地位还非常显赫。这一方面与这一时期统治阶级比较开明、穆斯林政权出现世俗化倾向有关，另一方面也与封建经济不断发展使整个社会分工体系更加细化、统治阶级的物质文化需求不断增加有关。在莫卧儿王朝时期，从开国皇帝巴布尔开始，各位帝王们都非常重视发展农业生产，他们兴修水利工程，不断增加灌溉面积，使封建经济得到了长足发展。在物质需求得到极大满足的情况下，人们开始追求精神上的享受。莫卧儿王朝时期，在穆斯林宫廷出现了大量的文人、乐师、哲学家和诗人，这些学者文人和民间艺人有些是穆斯林，有些却是印度教徒。他们中的许多人经常以演奏音乐、表演歌舞以及为权力阶层歌功颂德、服务宫廷为自己的职业。

中世纪封建制度的巩固和发展，推动了手工业的快速发展。早在德里苏丹国时期，苏丹阿拉乌德丁·卡尔吉就在都城之外建立了许多手工业作坊，大量的奴隶和新皈依的穆斯林在这些作坊里从事手工业生产。中世纪印度的皮革制品、丝绸、象牙制品等都非常受欢迎，尤其是在穆斯林统治阶层和印度教贵族中，这些手工业产品往往供不应求。

这一时期印度的海外贸易也逐渐兴盛起来，"孟加拉、卡拉其、卡里卡特等都成为著名的海外贸易港口，大量的手工业品从这里被远销至世界各地"①。旺盛的需求进一步带动和刺激了手工业的发展，社会上商人、手工业者较以往明显增多，社会分工越来越细化。这与传统印度教社会基于种姓制度之上的身份世袭、职业世袭形成鲜明对比。

中世纪的印度社会呈现出油水分离的两个版块，一个是由穆斯林统治者把持的上层社会——他们完全以伊斯兰教法和伊斯兰传统为行为准则，仿照中亚波斯的政治体制治理国家，很少受到印度当地政治文化环境的影响；另一个是由印度教国王、封建地主以及部落、村庄头人掌控的中下层社会——他们虽然接受穆斯林宫廷的统治和管辖，但其行政运行方式却与穆斯林统治者截然不同，在很大程度上仍然保持了印度教社会的行政制度，种姓制度仍然处于核心地位，社会分工也是完全基于种姓制度，虽然随着封建经济的发展，社会分工在印度教群体内部也进一步细化，出现了许多从事不同职业的副种姓，但总体而言，这些社会职业的出现并没有对传统的基于种姓和职业出身不同而形成的社会阶层产生太大影响。穆斯林统治下的印度教社会，尤其是统治阶级难以企及的广大农村地区，依然较完整地保存着印度教社会原有的行政制度、等级观念和风俗习惯等。穆斯林政权只是对印度社会进行了表面上的粗浅的改造，却无法深入其内部进行完全同化。也正是基于这一原因，在经过长达600多年的冲突交融之后，印度教文化与伊斯兰文化都较好地保持了其相对独立性。

第二节 经济方面

穆斯林统治北印度期间，印度原有的封建经济也受到了深远的影响。在土地政策方面，穆斯林统治者对印度次大陆原有的封建土地政策有所

---

① K. N. Chitnis, *Socio-Economic History of Medieval India*, p.237.

延续和发展，先后推出了伊克塔制度、札吉尔制度和柴明达尔制度，土地制度的流变主要体现在土地的所有权和使用权的变化方面。随着封建制度的巩固和发展，无论是作为苏丹还是莫卧儿帝国的国王，对土地的控制权应该说是在某种程度上有所放松。而作为新兴的封建主，即穆斯林封建贵族，从宫廷获得了一部分土地并逐渐变为可继承的私有财产，这些封建主最终成为封建大地主（ज़मीनदार）。而在税制方面，穆斯林统治者则依照伊斯兰教法的规定，推出了符合当权者利益的税收制度，在次大陆人口占绝大多数的非穆斯林群体中征收人头税，不仅给当地人民造成了经济上的巨大负担，同时也加深了穆斯林与非穆斯林之间的矛盾，不利于宗教和谐与民族融合。印度社会原有的税收体制主要是基于《摩奴法论》等印度教古代经典，而穆斯林政权则主要采用的是伊斯兰世界通用的税制，似乎受印度传统税制影响较小。

一、土地政策的流变

土地所有关系是最能体现社会等级分布和财富分配的重要因素。1192年当古尔的穆罕默德开始攻入北印度时，他为次大陆带来了在伊斯兰世界已经长期存在的两项制度：一是名为伊克塔的土地分配制度，二是军人奴隶制度。在穆斯林入主北印度期间，外来的穆斯林占领了次大陆大片的土地，这些被占领的土地理论上只属于穆斯林政权中最高权力阶层（苏丹或皇帝）所有。但随着封建经济的发展，土地的所有关系也发生了一定的变化，苏丹将一部分土地赏赐给自己的亲信或达官显贵，这些受赐者最初只是拥有土地的使用权而非所有权，但后来慢慢地获得了这些土地的继承权，这样就诞生了封建大地主阶级。

（一）伊克塔制度

伊克塔制度（इक्ता व्यवस्था, Iqtadari System）德里苏丹国时期一种土地分配和行政管理制度，它在穆斯林统治后期得到了巩固和加强。在这种土地分配制度下，国家的土地被划分成大小不等的许多块，被称作"伊克塔"。这些伊克塔被苏丹按官阶级别分为贵族、地方官员和士兵等，一方面是对他们忠于王权的奖励，另一方面也是将治理这些土地的权力下放至受赐者。受赐者最主要的义务就是代表苏丹为国家收税并在战时为苏丹提供军事上的支持。这些伊克塔最初不能被继承，苏丹会定期对伊克塔进行调整和交换，通常是三到四年。这就意味着早期伊克塔的拥有者只是获得了土地的使用权而非占有权，每块伊克塔会任命不同级别的管理者，伊克塔的实际收益和土地的肥沃程度以及管理者的能力有极大关系。

从历史的角度来看，伊克塔制度并非德里苏丹们的首创。伊克塔制度大约在公元7世纪起就存在于倭马亚王朝（661—750），是阿拉伯帝国赐予宫廷政治和军事高官以土地代替现金俸禄的制度，后来在阿拔斯王朝（750—1258）和波斯帝国时代得到改进和加强。9世纪后，在波斯萨曼王朝期间，伊克塔制度得到进一步明确和规范，宫廷规定伊克塔归国家所有，不能转让、买卖和世袭，受领者有权在伊克塔内向农民征收田赋和各种赋税，有权对非穆斯林征收人头税，伊克塔税收的小部分上缴国库，大部分用于支付伊克塔所有者的年度俸禄和地方军队开销。

德里苏丹国时期的伊克塔制度与中亚萨曼王朝时期的伊克塔制度非常相似，但却和同时代西欧封建社会的采邑制度有所不同，后者是对土地拥有所有权和使用权的一种封建制度，而前者只是一种以税代薪的经济制度，受封者对土地只有使用权而没有所有权。苏丹伊勒图特米什受古尔的穆罕默德思想启发，在印度次大陆推行伊克塔制度，苏丹巴勒班把全国土地分成许多伊克塔,分配给王公贵族、军事首领和地方各级官吏,使伊克塔成为穆斯林宫廷主要的土地分配方式。伊克塔制度在推行过程中经过多次调整,在图格鲁克王朝后期苏丹菲鲁兹沙时期有所复苏,但这一时期的伊克塔已经在很大程度上可以继承,成为受封者们的私有财产。

拥有大片伊克塔的官员通常须承担两项义务:行政管理和收税。他们负责从自己的伊克塔中进行征税,在扣除自身的开支、养活军队费用外其余的钱上缴给宫廷,这种土地政策真正确立下来开始于苏丹巴勒班时代。宫廷官员对每块伊克塔的收入提前都有所估算,因而地方官员企图克扣税收的情况几乎没有。在苏丹阿拉乌德丁·卡尔吉时期,宫廷对伊克塔的税收监管非常严格,每块伊克塔都有苏丹亲自委派的忠于自己的监察官。在苏丹阿拉乌德丁·卡尔吉执政期间,伊克塔被分作两类:一类是德里苏丹国建国初期被分配的伊克塔,另一类是苏丹卡尔吉执政后被征服的土地。对于后者,卡尔吉赋予了受赐者更大的权限,以激励他们对新并入宫廷的土地进行有效管辖。

小块的伊克塔一般在军队的士兵中进行分配。受封者对伊克塔不具有行政管辖权,只负责经营和收税。在宫廷需要的时候,他们必须为苏丹出兵打仗。古尔的穆罕默德是第一个将伊克塔制度介绍到印度次大陆的穆斯林,但真正使伊克塔成为一种土地制度固定下来,则是由苏丹伊勒图特米什完成的。伊克塔制度见证了德里苏丹国的许多变迁,苏丹巴勒班、阿拉乌德丁·卡尔吉等都借助伊克塔制度有效加强了中央集权。从本质上讲,伊克塔制度是一种以土地税收代替官员薪金的制度,这在德里苏丹国建国初期起到了一些积极的作用。在穆斯林政权建立之初,百废待兴,为镇压各地的叛乱和扩大疆域不得不养活庞大的军队,农业生产受到一定的破坏,国库基本亏空,在这样的情况下要以现金形式支付官员们的薪金就非常困难。但一旦经济上得不到满足，这些官员对宫廷、对苏丹的忠诚度就会大打折扣。因而穆斯林统治者不得不采取这种以地代薪的办法来度过经济危机。在苏丹穆罕默德·宾·图格鲁克时期，大片的伊克塔被封赐给各级官员，他们每年按照苏丹规定的固定数额上缴赋税。但是，伊克塔制度给穆斯林封建统治也带来了一些危害，尤其是在德里苏丹国后期，随着封建经济的发展，伊克塔的流动性明显减弱，苏丹对伊克塔交换、收回的情况越来越少，原本不让继承的伊克塔逐渐成为一些地方官员的私有财产，因而宫廷对伊克塔的实际控制明显松弛了。

（二）札吉尔制度

札吉尔是莫卧儿王朝时期实行的一种主要的土地制度。在莫卧儿王朝时期，官员的薪金以现金或是封地的形式支付，这些封地即被称作札吉尔（Jagir），而受封者则被称作札吉尔达尔（Jagirdar）。札吉尔通常分配给曼萨布达尔（Mansahdar）及宫廷中的统治阶层。札吉尔制度是曼萨布达尔制度的一部分，在莫卧儿皇帝阿克巴期间得到了发展而其继任者对该制度又进行了一些改造。在阿克巴执政期间，国家的土地被分成了两种：一种是属于皇帝的国有土地，即卡利萨（Khalisa），另一种就是札吉尔。国有土地的税收直接进入国库，而从札吉尔获得的税收先在官员中进行分配，以代替他们的现金俸禄。札吉尔达尔通常在其札吉尔内对佃农和手工业者征收田赋及其他杂税，但这些税种和税率通常都是由宫廷规定，札吉尔达尔不能任意增加税收或提高税率。札吉尔达尔被宫廷派出的耳目严格监视，穆斯林皇帝也会定期对札吉尔在官员中进行调整和交换，札吉尔达尔对土地的控制一般只有三年到四年，札吉尔不能被继承，在受赐者死后札吉尔要收归国有。极个别的情况下札吉尔达尔的后人也可以继承，但须缴纳一定的费用。札吉尔的封赐可以是有条件的，也可以是无条件的。有条件的札吉尔一般都会要求受封者拿出一部分收入用以改善公共福利以及战时为国家提供战争所需的军队等。札吉尔又分为几种形式，坦卡（tankha）札吉尔一般以实物税收用来代替俸禄，瓦当（watan）札吉尔一般分配给印度教封建地主或国王，他们对札吉尔享有继承权但却不能交换变更，阿尔特莫卡（Altamgha）札吉尔则是分配给穆斯林贵族，"一般都位于他们的家庭所在地或是出生地"①。

在奥朗则布统治后期，由于曼萨布达尔数量的增多而可供分配的土地极其有限，加之国家的行政和经济秩序混乱，最终导致出现了札吉尔危机，那些被任命为曼萨布达尔的人发现他们很难得到札吉尔。札吉尔制度的最大弊端就在于其不可继承性，因此札吉尔达尔对土地普遍缺乏改良的热情，这非常不利于封建农业经济的发展，也是导致莫卧儿王朝后期出现农业危机的重要因素之一。

札吉尔土地流转制度并非莫卧儿皇帝的独创。它是在印度次大陆封建制度确立初期就已经存在的一种土地分配制度，在印度教王国里非常盛行。札吉尔制度造就了一批封建大地主阶级，和伊克塔制度一样，也是一种利用实物税收代替官员俸禄的制度。札吉尔制度一方面在某种程度上缓解了国家的经济困难，尤其是在国库现金不足的情况下，有效地缓解了国家的财政危机，但其弊端也是非常突出的。如前文所述，札吉尔制度造成了统治阶级内部的分裂，削弱了穆斯林最高统治者的权威，不利于中央集权政治的形成。在穆斯林统治北印度长达600多年的时间里，战争几乎从未停止过，统治阶级除为了扩大疆土主动发动战争之外，很多时间是为了镇压各地此起彼伏的叛乱。这些穆斯林贵族和业已归顺了穆斯林政权的印度教国王，有的实力非常雄厚——尤其是雄踞一方的

---

① K. R. Gupta, D. S. Paul, Meenakshi Taheem, Manpreet Kaur, *Medieval India*, p.309.

穆斯林贵族，多是苏丹或穆斯林国王政权中的核心力量，有的还是苏丹们的近亲，他们不甘心位居人下，因而在条件成熟的情况下经常脱离中央政权的控制。多地频发的叛乱，与穆斯林宫廷实施的土地政策不无关系，正是由于札吉尔制度使宫廷无法对一些边远地区进行有效的管辖，造成了地方一级官吏对中央的离心。

（三）柴明达尔制度

柴明达尔制度（ज़मीनदार प्रथा, Zemindar System）是印度封建土地所有制形式之一，它虽然直到英国殖民统治初期（18世纪末）才被正式确立并长期存在于印度次大陆，但柴明达尔制度的雏形却出现于中世纪穆斯林统治时期，大约在14世纪的印度典籍里已经出现这一名称。"柴明达尔"一词来源于波斯语，它是"土地"（ज़मीन）和"所有者"（दार）二者的结合，即土地所有者。柴明达尔一般是指那些处于边远地区的被穆斯林政权征服了的印度教王公贵族，他们只要答应向穆斯林宫廷缴纳贡赋和税收，就可以继续占有土地，在自己的王国里实行统治，因此，从本质上讲，柴明达尔就相当于封建大地主。此外，早在德里苏丹国时期，一部分负责在农村地区为穆斯林统治者征收田赋的印度教官员，被允许从税收中扣除一部分作为自己的俸禄，久而久之，这些收税官员便占有了一部分土地。在德里苏丹国时期，在广大被穆斯林征服的农村地区，村社的负责人或部落头人也被允许可以保留自己的土地，并且他们还有权力向农民加征一些杂税。这一时期还出现了包税人，他们以一定的价格从苏丹或伊克塔达尔手中取得一定的包税权并长期承包下来，久而久之也慢慢成为这些土地的实际占有者。印度教王公、印度教收税人、村庄或部落头人以及长期包税人等，他们实际上都占有着数额不等的土地，这种土地占有形式既不同于德里苏丹国时期的伊克塔制度，也不同于莫卧儿王朝时期的札吉尔制度，它是有别于二者的一种土地占有形式，这种土地占有形式在莫卧儿王朝后期逐渐固定下来，形成了柴明达尔制度。柴明达尔占有的土地不是来自宫廷分封，但却可以被世袭或事实上被继承。早期的柴明达尔产生于德里苏丹国时期，由于这一时期穆斯林政权相对较弱，没有能力完全对被征服地实施有效统治，因此，存在着大量的藩属国，这些印度教国王及其官吏，成为最早的柴明达尔。至莫卧儿王朝时期，由于穆斯林政权已经非常强大，这一时期的藩属国较少，被征服地区多数都处于宫廷委任的穆斯林贵族的有效管控之下，因此，这一时期的柴明达尔较少，且主要是指那些替宫廷征税的印度教官员。莫卧儿王朝时期的田赋多以现金或实物的形式收取，这些被宫廷任命的柴明达尔，最初只是作为中间人替宫廷征税，慢慢地他们自己也拥有了土地，宫廷为了取悦他们也同时赋予了柴明达尔一些政治、经济和司法权力。柴明达尔和曼萨布达尔有相似的地方，但前者主要是穆斯林统治范围内那些拥有田地的印度教王公贵族、村社和部落头人以及替穆斯林宫廷收税的印度教徒，他们多附庸于穆斯林政权之下，而后者则多指那些处于穆斯林权力中心的统治阶级，是维系穆斯林统治的中坚力量。柴明达尔制度在莫卧儿王朝后期，其征税功能已经明显弱化，而其维护社会治安、对地方进行治理的功能则得到了进一步加强。柴明达尔在后期还具有很大的司法权，在一些地区甚至有他们开设的法庭，可以对地方一些司法事务进行处置。柴明达尔的收入也不仅仅限于税收，而包括所辖区域内的各种罚金、进贡的物品等。

柴明达尔制度在莫卧儿王朝末期被英国殖民统治者作为一种土地私有制度固定下来——即一切拥有土地的人都是柴明达尔，至此，柴明达尔正式成为封建地主阶级的代名词。柴明达尔制度是封建经济发展的产物，是封建制度的附属品，它将土地由国有转化为私有从而加剧了社会不平等，造就了大批的不劳而获者。

纵观中世纪穆斯林统治时期北印度土地政策的流变，不难发现土地政策其实与封建经济的发展息息相关。在穆斯林统治初期，印度封建制度刚刚确立不久，社会分化程度还不是很严重，高度集中的穆斯林政权将土地、税收等牢牢掌控在宫廷手中，但由于国库资金的短缺，苏丹或穆斯林皇帝拿不出足够的现金支付数量众多的官员们的俸禄，因此只好以封赐土地的形式来代替。尽管统治者一开始都明确要求这些被分配的土地不能被继承，要定期在受封者之间进行交换，在受封者死后要收归宫廷所有。但随着时间的流逝，更重要的是随着封建经济的发展，社会私有化程度越来越高，苏丹和穆斯林皇帝对这些被分配出去的土地的实际管控能力在不断下降，最后只能眼睁睁看着它们沦为受封者的私有财产。而这些封地一旦私有，就具有了被继承权，此时拥有这些土地的受封者的社会地位也会发生变化，他们不再只是宫廷委派的地方官吏或简单的收税人，而是成手中掌握着巨大社会财富的新兴的地主阶级。中世纪土地所属权由苏丹或国王独有发展为封建地主阶级私人占有，是历史发展的必然，是不可逆转的一种趋势。

从形式上看，印度中世纪的土地分配政策主要有伊克塔、札吉尔和柴明达尔三种形式，但如果从政策产生的源头来看，又可以划分为两种：一种是产生于阿拉伯伊斯兰世界的伊克塔制度，另一种是中世纪早期就已经在印度教社会存在的札吉尔制度以及后来的柴明达尔制度。从政策出台的先后顺序来看，伊克塔制度在德里苏丹国建立之初就开始实行，这可能主要是因为北印度穆斯林政权的建立者在建国之初经验不足，他们无论是在行政、司法还是发展经济等方面很大程度上借鉴了波斯和其他伊斯兰世界的一些通用做法，这种借鉴在短期内发挥了一定的积极作用，但是由于时过境迁，尤其是印度次大陆特殊的政治、社会和人文环境致使这些政策到后来都没有发挥应有的积极作用，有的甚至产生了很大的负面影响。在穆斯林统治北印度期间，穆斯林在人口数量上始终处于少数，而非穆斯林在人口上一直占据着绝对的优势，这和世界其他各地的穆斯林统治区域有本质的区别，这就意味着生搬硬套伊斯兰世界的一些政治和经济模式在印度次大陆注定是行不通的。德里苏丹国时期，统治者一直在摸索中前进，但始终没有找到适合次大陆环境的理想的治国策略，因而在其统治的 300 多年间，王朝更迭频繁，围绕争夺王位和平息叛乱的战争始终没有停止过。至莫卧儿王朝时期——尤其是在阿克巴时期，统治者清醒地认识到要想在印度次大陆保持长治久安，就必须依靠次大陆占人口绝大多数的非穆斯林，就必须和他们妥协和合作，因此，阿克巴将中世纪早期就开始流行于印度教王国的札吉尔制度引入到国家税收制度改革中来，开始用印度本土长期存在的一些方式策略治理国家，在一定程度上取得了积极的效果。阿克巴意识到了札吉尔制度的弊端，从一开始就明令禁止继承制，只是后来由于被宫廷任命的官员越来越多，国家土地资源有限，没有足够数量的札吉尔用来分配，出现了札吉尔危机，宫廷也就慢慢放松了对札吉尔的管控。而主要流行于印度教王国的柴明达尔制度，由于其极大程度上迎合了人口占绝大多数的印度教政治集团的利益，更加符合印度封建经济的发展趋势，因此在莫卧儿王朝后期呈现出了旺盛的生命力。

二、印度化的伊斯兰教税制

税收是国家财政收入的主要来源，是维系国家机器运作的主要动力。历朝历代，统治者都非常重视税收的征缴和税制的制定。税收也是关系百姓生活的大事，过于承重的税赋往往造成广大农民入不敷出，生活穷困潦倒，同时还会增加社会的不稳定性，有时甚至威胁到统治阶级的利益。穆斯林统治北印度期间，统治者在伊斯兰教法的指导下，结合印度次大陆的实际情况，建立了印度化的伊斯兰税制，并在推广中对其不断修订和完善，对这一时期封建经济的发展做出了积极的贡献，但有时也会因为税率过高，给广大农民带来了沉重的负担。此外，由于穆斯林政权的税制无法完全摆脱伊斯兰教法的束缚，根据伊斯兰教法向非穆斯林征收的宗教税（香客税、人头税），造成了社会上不同宗教群体间的隔阂和分化，加剧了穆斯林与非穆斯林之间的矛盾，不利于社会的稳定和封建统治的长治久安。

（一）伊斯兰税制确立的理论基础

德里苏丹国是政教合一性质的政权，苏丹是国家的最高统治者，名义上要接受哈里发的领导，国家一切政策法规的制定都必须严格遵循《古兰经》和伊斯兰教法的规定，不能与之相抵触。德里苏丹国时期，由于连年混战，政权更迭频繁，经济发展缓慢，国库往往入不敷出。统治阶级为了维护其政治上的既得利益，充实国家的财力，推行了一系列发展经济的措施，其中最主要的就是税制的改革。由于受历史条件所限，绝大多数改革并没有取得预期的效果，在实施过程中也是几经反复，有的甚至遭遇了失败。税制的动荡给农业生产和人民生活造成了极大的伤害，尤其是过高的税率加深了统治阶级对农民的剥削和压迫，使农民的处境愈加艰难。为了顺利征税，苏丹们也采取了一些发展农业的积极措施——如开垦荒地、兴修水利工程等，这些措施对农业增收产生了积极影响，客观上推动了经济的发展。

在中世纪穆斯林社会，伊斯兰教在政治、经济、文化等各个领域都拥有绝对的权威和深远的影响力。早期的穆斯林法学家们以《古兰经》和圣训为指导，制定了一系列比较完备的财政制度。随着时间的流逝，伊斯兰世界出现了一些新的社会思潮和哲学派别，其中以哈乃斐派（Hanifetes）、沙斐仪派（Shafi'ites）、罕百里派（Hanbilites）及马立克派（Malikites）为代表的法学派最为突出，他们对既有的制度不断进行修正和完善，最终形成了被伊斯兰世界广泛接受的财政制度。德里苏丹国的统治者们依照哈乃斐学派的财政理论制定了自己的税制，将国家的税收分为非宗教性和宗教性两种。非宗教性课税由三部分构成：五一税、人头税和田赋。宗教性课税即天课，只针对穆斯林征收，主要用于接济穆斯林穷人。

五一税：从字面意思来讲，就是战争中获得财富的 1/5 须上缴国库，开采地下矿藏以及在作坊里加工的矿产品收入的 1/5 也应该上缴国库。[①] 然而，这种课税比例多停留在理论上，多数情况下"战争中所获得财富的 4/5 都被统治者占有，只有剩下的 1/5 在军官中分配"[②]。

人头税：人头税是伊斯兰教对外扩张战争中，对被征服地区非穆斯林征收的一种税。非穆斯林若皈依伊斯兰教，则可以免除人头税。印度非穆斯林按照其经济能力被分为三种：富人、中产阶级和穷人，他们每年应缴人头税税额分别是 48 迪尔汗[③]、24 迪尔汗和 12 迪尔汗[④]。妇女、苦行僧、没有收入的青年男性、乞丐、盲人、孤寡残疾者及婆罗门等免缴人头税。[⑤]

田赋：田赋也称作土地税，是农耕经济时代国家最主要的税收来源。田赋税率确定之前，首先要对田地面积进行丈量，确定税率时还须考虑土地的肥沃程度、农作物的价格以及灌溉条件等因素。实际的产量和田

---

① 参见穆罕默德·阿希格·艾勒哈·拜尔纳：《简明伊斯兰教法》，金忠杰等译，第 434 页。
② Anil Saxena, *Society and Culture under Sultanate*, p.226.
③ 迪尔汗（dirham），中世纪印度的一种银币，单位重量约等于 45 格令。
④ Anil Saxena, *Society and Culture under Sultanate*, p.226.
⑤ 婆罗门位于印度教四种姓之首，属高级种姓，自苏丹菲鲁兹沙起，对婆罗门也开始征收人头税。

地的面积是确定田赋税率的两个重要因素。田赋的税率经常波动,但"在任何情况下其税率都不能超过实际收成的 1/2,田赋税率的下限是收成的 1/5"①。统治者有权在特殊情况下将这一下限继续降低,在田地绝收的情况下也可以完全免除田赋,但在歉收及部分绝收的年份却不能免税。

天课:天课是一种宗教性的课税,只针对穆斯林征收。天课是一种自愿的而非强制性征收的税种,它被认为是信奉伊斯兰教的信徒们应尽的一项非常重要的责任和义务。对于从事农业生产的穆斯林,"如果其田地依靠雨水、自然溪流、湖泊等灌溉,则农业产量的 1/10 须上缴,若田地通过人工开凿架设的沟渠、管道、水井等灌溉,则上缴收成的 1/20 作为天课"②。上述两种情况都是以实际收成为基础计算税额,对于那些除农业生产外还从事其他职业的穆斯林,还须上缴其额外收入的 1/10。③

(二)德里苏丹国时期

在讨论德里苏丹国时期的税制之前,我们有必要先了解一下这一时期的土地性质和主要占有形式。在穆斯林统治区域,苏丹是国家的最高统治者,因而代表国家对土地拥有所有权,税制由苏丹制定,而对于臣服于苏丹政权的藩属国来讲,当地的印度教国王或地主拥有土地的所有权,税制也由他们制定。这一时期土地占有形式主要有以下几种:
(1)伊克塔(iqta)。德里苏丹国在建立之初就开始在官员中实行伊克塔制度,即由苏丹赐给官员封地以代替实际应支付的俸禄,受封者只享有封地内的税收所有权,而土地的所有权依然归苏丹所有。受封的官员

---

① शिवकुमार गुस, सम्पादक, मध्यकालीन भारत का इतिहास, पृ.317.
② 穆罕默德·阿希格·艾勒哈·拜尔纳:《简明伊斯兰教法》,金忠杰等译,第85页。
③ शिवकुमार गुस, सम्पादक, मध्यकालीन भारत का इतिहास, पृ.318.

在自己的封地里按苏丹确定的税率负责收税，从中扣除自己的俸禄、补贴、征税的开支及其他行政支出之后，余下的部分上缴国库。这是德里苏丹国时期国有土地的主要占有形式。由于缺乏有效的监管，伊克塔达尔（iqtadar，即受封者）们总是极力向苏丹隐瞒其实际的税收，从而使国库蒙受损失，同时也助长了官员们的贪腐之风。从理论上讲，伊克塔须定期在官员之间进行对调，且不能继承，但实际上却慢慢地变成受封者们的世袭土地。早期伊克塔分封的对象主要是穆斯林贵族和军官，后扩大到一般官吏，甚至士兵。（2）卡利萨（khalisa）。这种土地直属于中央政权，由苏丹任命的阿米尔（amir，多指军事首领）进行管理和征税，其税率由苏丹确定。（3）藩属国所属土地。对于臣服于苏丹的藩属国，其国王在各自的王国中拥有绝对的权力，税制由国王或地主确定，他们每年向苏丹上缴固定额度的贡赋。（4）其他宗教性封地。如封赐给清真寺的瓦克夫（waqf）、封赐给伊斯兰神学家的伊纳姆（inam）及封赐给印度教寺庙的土地等，这些土地在国有土地中所占比重不大，通常也不征税。

1."奴隶王朝"时期（1206—1290）的税制改革

关于"奴隶王朝"的建立者苏丹库杜布·乌德·丁·艾伯克（Qutb-ud-din Aibak，1206—1210年在位）时期的税制，同时代的史学家们鲜有提及，但是我们基本可以确定这一时期田赋是国家经济收入的主要来源，对非穆斯林征收人头税，对穆斯林贵族和高级军官也分封伊克塔。据史学家亚希亚·宾·艾哈默德·萨尔欣迪（Yahya bin Ahmad Sirhindi）记载，苏丹艾伯克时期田赋的税率为总产量的1/5，穆斯林耕种的享有补贴的土地也须按照此税率进行交税。这种"一视同仁"的规定并没有体现出穆斯林的优越性，因此受到穆斯林的极力反抗，苏丹艾伯克不得已又下令，对于穆斯林只按照 1/20 到 1/10 的税率进行征税。①

苏丹伊勒图特米什（Iltutmish，1211—1236 年在位）正式确立了德里苏丹国的税制，并全面实行伊克塔制度。苏丹将边远地区大片的土地作为伊克塔交给纳伊卜（naib，即副王）或马利克（malik，相当于酋长）管理，受封者除享有当地税收支配权外，还代行对伊克塔的行政管理权，而德里周边的众多小块伊克塔，又称作军役田或官员食邑，在军官和一般官员中分配，受封者只享有税收支配权。苏丹巴勒班（Balban，1266—1286 年在位）时期蒙古人多次入侵印度西北部，苏丹不得不招募一支庞大的军队，以应对蒙古人随时可能发动的进攻，其结果就是军官人数激增，而国家土地资源有限，自苏丹伊勒图特米什时期实行的以军役田代替军饷的制度被迫取消。伊勒图特米什时期，受封的伊克塔达尔约有 2000 人，②这其中的很多人在巴勒班时期或已死去，或成为达官显贵后不再在军队服役，他们占据着恒河和朱木拿河（Jumna）之间及其毗邻地区的广袤田地。苏丹巴勒班试图收回这些土地使其成为直属中央的官田，却受到了有权势的贵族们的极力阻挠。最后，巴勒班只好改为给各块伊克塔委派督察官员，通过他们对当地的税收进行严格的监管，伊克塔达尔们的活动也受到了严密的监视，其封地经常被调换。

"奴隶王朝"时期的税制在近 90 年的实施过程中，暴露出了许多问题。穆斯林政权建立初期，苏丹们通过分封伊克塔，借助官员食邑和军役田短期内有效缓解了国库现金不足的压力，但从长久来看，却使国家财政收入蒙受了巨大损失，同时威胁到了国家政治上的统一。受封者通常会极力隐瞒实际的收入为自己聚敛财富，并试图将封地世袭化，中央

---

① Yahya bin Ahmad Sirhindi, *Ta'rikh-i-Mubarak'Shahi*, see शिवकुमार गुप्त, सम्पादक, मध्यकालीन भारत का इतिहास, पृ.319.
② 参见 R.C.马宗达、H.C.赖乔杜里、卡利金卡尔·达塔：《高级印度史》，张澍霖等译，第 306 页。

政权对各地伊克塔很难实施有效的管控。苏丹巴勒班看到了上述问题，想改革税制，但由于种种原因，他并没有成功。

2. 卡尔吉王朝时期（1290—1320）的税制改革

卡尔吉王朝的建立者贾拉勒·乌德·丁（Jalal-ud-din，1290—1296年在位）对税制几乎没有进行任何改动，但此后继位的苏丹阿拉·乌德·丁·卡尔吉（Ala-ud-din Khalji，1296—1316年在位）却对之进行了彻底的改革。苏丹卡尔吉是一位杰出的统治者，他决心清除前朝税制中的一些流弊。据史学家齐亚·乌德·丁·巴兰尼（Zia-ud-din Barani）记载，苏丹卡尔吉有一次对宫廷的大法官说："我多次得到消息说，村长和头人们骑着高头大马，衣着华丽，手执波斯制造的弓箭狩猎，彼此之间争战不休。但是他们从自己封地里收缴的田赋、人头税、房屋税、牧场税等却连一个吉塔尔（jitar）①都不上缴（中央），不仅如此，他们还从农民那里为自己征收各种各样的附加税。这些人经常大摆宴席，海吃豪喝，骄奢至极，不管是否被邀请，他们中的有些人从不去官税部门，也不理睬朝廷派去收税的官员。事实上，在我的国家有约200考斯（krohs）②的土地不在我的权力管辖之内。"③

苏丹阿拉·乌德·丁·卡尔吉税制改革的内容主要包括以下几个方面：

（1）终结了自"奴隶王朝"以来一直实施的对所有从事土地耕种的穆斯林无条件发放补贴的做法，开始依照苏丹制定的规则有条件地发放补贴。受其影响，一部分得不到补贴或补贴较少的穆斯林，逐渐变得贫穷起来。

---

① 中世纪印度的一种铜币，合标准货币单位坦卡（tanka）的1/48，坦卡为银币，单位重量约等于175格令。
② 印度长度单位，相当于2英里。此处应理解为面积单位。
③ R.C. Majumdar, ed., the History and Culture of the Indian People（R. C.马宗达主编：《印度人民历史文化》），vol.IV, Bombay: Bharatiya Vidya Bhavan, 1980, p.23.

（2）终结了以军役田和官员食邑代替薪金的制度，给官员们以现金支付俸禄，将前苏丹们封赐的一部分伊克塔纳入官田的管辖范围。

（3）剥夺了印度教大地主的一部分特权。以前，这些大地主只要答应每年上缴固定税额的田赋就可以从苏丹那里得到土地。这些拥有土地的印度教大地主与那些独立或半独立的印度教国王有所不同，前者相当于从苏丹那里租借土地，然后分配给农民，通过收税来赚取报酬并享有一定的特权，后者则没有从苏丹那里得到土地，而是通过在自己王国内征税每年向苏丹上缴固定的贡赋。这些持有土地的印度教大地主被称作库特（khut，意为税吏）或穆卡达姆（maqaddam，意为村庄头人），他们介于苏丹和农民之间，为苏丹收税并享有一定的特权。除了收税的劳务收入外，他们通常还拥有自己世袭的土地，在田赋和牧场税等方面可以得到部分减免。苏丹卡尔吉剥夺了印度教大地主的上述特权，而视他们等同于普通农民。

（4）提高田赋税率至田地年产量的1/2。①这一举措主要是为了充实国库，以满足日渐庞大的军费支出。

（5）确立了土地丈量制度，通过估算每比斯瓦（Biswa，印度地积单位，约等于1/80公顷）土地的平均收成之后确定税率（通常为收成的1/2），再乘以适宜耕种的土地面积计算出应征税额。②苏丹卡尔吉废除了此前依靠实际收成确定税率的做法，改为按土地面积征税，成为印度历史上第一个强调丈量土地的苏丹。

（6）高薪养廉，加大对贪腐行为的惩处力度。以前在征税过程中存在许多弊病，征税官私自向农民强加税种和提高税率，他们经常接受贿赂，贪腐之风盛行，不仅加重了农民的负担，也给国家税收带来极大的损失。为解决这些问题，苏丹卡尔吉提高了征税官们的俸禄，以便他们

---

① See Animesh Mullick, *Medieval Indian History*, p.122.
② See R.C. Majumdar, ed., *the History and Culture of the Indian People*, vol.IV, p.23.

能过上幸福富足的生活从而远离腐败。同时，对受贿和侵吞国家财产的违法行为进行严厉的惩处。据说，卡尔吉曾查办了1万多名受贿和贪污腐败者①，以警示其他官员。

（7）对农村中计算土地税的官员提供的账本建立核查制度，以确保与土地相关的数据信息真实可靠。

（8）鼓励实物缴税，减少现金缴税。此举一方面有效控制了市场上的物价，另一方面使国家的粮仓得到了及时的补充。从此，以实物缴税的制度在河间地②及德里周边地区就开始流行起来了。

（9）开征房屋税和牧场税。苏丹规定，凡只饲养一对黄牛、两头母水牛、两头公牛及十只山羊者免征牧场税，所养牲畜数量超过这一标准的农户需上缴牧场税。"饲养产奶家畜则无论数量多少都得缴税，在家圈养的牲畜不用缴税"③。苏丹同时废除了对穆斯林所饲养家畜收取固定宗教课税的做法。

苏丹卡尔吉通过上述改革，在一定程度上促进了经济的发展，但新税制的缺陷却显而易见。巴兰尼认为，新税制最大的问题是税率过高，而征税又极其严格，农民们普遍无法承受。由此造成的恶果就是农民对农业生产失去兴趣，他们既不想提高产量也不想再拓荒。世代耕种的土地不再为农民带来任何好处，他们不得不把收入的75%～80%上缴国家，"新税制使他们变得痛苦和贫穷"④。这其中受影响最大的是印度教徒，因为绝大多数农民、地主和商人都是印度教徒，他们的负担比以前明显加重了。苏丹控制了市场物价，致使粮食变得非常便宜，农民的利益因此受到损害。除了土地税之外，还开始征收房屋税和牧场税，这无疑使

---

① शिवकुमार गुप्त, सम्पादक, *मध्यकालीन भारत का इतिहास*, पृ.321.
② 河间地（Doab）即恒河与朱木拿河之间的地区。
③ शिवकुमार गुप्त, *मध्यकालीन भारत का इतिहास*, पृ.322.
④ Animesh Mullick, *Medieval Indian History*, p.123.

经济状况不佳的下层民众更加不堪重负。苏丹终结了以军役田和官员食邑代替薪金的制度，损害了一部分穆斯林贵族的利益，统治阶级内部的许多矛盾开始凸现。地方政权受到了中央的严密监视，村庄里由苏丹委派的官员加强了对村长和税吏的监管，这种极度的中央集权政策受到了既得利益者们的极力反对。

苏丹卡尔吉死后，他的统治体制瞬间坍塌，由于后继者软弱无能，加之受许多政治因素影响，其税收制度很快就被推翻了。苏丹卡尔吉没有在地方政权一级建立任何推行其税制改革的机构，致使其死后再没有人去落实这些改革措施。此外，出于对人民的恐惧，卡尔吉一直靠密探对民间进行着严密的监视，他从来没有想过争取人民对他的信任，其改革也从来没有得到过民众真正的支持，这是其税改失败的一个主要原因。

3. 图格鲁克王朝时期（1320—1413）的税制改革

苏丹吉亚斯·乌德·丁·图格鲁克（Ghiyas-ud-din Tughluq，1321—1325年在位）上台之后，很快就把目光放在了整治国家已经衰败不堪的财政制度上。苏丹充分认识到了进行彻底税改的必要性，为了使改革顺利进行，他放弃了苏丹卡尔吉时期实行的严酷政策，选择了一条较温和的中间路线，其政策最大优点是顾及农民的利益。苏丹图格鲁克教导自己的官员们说："既不要对农民们太善良，以防止他们聚敛起财富之后暴动而变得凶残，也不要对他们太严酷，防止他们由于变得太穷而不得不抛弃土地，通过盗窃和抢劫谋生。"[①]

苏丹吉亚斯·图格鲁克税制改革的内容主要包括以下几个方面：

（1）在田赋方面，废除此前按土地面积进行征税的做法，代之以按实际产量确定税额。这项改革有两大优点：一是农民对改良土地、提高产量有了动力，二是在歉收或绝收的情况下可以少缴税或不缴税，对农

---

① [印度] R.C.马宗达、H.C.赖乔杜里、卡利金卡尔·达塔：《高级印度史》，第335页。

民来讲比较公平。苏丹同时告诫官员，收税时不要粗鲁对待农民，他意识到要想提高田地的产量，就要充分调动农民生产的积极性，不能对其过度压迫。

关于苏丹吉亚斯·乌德·丁·图格鲁克时期的具体田赋税率，学术界一直存在着较大的争议，这主要是由于巴兰尼的有关记载语焉不详所致。巴兰尼说："苏丹命令那些确定税额的官员，对伊克塔及其他土地，不应征收高于1/11或1/10的税，无论是基于估算还是基于计算土地税官员提供的报告或要求提高赋税的报告。"[①]这句话可以理解为国家应征税不超过当年产量的1/11或1/10，也可以理解为国家应征税增长幅度不超过1/11或1/10。很显然，第一种理解是不可能的，因为倘若如此，国家能征收到的赋税实在太少，很难维系庞大的财政支出，而且历史上从来没有哪位苏丹征收过如此之低的赋税。在伊斯兰世界，田赋税率通常为当年产量的1/5，最高不超过1/2，因此这里正确的理解应该是苏丹下令将田赋税率提高了1/11或1/10。巴兰尼后来提及这一时期实际的税率超过了通常流行的年产量的1/5，[②]也从侧面印证了上述判断。

（2）重新赋予地方官员和村子头人们一定的特权，以保证征税工作的顺利进行。苏丹反对把村子里的头人和普通农民同等对待，以期获得他们的支持。这些官员和头人们在治理农村、收税及服务中央政权中扮演着重要的角色，他们世代生活在农村，对农村的情况非常了解，在管理农村方面也非常有经验，因此苏丹决定重新赋予他们一定的特权，如对其所拥有的田地和牧场免征赋税等。苏丹同时又下令对这些官员和头人们要严加监视，以防他们为富一方，变成乡绅恶霸，违抗中央的旨意。

（3）终结了以往出租土地的做法，重新开始给宫廷里的高级官员和

---

① शिवकुमार गुप्त, सम्पादक, *मध्यकालीन भारत का इतिहास*, पृ.323.
② शिवकुमार गुप्त, सम्पादक, *मध्यकालीन भारत का इतिहास*, पृ.324.

军事首领分封伊克塔，以减少国库的压力。受封的官员在各自的封地里负责征税，扣除自己的俸禄和其他行政支出后余下的部分须上缴国库。苏丹认为没有必要每年都对封地的具体收支情况进行准确核算，规定每一位受封者可以把当年税收的 1/15 至 1/10 用于个人支出，①如果有人想占有超过这一比例的财富将受到严厉的惩罚。

苏丹的上述改革措施产生了良好的效果，国家的经济形势开始好转，由于采取了较温和的政策，官员们和普通民众对税改都比较满意。苏丹吉亚斯·图格鲁克死后，其子穆罕默德·图格鲁克（Muhmmad Shah Tughluq，1325—1351 年在位）继位，新苏丹也实行了一系列税改措施，有些甚至对后世历史产生了深远的影响，但由于其改革多以维护统治阶级利益为出发点，未能充分顾及农民的接受程度和当时的社会现实，因此最终导致失败。

苏丹穆罕默德·图格鲁克税制改革的内容主要有以下几个方面：

（1）增加河间地的赋税。这是苏丹穆罕默德·图格鲁克最早采取的改革措施之一，其主要原因是河间地区土地肥沃，雨水充沛，加之便于灌溉，粮食产量连年增长，而当时这一地区的税率可能只有年产量的 1/10，实在太低了。②穆罕默德·图格鲁克是一位有野心的君王，向来喜欢侵略富庶的地区，他又乐善好施，因此常常导致国库亏空，要增加税收，靠近德里、便于管辖的河间地便是一个比较理想的选择。按史学家巴兰尼的说法，这一时期河间地的田赋税率增加了 10 到 20 倍，③这应该是不符

---

① शिवकुमार गुप्त, सम्पादक, *मध्यकालीन भारत का इतिहास*, पृ.324.

② J.L. Mehta, *Advanced Study in the History of Medieval India*, Vol.3, p.130. 河间地税率明显低于其他地区，其原因是苏丹图格卢克曾为攻打呼罗珊（Khurasan）召集了一支 37 万人的军队，这些士兵多来自河间地区，因此苏丹对这一地区的赋税进行了减免。后来苏丹放弃了攻打呼罗珊的计划，解散了军队，而河间地人民想继续拥有其减免赋税的特权，因此与征税官员经常发生冲突。See R.C. Majumdar, ed., *the History and Culture of the Indian People*, p.65 and Animesh Mullick, *Medieval Indian History*, p.171.

③ See R.C. Majumdar, ed., *the History and Culture of the Indian People*, p.170.

合实际的。应该说苏丹有可能把税率提高了 5 至 10 个百分点，同时在这里开征自苏丹阿拉·乌德·丁·卡尔吉起实施的房屋税和牧场税。

苏丹的这一改革产生了严重的后果——它不仅激起了河间地人民的抗议和不满，同时也点燃了国内其他土邦王国起义独立的火焰，成了图格鲁克王朝走向分崩离析的导火索。由于收税官员横征暴敛，导致河间地区民不聊生，很多农民放弃土地躲到了山间，德里及其周边地区处处呈现出衰败景象。目睹了河间地区的这一悲惨状况之后，国内其他地区的农民也开始忧心忡忡，他们相继举起起义的大旗纷纷宣布独立，摆脱了中央政权的控制。

河间地区税制改革以失败告终，其原因主要有以下几个方面：一是税率过高，且实施改革的时机尚未成熟。图格鲁克实施改革时，河间地区尚未从苏丹阿拉·乌德·丁·卡尔吉残暴统治造成的不良影响中完全恢复生机。二是苏丹穆罕默德·图格鲁克增加了房屋税、牧场税等有悖于伊斯兰教法的税种，引起了穆斯林极大的反感。被委派去征税的官员也是非常残暴，他们在民间强行征税，并且为自己抽取一定比例的提成，引起民众强烈不满。由于缺乏普遍支持，使得改革难以顺利实施。三是苏丹实施税改期间，恰逢河间地区大旱，粮食严重减产，税改却并没有考虑到这些实际情况。

值得肯定的是，苏丹穆罕默德·图格鲁克很快意识到了自己改革给人们带来的不幸并且立即收回了此前的所有命令。为了迅速恢复农业生产，苏丹决定在农民生活及生产方面提供官府的贷款，用以购买农具和耕牛等。他命令在整个河间地区凿井开渠，以利灌溉，同时允许农民在灾年迁徙至土地肥沃的地方。"苏丹为农民发放了约 2,000 万坦卡的官府贷款"[1]，国库本来就不充盈，这些支出无疑加剧了国家经济的困难

---

[1] J.L. Mehta, *Advanced Study in the History of Medieval India*, p.131.

程度。

（2）增加官田面积，促进农业增收。苏丹在中央设立了农业部，其职责是开垦适宜耕种的土地并纳入官田的管辖之内。为实施这一计划苏丹派人选择了一块60平方英里的土地，对其进行整理之后开始种植庄稼。苏丹要求每季都种不同的庄稼，三年之内，这项计划耗费了国库约700万坦卡的财富。为落实这一计划，苏丹还任命了100名收税官，准备了1000名骑兵。[1]

苏丹的这一计划无疑又失败了，其原因是多方面的——一是这是一个印度历史上从未有过的全新计划，苏丹本人和官员们都没有相关的经验可循，在实施过程中出现了许多难题，而苏丹为镇压各地的起义，经常离开德里，对这一计划失去了有效的监管，也就未能及时注意和解决由此衍生的诸多问题。二是计划实施过程中所选择的土地都是由荒地改造而来，土质并不肥沃，因此不可能在短期内获得好的收成。计划在实施过程中耗费了大量的财力，但仅仅只推行了三年，如此短的时间内要想达到预期的效果是远远不够的。此外，在计划实施过程中所花费的巨额支出，很大一部分被腐败的官员们侵吞并据为己有。

（3）恢复土地租让制度。苏丹图格鲁克恢复了吉亚斯·乌德·丁·图格鲁克终结了的土地租让制度，经常将一些地区的田赋出租给别人。他曾经以数十万坦卡的租金将一块未开垦过的土地出租给一个名叫尼扎姆的人，后者"虽然竭尽全力，但最终收上来的税却不及租金的1/10"[2]。同样，比德尔（Bidar）地区也被苏丹以每年1000万坦卡的价格出租了3年，但最终也没有征到预期的税收。道拉塔巴德（Daulatabad）的全部税收被以1.3亿坦卡的价格出租给了一个印度商人，[3]最终也失败了。

---

[1] See Animesh Mullick, *Medieval Indian History*, p.172.
[2] शिवकुमार गुप्त, सम्पादक, *मध्यकालीन भारत का इतिहास*, पृ.327.
[3] शिवकुमार गुप्त, सम्पादक, *मध्यकालीन भारत का इतिहास*, पृ.327.

关于苏丹穆罕默德·图格鲁克，同时代的史学家们多认为其性格反复无常，是"矛盾的混合体"，对其评价也是褒贬不一。事实上，苏丹穆罕默德·图格鲁克是一位无人能及、十分能干的君王，他处事公正，是难得的明君，为了对自己的统治体制进行彻底的变革他不得不同当时的各种保守势力做斗争，但却往往以失败告终。在整个统治期间，苏丹穆罕默德·图格鲁克接二连三遭遇失败，正是这些失败使其最终变成一个固执和残暴的人。从国家层面来讲，苏丹迁都道拉塔巴德、发行象征性货币以及提高河间地区赋税等做法都有益于国家治理，但在实施过程中由于损害了一部分官员的既得利益，因此没有得到他们的响应和大力支持。更为重要的是，苏丹没有对其改革措施可能造成的不良后果进行充分的评估，没有太多顾及农民的利益和他们的接受程度，致使税改不仅没有使农民获益，反而加深了统治阶级对农民的剥削，加剧了社会矛盾，从而导致政局动荡。印度次大陆南部和孟加拉地区一些小的王国纷纷趁机宣布独立，摆脱了与德里苏丹政权的宗主关系，国内其他一些地区统治秩序也是混乱不堪。

穆罕默德·图格鲁克的继任者菲鲁兹沙（Firoze Shah Tughluq，1351—1388年在位）接手的是一个日益败落的帝国，整治政务、恢复和平成了新苏丹面临的当务之急。菲鲁兹沙上台后采取了相对宽容的政策，他赦免了那些因为犯罪被关在牢狱之中的犯人，包括被判了死刑的人。苏丹抛弃了过去对人民的高压政策，允许曾经被流放他乡的人重新返回故土。同时，苏丹还减轻了刑罚，那些在穆罕默德·图格鲁克统治时期被严酷迫害的人，都得到了一定的经济补偿。

穆罕默德·图格鲁克由于实施了错误的经济政策导致政局不稳，苏丹菲鲁兹沙充分汲取了前者的教训，着手重新确立税制。其税制改革的内容主要有以下几个方面：

(1)赦免农民债务,减轻农民负担。前苏丹以贷款的形式给农民放贷约2000万坦卡,苏丹菲鲁兹沙赦免了农民的这一债务。①他下令除了固定的税收之外,不得给农民再增加任何负担。

(2)恢复伊克塔制度。苏丹阿拉·乌德·丁曾废除这一做法而改为以现金支付官员俸禄,苏丹菲鲁兹沙对其予以恢复,通过分封伊克塔为官员们支付俸禄,以减轻国库压力。②

(3)废除了强迫地主以现金缴税的做法,允许实物缴税,任命温和宽厚的官员征税,反对过于粗暴地对待农民。③

(4)确立基本税种,废除了一些不合理的税种。苏丹菲鲁兹沙严格按照伊斯兰教法办事,那些不能被伊斯兰教所接受的税种全部被取消了。苏丹下令只保留田赋、天课、人头税、五一税等基本税种作为国家收入的主要来源。他严格按照伊斯兰教法规定征收五一税,即要求战争中所获财富的1/5上缴国库,其余4/5在军官中分配。苏丹同时列举了26种不符合规定的税种并全部予以废除,"这些税种的废除使国库每年损失约300万坦卡"④。

(5)改革田赋制度,减轻河间地区赋税。苏丹决定重新以实际收成为基础确定田赋,他任命了能干的财政大臣克瓦吉·胡赛姆·乌德·丁·贾奈德(KhwajaHisam-ud-din Junaid),后者花了数年时间巡查全国之后,计算出"国库每年从直属中央的官田中应征总税额为6750万坦卡,其中只有800万坦卡的田赋来自河间地区"⑤。

---

① See J.L. Mehta, *Advanced Study in the History of Medieval India*, p.131.
② See R.C. Majumdar, ed., *the History and Culture of the Indian People*, p.108.
③ शिवकुमार गुप्त, सम्पादक, *मध्यकालीन भारत का इतिहास*, पृ.328.
④ शिवकुमार गुप्त, सम्पादक, *मध्यकालीन भारत का इतिहास*, पृ.328.关于菲鲁兹沙取消不符合规定税种的数量,学术界还存在24及23两种不同的说法。See J.L. Mehta,*Advanced Study in the History of Medieval India*, p.132 and Animesh Mullick,*Medieval Indian History*, p.193.
⑤ R.C. Majumdar, ed., *the History and Culture of the Indian People*, p.101.

（6）对婆罗门开征人头税。德里苏丹国时期，由于绝大多数居民是印度本土的非穆斯林，因此人头税也是国家收入的一个重要来源。这一税种从德里苏丹国建国之初就开始在印度非穆斯林中征收。苏丹菲鲁兹沙时期，对人头税的征收非常严格，他把非穆斯林分为富人、中等阶层、穷人，然后分别按每年40、20、10坦卡的税率收税。①过去对印度教婆罗门是不征收人头税的，但苏丹菲鲁兹沙的宫廷阿訇们认为他们也应该缴税。婆罗门得知这一消息后威胁说"宁愿选择死也不会缴纳人头税"，最后苏丹同德里的印度教头人们达成妥协，规定婆罗门每年只上缴10坦卡人头税。②

（7）兴修水利工程，征收灌溉税。为促进经济发展，苏丹菲鲁兹沙鼓励兴修水利。苏丹在这方面有着超乎寻常的兴趣，他命人在旁遮普开凿了多条水渠，这些水渠一方面使农田增收，另一方面还使一部分荒地也变成可耕种的农田。良田增多，农业人口随之增长，以前许多荒芜和匪患严重的地方此时都变成美丽的村镇。据统计，菲鲁兹沙时期河间地区有52个村庄，在金德（Jind，今哈里亚纳邦境内）等地，"村庄的数量增加为原来的4倍"③。同时，苏丹开始征收灌溉税，其税率为农民年收入的1/10，"这项税收每年可以带来20多万坦卡的收入"④，但这些税收为苏丹个人所有，不纳入国库。

（8）建造果园，增加税收。苏丹菲鲁兹沙喜欢建造果园，据说他在德里周边兴建了1200多个果园，果园在收获果实的同时，也会为国家带来税收，"仅仅从德里周边地区苏丹就从中得到了18万多坦卡的税收"。⑤

苏丹菲鲁兹沙的上述改革措施对发展国家经济和改善农民生活都产

---

① शिवकुमार गुप्त, सम्पादक, *मध्यकालीन भारत का इतिहास*, पृ.329.
② R.C. Majumdar, ed., *the History and Culture of the Indian People*, p.104.
③ शिवकुमार गुप्त, सम्पादक, *मध्यकालीन भारत का इतिहास*, पृ.330.
④ R.C. Majumdar, ed., *the History and Culture of the Indian People*, p.101.
⑤ R.C. Majumdar, ed., *the History and Culture of the Indian People*, p.101.

生了积极的影响。兴农政策的实施不仅使农民受益,国库的收入也随之增加。农业发展了,全国出现了多个新兴的城镇和村庄。国库充盈,粮食价格平稳,手工业也得到了长足发展,人们安居乐业。据同时代史学家沙姆斯·伊·西拉杰·阿菲夫（Shams-i-Siraj Afif）记载:"家家都有充足的粮食、财产、马匹和家具,人人都有许多金银,没有一个妇女不佩戴首饰,没有一户人家不备置讲究的床和长椅。财富充足,处处安逸。"[1]菲鲁兹沙在位37年,将德里苏丹国推向了鼎盛时期。

4. 赛义德王朝（1414—1451）及洛迪王朝（1451—1526）时期的税制改革

苏丹菲鲁兹沙死后,德里苏丹国就开始走向了灭亡,1398年蒙古帖木儿的入侵加速了这一进程。帖木儿离开之后建立起来的赛义德王朝只统治了德里周边很小范围内的一些地区,其间没有留下有关税制改革的记载。1451年,布卢勒·洛迪（Bahlul Lodi,1451—1489年在位）建立了洛迪王朝,重新树立了德里苏丹国的雄风。布卢勒是阿富汗人,他恢复了以往的一些传统,给军事首领赐予伊克塔——事实上这一时期很多地方政权都操控在这些受封者手中。到苏丹锡坎达尔·洛迪（Sikandar Lodi,1489—1517年在位）上台,整个北印度又重新回到了苏丹的管辖之内,国家恢复了太平。因为在统治期间国内发生了饥荒,苏丹锡坎达尔废除了对穆斯林商人额外征收天课的做法,较好地稳定了粮食的价格。苏丹锡坎达尔·洛迪死后,其子伊卜拉欣·洛迪（Ibrahim Lodi,1517—1526年在位）继位,新苏丹虽然年少,但也实施了一些改革。因为当时市场上白银奇缺,苏丹规定农民须以实物纳税,[2]但由此却造成了粮食价格急剧下跌,那些征收到大量粮食的官员急于把粮食拿到市场换成维持

---

[1] [印度]R.C.马宗达、H.C.赖乔杜里、卡利金卡尔·达塔:《高级印度史》,第353页。
[2] शिवकुमार गुस, सम्पादक, मध्यकालीन भारत का इतिहास (1000—1526ई), पृ.331.

日常开支的银两,所以这一改革使国家和农民都没有受益,最后以失败告终。

德里苏丹国时期,穆斯林政权在北印度的建立改变了次大陆传统的土地占有形式和税收制度。出于维护封建统治的需要,苏丹们在不同历史阶段对税制都进行了一定的改革,但受其阶级属性所限,由于没有考虑农民的利益,这些改革多归于失败。为了顺利征税,统治集团也推行了一些发展经济的积极措施,客观上促进了农业生产的发展,但其目的并不是为了改善农民的生活,而是为了聚敛更多的财富以保证国家机器的正常运转。过高的税率加重了封建统治阶级对农民的剥削,加剧了社会矛盾,引起了政局的动荡,最终导致德里苏丹国走向灭亡。马克思主义认为,人民群众是历史的创造者,"人民群众的社会实践才是实现社会变革的决定力量"[①],任何忽视人民群众利益的改革,其失败是必然的。

(三)莫卧儿王朝时期

在莫卧儿王朝时期,札吉尔制度盛行,胡马雍大量分封札吉尔,将全国土地的4/5分出,致使国库亏空,财政困难。加之这一时期自然灾害频发,社会生产遭到破坏,农民生活没有着落。因此,阿克巴执政之后,决心整顿税制,以增加国家的财政收入,减轻农民负担,从而促进政治上的稳定。和德里苏丹国时期一样,穆斯林政权的很多税种和税率都是依照伊斯兰教法和圣训制定的,但在实际执行过程中,统治者经常借机巧立名目,增加农民的负担。阿克巴充分汲取了历史上的经验教训,1563年至1570年间首先对王室的土地进行重新测量和估算,要求以现金缴税,各地粮价也由宫廷规定。1570年起,这些措施也开始在所有札

---

① 马克思、恩格斯:《马克思恩格斯选集》第4卷,人民出版社,2012年,第255页。

第三章 穆斯林政权对北印度的冲击与影响

吉尔中实施,1580 年,阿克巴把全国划分为 182 个税区,正式着手进行税制改革。①在税务大臣托达尔·马尔(Todar Mal)的辅佐下,阿克巴对帝国的税制进行了全面的修订。托达尔曾经在谢尔沙宫廷里当差,在税制改革方面积累了丰富的经验。阿克巴的税制改革主要体现在以下几个方面:

1. 阿克巴发明了一种由竹竿和铁环做成的丈量工具,对全国的土地重新进行丈量和登记,土地单位定为比加(बीघा)。这种工具不会因为天气原因进行伸缩,因此丈量的结果非常准确。

2. 所有可耕种的土地被分成四类,即保勒吉(पौलज, Polaj)、博劳堤(पड़ोती, Parauti)、查加尔(छच्छर, Chachar)和本杰尔(बंजर, Banjar)。保勒吉是指那些每年都应耕种且不允许休耕的土地,博劳堤则允许休耕一年或两年以恢复田地的生产力,查加尔是指那些必须休耕三年到四年的土地,本杰尔则必须休耕五年或五年以上。只有处于耕种下的土地才缴税。

3. 根据过去十年的平均产量,对每一块土地(比加)的产量进行核算和登记。

4. 土地税的税率确定为全部收入的 1/3,鼓励农民以现金或实物形式缴税,但如果实物不易保存,宫廷则鼓励以现金缴税。宫廷将每一种粮食过去十年的平均价格作为官价固定下来。

5. 鼓励开垦荒地,宫廷予以补贴,以便于土地所有者雇用劳力。

6. 如遇旱灾、饥荒或其他不可预见的自然灾难,田赋可以免除,宫廷甚至可以给农民一定补贴以购买种子和耕牛等再生产的物资。收税官必须"善待农民,不能给他们增加任何额外负担"②。

---

① शिवकुमार गुस, सम्पादक, मध्यकालीन भारत का इतिहास (1526—1656ई.)(希乌古马尔·库布德主编:《中世纪印度史(1526—1656)》),जयपुर: पंचशील प्रकाशन, 1999, पृ.219.
② Animesh Mullick, *Medieval Indian History*, p.261.

经过以上改革措施,莫卧儿帝国的税收极大地增加了,农民负担也由此减轻,生活得以改善,新的税制在北印度和德干地区得到了广泛推广,国家呈现出欣欣向荣的景象。除了对土地税进行改革之外,阿克巴在商业和手工业方面也取消了许多苛捐杂税,进一步减轻了商人和手工业者的经济负担。阿克巴还发行了一套由不同面额构成的标准货币,这些货币由金、银和铜三种材质铸成,设计精美,使莫卧儿帝国的币制更加合理规范。

第三节 宗教文化方面

宗教在印度中世纪史上扮演着重要的角色,无论是在穆斯林到来之前的中世纪早期还是德里苏丹国时期和莫卧儿王朝时期,宗教都与政治、人民生活息息相关。不同的是,在穆斯林政权建立之前,印度社会以印度教文化和价值观念为主流,种姓制度将社会划分为不同的等级层次,而以"吠陀天启、祭祀万能、婆罗门至上"为核心教义的吠陀教在发展中不断汲取古代印度六大哲学派别精华,日臻完备,形成了新婆罗门教,即印度教,成为指导人们全部社会生活的根本。伊斯兰教与印度教在产生背景、基础教义、偶像崇拜等许多方面都有些本质区别和巨大差异,加之伊斯兰教在先知穆罕默德之后更加注重对外扩张和在世界范围内实现伊斯兰化,因此在穆斯林入侵印度次大陆及穆斯林政权建立的初期,伊斯兰教与印度教形成了水火不容的局面。穆斯林在政治上取得统治地位之后,也开始试图将次大陆在宗教和文化上伊斯兰化,虽然这种努力和尝试很快就失败了,但是在穆斯林权力核心地带,伊斯兰教由于受到王权的支持而取得了优势地位。尽管穆斯林统治者竭尽全力试图在次大陆实现政治、宗教和文化上的全面统一,经常限制打压异教,破坏其庙宇，没收他们的宗教财产，但由于受到印度特殊的政治和宗教文化因素的影响，这种努力和尝试在穆斯林后期不得不放弃了。开明的莫卧儿皇帝阿克巴正是看到了这一点，才刻意弱化政权的宗教因素，开始了穆斯林政权世俗化的尝试。伊斯兰文化虽然在政治层面取得了统治地位，但是在文化方面却始终没有能够战胜强大的印度教文化，最终只能妥协，与印度教文化长期处于冲突与融合的复杂状态。

一、伊斯兰教统治地位的确立

德里苏丹国是典型的政权合一的政权，伊斯兰教在国家中处于统治地位，是统治者实施统治的最高准则。早在北印度穆斯林政权建立之前，无论是迦兹那维王朝苏丹马茂德对北印度的侵扰，还是古尔的穆罕默德对印度的占领，推广伊斯兰教都是他们的重要目的。穆斯林政权建立之后，苏丹们借助其军事和政治优势，迅速确立了伊斯兰教在国家政治和文化生活中的统治地位，并不断扩大伊斯兰教的影响力，试图将印度次大陆伊斯兰化。在整个穆斯林统治时期，伊斯兰教的这种统治地位始终没有改变，受伊斯兰教平等思想的吸引，以及统治者宗教政策、苏非思想等多种因素的影响，次大陆穆斯林的数量在这一时期发展迅速，成为一支非常强大的社会力量。

（一）扩大伊斯兰教的影响力

穆斯林在北印度取得军事和政治上的胜利之后，迅速将扩大伊斯兰教的影响力作为重要任务。在巩固政权的过程中，统治者制定了有利于伊斯兰教发展的政策，而对其他印度宗教则实施打压甚至是迫害。按照伊斯兰教法，统治者对非穆斯林征收香客税和人头税，迫使广大位于社会底层的印度教徒为了减轻经济负担而被迫皈依了伊斯兰教。

在政治方面，统治者依照伊斯兰教法建立了一套完备的封建政治制度，赋予了苏丹和穆斯林皇帝至高无上的权力，并为他们披上了君权神授的合法外衣。国家的一切行政和司法事务皆以伊斯兰教法为依据，和印度教徒相比，穆斯林在社会上享受更大的权力，更具有优越感。

在经济方面，统治者建立了符合伊斯兰教法的经济政策和税收制度，尤其是在广大非穆斯林居住的地区实施伊斯兰税制，无形中扩大了伊斯兰教的影响力。

此外，穆斯林还经常破坏印度教庙，在全国各地兴建清真寺，并赐给清真寺一定的土地，让穆斯林信徒在社会上享受一定的特权，以吸引普通民众，尤其是印度教社会下层民众。许多印度教低种姓阶层，为了逃避种姓压迫，最后皈依了伊斯兰教。

北印度伊斯兰教统治地位，是在穆斯林不断发动的征服战争和推行其强权政治的过程中确立的，它与穆斯林军事实力和政治实力密切相关。同时，在伊斯兰教统治地位的确立过程中，充满了暴力和血腥的杀戮，在某些情况下，广大非穆斯林只能面临着皈依伊斯兰教或被杀的艰难选择，为了生存他们不得不屈从于穆斯林统治阶级。伊斯兰教虽然借助政治和军事优势在国家政治生活中占据了统治地位，但却始终没有成为整个印度次大陆的主流。广大的非穆斯林以及印度教文化依然占据着印度宗教文化的主体地位，这种态势在穆斯林统治北印度的整个历史过程中都没有发生改变。

（二）苏非思想的传播及其历史贡献

尽管伊斯兰教宣传一元论哲学思想，倡导社会平等，但是在印度次大陆，它的信徒人数却未能取得压倒性的多数地位，这可能与其进入次大陆过程中的许多历史因素有关。10世纪初苏丹马茂德以伊斯兰圣战的名义入侵北印度时，所到之处烧杀抢掠，大量的印度居民或者被杀，或者被俘后成为奴隶被变卖到伊斯兰世界。穆斯林的早期入侵不仅掠夺走了北印度大量的社会财富，更是给印度人民带来了深深的痛苦和伤害，这种痛苦和伤害长久以来存在于印度教徒群体之中。而13世纪初德里苏丹国的建立，赋予了伊斯兰教的统治地位，宫廷也经常以宗教的名义打压非穆斯林，或发动针对非穆斯林的战争，进一步加深了印度教徒的这种伤痛的记忆。因此，尽管在印度教社会，同样存在着来自上层社会的剥削和压迫，但自觉自愿皈依伊斯兰教的人数却并不多，换句话说，伊斯兰教在印度教社会并不受欢迎，即便是对生活在社会最底层的首陀罗甚至不可接触者而言亦是如此。

为了抹去印度次大陆广大非穆斯林心灵上的创伤，扩大伊斯兰教的影响力，同时也是为了消除穆斯林与广大非穆斯林之间的矛盾与隔阂，伊斯兰宗教圣人苏非们逐渐在次大陆活跃起来。"苏非"一词来源于阿拉伯语，指那些穿着羊毛粗衣的穆斯林圣人，其最初源自《古兰经》和穆罕默德的某些神秘体验，后来由此衍生出苏非主义，即伊斯兰神秘主义。[1]苏非派产生于7世纪末的阿拉伯帝国，主要在下层民众中流行，其教义主张真主是万物的创造者，崇敬真主不应该拘泥于表面形式，而是应该发自内心，对真主的爱应该表现在对真主庇佑下的每一个人的爱。苏非们反对物质享受，认为那是人类的天敌。大约从8世纪下半叶开始，苏非将苦行禁欲作为修行方法，以此接近与真主的距离，做到主我合一，大约在12世纪，伊斯兰世界开始形成各种苏非教团。除了进行禁欲修行之外，苏非也肩负着传播伊斯兰教的使命，是伊斯兰世界的和平使者。他们认为伊斯兰教是世界上最伟大的宗教，它全心全意致力于提高人们

---

[1] See K. N. Chitnis, *Socio-Economic History of Medieval India*, p.117.

的福祉，将人们从黑暗带向光明。因此，让更多的人从黑暗之中走向伊斯兰光明之地是苏非们的最高使命。苏非虽然是一支民间力量，但有时也会为宫廷服务，他们有时也会组成先遣团协助统治者发动扩张战争，以和平和人道主义的方式安抚被征服地区的广大人民。

苏非进入印度次大陆的时间也许可以追溯到阿拉伯人进攻信德时。当卡西姆的军队占领了次大陆西北部的信德和木尔坦后，300多年间，穆斯林和拉其普特人在上述地区时有冲突，尽管没有历史资料可以佐证，但我们有理由相信，这一时期苏非可能已经深入到了次大陆的许多地区。北印度穆斯林政权建立之后，大批的苏非从中亚国家来到次大陆，很显然，他们也是为了收割军事胜利的成果，意图在刚刚被征服的次大陆发展更多的穆斯林。和印度教圣人们一样，他们云游四方，不断向人们宣传伊斯兰教义和苏非思想，印度教低种姓阶层居住的村落是他们光顾最频繁的地方。苏非们首先会设法从非穆斯林那里获得好感和信任，并且刻意消除穆斯林统治给广大非穆斯林带来的情感伤害和负面影响，接着就会鼓动这些非穆斯林皈依伊斯兰教。尽管在德里苏丹国时期，穆斯林政权只统治了北印度的一部分土地，但苏非圣人们的足迹却遍及整个印度次大陆。由于苏非们以和平的方式进行布道，其宣传的自由博爱思想又容易被普遍接受，因此，苏非们的行动并没有受到太多阻碍，尤其是在印度教国王统治的地区，这些印度教王国的统治者尽管与穆斯林统治者在政治层面有着尖锐的矛盾和冲突，但却往往会同意苏非圣人们在自己的王国内传教和发展信徒。

苏非圣人们在中世纪印度扮演着重要的角色，是一支不容忽视的民间力量。他们以和平的、非暴力的方式在次大陆发展了很多信徒，在穆斯林社会文化的形成过程中发挥了重要的作用。他们通过自己的努力加速了印度社会的穆斯林化进程，同时帮助广大穆斯林很快适应了印度的社会环境。苏非们确立了供追随者遵循的道德标准和精神典范，引导他们以健康平和的心态去面对生活。同时，苏非们为促进社会教育的发展不遗余力，除传播宗教思想外，还经常教授信徒们科学知识，为社会的发展进步做出了很大的贡献。苏非们以一种和平的方法不断增进穆斯林和印度教徒对彼此的认同，尽管有的时候他们对印度教思想和文化产生的影响微不足道。苏非与印度教低种姓阶层建立了良好的关系，但到底有多少人自觉自愿地改信伊斯兰教，却不得而知。印度教社会的一些高种姓阶层对苏非圣人及其思想长久持一种敬而远之的态度，直到阿克巴统治时期，苏非主义才引起一部分受到波斯文化影响的印度教徒的兴趣，他们开始将苏非主义与印度教的吠檀多哲学等进行比较研究。阿克巴及其继任者们实行的半世俗主义政策使得苏非文学和思想在印度教学者中开始流传。

苏非主义所倡导的平等博爱思想打破了不同宗教间的隔阂和壁垒，增进了印度教徒与穆斯林之间的相互了解和感情。苏非圣人们和印度教帕克蒂运动的支持者们一起为建立印度教徒和穆斯林共存的和谐社会做出了努力和尝试。在中世纪印度，穆斯林圣人和印度教宗教改革家相互学习、相互影响而又彼此欣赏的场景十分常见。一些印度教文人，在不抛弃其宗教信仰的前提下，对苏非主义文学和其体现的神秘主义思想大加赞赏，在汲取不同文明、文化精华的基础上，他们不仅发展了本民族宗教的文化，同时为推动整个印度次大陆文明的发展做出了巨大贡献。

二、对印度本土宗教的迫害和打压

穆斯林入主印度次大陆之后，印度本土宗教，尤其是印度教、耆那教和锡克教都受到了不同程度的打压和迫害。由于穆斯林政权是基于伊斯兰教法而建立的，按照圣训，统治者有义务在所管辖的区域内维护伊斯兰教的权威，发展信徒，这就意味着伊斯兰教很少容忍异教的存在。伊斯兰教与印度本土宗教，特别是印度教在宗教教义方面有着巨大的差异，它反对偶像崇拜，属于典型的一神论宗教，而印度教则流行偶像崇拜，有着数量众多的神祇。正是由于伊斯兰教与印度教二者在宗教教义方面存在的巨大差异，在穆斯林政权统治北印度时期，来自宗教间的冲突始终没有停止过。由于穆斯林政权的政治、经济、文化生活都与伊斯兰教息息相关，而作为被统治阶级的广大印度教徒，在日常生活中必然会和统治阶级在宗教领域发生冲突，这是无法避免的。

（一）对印度教的打压

穆斯林统治北印度时期，统治者为了在次大陆发展更多的信徒，同时也是为了保护外来的穆斯林的既得利益，推行了一系列不平等的宗教政策，赋予了穆斯林许多特权，而对广大印度教徒则充满歧视和伤害。尤其是向印度教徒征收的人头税、香客税等宗教税，极大地增加了非穆斯林的经济负担。一部分低种姓印度教徒为了生存——同时也是为了躲避印度社会高种姓阶层的压迫，皈依了伊斯兰教。在苏丹们四处开疆拓土的战争中，许多被征服地区的印度教徒被无情杀害，穆斯林军队将印度教寺庙洗劫一空后焚烧或是捣毁。穆斯林统治者非常热衷于在印度教庙宇的原址建造新的清真寺，近年来印穆冲突中的"寺庙之争"（即巴布里清真寺和罗摩庙之争）据说双方争执的起因就是莫卧儿皇帝巴布尔在捣毁印度教寺庙（罗摩庙）之后，在其原址建立起了清真寺。不仅如此，穆斯林还常常就地用印度庙的石材来修建清真寺，有时他们还会把印度教神像捣碎后刻意铺在门廊位置，供朝拜的人出入时踩踏。关于这一点，历史学家们给出了各种解读：有的认为伊斯兰教本身就是富于侵略性和排他性的宗教，不会容忍异教的存在，因此，破坏印度教庙宇并在其原址修建清真寺，是征服者们宗教狂热的一种体现，是对印度教的一种羞辱；有的历史学家则认为，这一时期由于建筑资源比较匮乏——尤其是在常年战乱的地方，很难及时收集到建造清真寺的石材，因此穆斯林征服者才会就地取材，将许多印度教庙宇拆除下来的石材用于修建新的清真寺。[①]他们甚至从建筑学的角度对这一观点进行了验证，穆斯林统治北印度时期，次大陆清真寺的建筑风格明显不同于中亚，也不同于其他伊斯兰世界的建筑风格，而是吸收了很多印度教的因素，这主要和建造过程中雇用了印度本土的工匠以及使用了印度教寺庙的石材有关，因为这一时期的许多印度工匠，他们有的本来就是印度教徒，有的是受到了印度教建筑风格影响的新穆斯林，因此建筑风格有所改变就在所难免。此外，一些印度教寺庙原有的石材上，甚至还有各种雕绘和花纹被直接用在了建造新的清真寺上，使其呈现出了非常浓郁的印度次大陆风格。

在日常生活中，穆斯林统治者们也是经常借机对印度教徒进行迫害和打压，在涉及不同宗教教徒的诉讼案件时，统治者会极力保护穆斯林的利益而很难主持公平与正义，一旦印度教徒触犯刑法，则会受到非常严厉的制裁。依照伊斯兰教法的规定，苏丹或国王的主要任务就是把非穆斯林领土伊斯兰化，穆斯林政权有义务保护穆斯林，但却对异教徒不断进行迫害，对那些不愿意皈依伊斯兰教的，国家会征收沉重的人头税，而不愿意缴税者，往往都会被处死。因此，为了求得生存，很多印度教徒唯有改信伊斯兰教才会幸免一死。

莫卧儿王朝阿克巴大帝执政时期，实行了相对宽松的宗教政策，印度教徒与穆斯林出现了历史上极少有的和谐共处局面，但这种情形在阿

---

① See Anil Saxena, *Society and Culture under Sultanate*, p.300.

克巴之后，尤其是第六代帝王奥朗则布上台后戛然而止。奥朗则布是一位非常虔信的什叶派穆斯林，他完全依照《古兰经》和伊斯兰教法治理国家，试图将印度次大陆完全伊斯兰化。因此，奥朗则布实行了一系列针对异教——尤其是印度教和锡克教的不平等的宗教政策，他再次向非穆斯林征收业已废除的人头税和香客税，所有印度教王公、官员和士兵都必须缴纳。他宣布废除穆斯林封建主所欠高利贷者的一切债务，而这一时期的高利贷者基本都是印度教徒，因而极大地损害了他们的经济利益。此外，奥朗则布还对穆斯林和印度教徒实行差异化的税率，规定穆斯林商人的税率为商品价值的2.5%，而印度教徒的税率则高达5%，这一做法引起了广大印度教徒的极大反感。奥朗则布从各个方面对印度教徒进行打压和迫害，他派人捣毁印度教寺庙，在其原址建造了清真寺，没收了印度寺庙的土地然后作为札吉尔分配给穆斯林贵族。他还禁止除拉其普特人之外的印度教徒养马坐轿，清除宫廷中当差的印度教徒，禁止印度教徒参加一些宗教集会和节庆。①

奥朗则布的倒行逆施给印度社会带来了深重的灾难，尤其是不平等、带有歧视性的宗教政策的实施，加大了穆斯林与广大非穆斯林之间的隔阂和矛盾，加剧了社会的动荡。印度封建社会后期许多隐藏的社会矛盾在这一时期逐渐凸显，统治阶级与被统治阶级之间的冲突和对立时有发生。奥朗则布没有看清历史的发展趋势，没有意识到封建政权的长治久安离不开广大非穆斯林的合作与支持，不断实行狭隘偏执的宗教政策，动摇了自阿克巴大帝时期建立起来的莫卧儿帝国的根基，尤其值得注意的是，奥朗则布在其统治期间，改变了前朝的拉其普特政策，将拉其普特人由莫卧儿帝国的盟友推向了敌对的一方，致使帝国失去了最强大的

---

① सतीश चन्द्र, मध्यकालीन भारत: राजनीति, समाज और संस्कृति, पृ.324.

军事后备力量，最后全面走向瓦解。

（二）对锡克教的迫害

为了调和穆斯林与印度教徒之间的矛盾，大约在15世纪末，宗教大师那纳克（1469—1539）创立了锡克教。那纳克原是北印度帕克蒂运动的主要推动者之一，出生于旁遮普，在四处云游过程中受到了伊斯兰教的影响。他反对宗教歧视，主张穆斯林和印度教徒友好相处。锡克教最初只是印度教内的一个派别，后来发展成为一种独立的宗教。锡克教的最高首领被称作古鲁（गुरु，guru），即师尊，那纳克被奉为第一代古鲁。锡克教自创立始起，与穆斯林宫廷的关系一直很融洽，阿克巴在位时，曾赐予第四任古鲁拉姆·达斯500比加的土地，后者用这些土地修建了著名的锡克教圣城——阿姆利则。第五代古鲁阿尔珺上任后，由于为反对莫卧儿王朝的势力提供庇护，激怒了贾汗吉尔皇帝，后者下令逮捕并处死了阿尔珺，至此，锡克教与穆斯林宫廷彻底决裂。从第六任古鲁开始，锡克教发展成为带有浓郁军事色彩的武装集团，到了第九任古鲁特格·巴哈杜尔上任时，恰逢奥朗则布实施歧视性的宗教政策，巴哈杜尔坚决反对这种政策，被奥朗则布监禁后处死。因此，从第十位古鲁起，锡克教徒扛起了反对莫卧儿帝国统治的大旗，明确提出要在印度次大陆建立一个从白沙瓦到旁遮普的锡克教国家。莫卧儿帝国对锡克教所采取的不明智的政策，将本来温和的锡克教徒推向了反穆斯林的阵营，使其成为莫卧儿王朝后期穆斯林宫廷不得不面对的强大对手。奥朗则布带有歧视性的宗教政策直接加剧了穆斯林与锡克教徒本来就已经存在的宗教矛盾，最终致使其发展到了无法控制的地步。莫卧儿王朝在与锡克教徒的冲突中消耗了大量的人力、财力，使本来就已经步履维艰的穆斯林政权陷入了更加艰难的境地，最后加速了莫卧儿帝国的瓦解。

三、弘扬伊斯兰文化

北印度穆斯林政权建立之后，统治者们极力推崇伊斯兰文化。由于宫廷里所有的官员都是来自中亚的穆斯林，他们对印度的人文环境和炎热的气候极不适应，思乡心切，因此渴望早日回到中亚。苏丹们为了能确保这些新来的穆斯林在次大陆扎下根，在德里等大城市大兴土木，修建了许多波斯和伊斯兰风格的宫殿和花园，同时雇用了一批波斯的乐师和艺人。这些措施一方面缓解了穆斯林贵族们的思乡之苦，有利于新兴的穆斯林政权的巩固和发展，另一方面，客观上促进了伊斯兰文化在印度次大陆的传播。在德里苏丹国和莫卧儿王朝时期，很多穆斯林统治者都是来自中亚，他们深受波斯文化的熏染，因此，在北印度建立政权之后，波斯文化在穆斯林宫廷中占据了主导地位，波斯风格的音乐、建筑艺术备受统治阶级推崇，因而在次大陆传播迅速。在莫卧儿王朝时期，由于几乎所有的帝王都学习和接受过波斯先进的文化，统治者非常注重文化的传播，因而这一时期伊斯兰文化取得了长足的发展。在与印度教文化长达600多年的交往中虽然最终没有能够将对方同化，但伊斯兰文化却依然不能被称作是失败者，尤其是在国家政治力量的推动下，伊斯兰文化从最初的冰山一角，至莫卧儿王朝后期，已经在次大陆很多地方生根发芽，成为全新的印度文化的重要组成部分。

（一）确立波斯文化的主导地位

穆斯林统治北印度期间，波斯语成为宫廷语言，波斯语文学在北印度逐渐流行起来。这一时期由于统治阶层均是来自中亚的穆斯林或他们的后人，因此，波斯文化是他们文化基因中的根本，当权者自然会更加欣赏和鼓励波斯语在印度的传播。此外，从13世纪后期开始，大批来自波斯和中亚的学者文人和艺术家等为了躲避蒙古人的侵扰纷纷来到印度次大陆，苏丹们给他们提供政治上的庇护和经济上的援助，这也在客观上加速了波斯语和波斯文学在印度的传播。德里苏丹国时期著名的波斯语诗人阿米尔·胡斯劳（Amir Khusrau）就曾声称，"德里已经发展成为一个可以与中亚著名的大学城布哈拉相比美的文化的城市"[①]。阿米尔·胡斯劳是这一时期最负盛名的诗人、文学家和音乐家，被称作"印度的鹦鹉"。他曾在从巴勒班到齐亚斯·乌德·丁四位苏丹执政时在宫廷当差，对穆斯林政权建立初期印度次大陆政治、经济和文化生活都有深入的了解和体验，在其作品中对上述方面都有非常真实的描写。

除了语言文学之外，穆斯林统治者还极力推崇波斯风格的建筑和音乐，给印度教传统的建筑艺术和音乐形成了冲击和影响。在德里苏丹国时期，流行一种被称作伊斯兰——印度的建筑风格，这一建筑风格从伊斯兰教和印度教两方面汲取精华，吸收了二者在建筑艺术方面的长处，具有更加复杂和鲜明的印度特色。这一时期印度的很多建筑都呈现出了浓郁的伊斯兰风格，这是因为这些建筑的设计者多是穆斯林，而在施工过程中，又有大量的印度教工匠和劳动力参与其中，这些工匠不可避免地在建筑中使用了一些印度教风格和元素。值得一提的是，许多个世纪以来，印度教工匠在雕刻装饰艺术方面，一直在世界上处于领先地位，而穆斯林更擅长修建带穹顶的建筑，清真寺就是这方面的代表，这正好是印度教建筑的劣势。因此，德里苏丹国建立之后，穆斯林建筑风格和印度教建筑风格相互之间进行了很好的补充。到了莫卧儿王朝时期，二者不断结合后得到了进一步发展。莫卧儿统治者建造了很多宏伟的宫殿、城堡、隘口和清真寺，他们也非常喜欢建造有活水流动的花园，事实上，在宫殿和娱乐场所建造水池、水渠和瀑布等这是莫卧儿建筑的一大特色。

---

① ［印度］R.C. 马宗达、H.C. 赖乔杜里、卡利金卡尔·达塔：《高级印度史》（上、下册），张澍霖等译，第442页。

开国皇帝巴布尔就非常喜欢建筑，在德里和拉合尔，他派人修建了许多穆斯林风格的花园，只是这些花园很少保存下来。

此外，波斯风格的音乐在宫廷和穆斯林群体中也非常流行。不同于传统的印度音乐，波斯音乐更加欢快、活泼，节奏感更强，同时还有各种打击乐器合成其中。穆斯林政权建立之后，波斯音乐在印度次大陆大行其道，印度传统音乐也受了其中的影响。由于古代印度音乐最初是婆罗门祭祀时进行吟唱用的，因此呆板而无神，基本没有什么伴奏。伊斯兰风格的音乐传入次大陆之后，印度传统音乐受其影响也发生了一些重要变化，尤其是北印度的音乐风格与中亚穆斯林社会的音乐风格开始不断接近，更加注重节奏和旋律。

（二）传承与发展优秀文化基因

穆斯林统治北印度期间，统治阶级中的上层精英多来自中亚，他们有着非常优秀的文化基因。中亚是人类三大文明——中华文明、印度文明和希腊文明的交会地，哺育了许多富有智慧和才华的人类精英。在北印度穆斯林政权建立初期，由于这一时期的统治者多是出身行伍之中的奴隶或是奴隶的后代，文化程度普遍不高，也不曾过多地接受过中东阿拉伯世界和中亚波斯先进文化的熏染，因此，在整个德里苏丹国时期，战乱频仍，经济发展停滞不前，文化也呈现出了一片衰败的景象。从1206年建国到1526年最终亡国，在长达300多年的时间里，穆斯林统治者没有为我们留下太多的文化遗产，这也许和统治阶级自身的文化素养和所推行的文化策略有关。由于北印度穆斯林政权建立初期，统治阶级主要的任务是开疆拓土和稳固新兴的穆斯林政权，因而将更多的精力花在了无休止的征服战争和镇压各地的叛乱之中，统治者虽然极力推崇伊斯兰宗教文化，但多是出于履行伊斯兰教法所赋予的宗教任务，在推动文化的融合与繁荣方面却鲜有作为。

真正使伊斯兰文化在印度次大陆发扬光大的任务是由莫卧儿王朝的帝王们完成的。不同于德里苏丹国时期，这一时期的帝王将相都接受过良好的教育，对波斯文化有很深的领悟，他们有着良好的文化基因，因此，几乎所有的莫卧儿皇帝都非常重视教育和伊斯兰文化的传播，这也是伊斯兰文化在莫卧儿王朝后期全面走向辉煌的主要原因。莫卧儿王朝的开国皇帝巴布尔是一位非常优秀的作家、书法家和音乐家，撰有著名的《巴布尔回忆录》（*Memoirs of Babur*），为后世研究莫卧儿王朝的早期历史留下了宝贵的第一手资料。胡马雍是一位数学天才、诗人、天文学家和痴迷的发明家。阿克巴是一位哲学家，同时精于艺术、建筑和音乐，贾汗吉尔是一位十分专业的自然学家和园林设计家，在绘画艺术方面也有很高的造诣，而沙贾汗则更喜欢建筑，同时对珠宝很有研究，热爱音乐和舞蹈，是一位非常出色的歌唱家。早期的莫卧儿帝王中，只有奥朗则布热衷于宗教，但其女儿却非常富有文学才华。因此，我们可以说，在莫卧儿王朝时期，宫廷文化的繁荣是与统治阶级优秀的文化基因分不开的，由于这一时期的统治者普遍对艺术和文学具有较高的造诣，因此实行了一系列有助于文学艺术发展的开明政策，最终促成了莫卧儿王朝时期的文化繁荣。反观德里苏丹国时期，由于德里苏丹国的建立者多是来自社会中下层的奴隶，他们没有受到过系统的教育，没有接受过知识的熏陶，也没有真正汲取到伊斯兰文化中的精华，因此，他们不同于阿拉伯世界那些有着良好教育背景的穆斯林，即便取得了军事上的胜利，但是在国家治理、政权维系方面却经验不足，没有长远的眼光，导致在德里苏丹国时期，社会动荡，战争不断，经济衰退，文化发展缓慢。

就莫卧儿王朝时期而言，文化的全盛时期始于阿克巴执政时期，阿克巴大帝对于印度历史的贡献不仅体现在其在位时社会经济文化取得的成就，更体现在他为印度次大陆打开了通往辉煌的大门，在其继任者贾汗吉尔和沙贾汗甚至奥朗则布执政期间，无论是政治、经济还是社会文化方面，都呈现出了一片欣欣向荣的繁荣景象。阿克巴高瞻远瞩，他没有一味沉溺于过去的传统，而是着眼未来，对穆斯林政权的未来有着科学而明晰的认识，因此决定进行社会改革以顺应历史发展的趋势。有一点值得注意，阿克巴时期的文化繁荣实际上是波斯文化在印度次大陆的繁荣，而他极力想促成的印度文化与波斯文化的融合在很大程度上却是失败的。据统计，在阿克巴执政期间，宫廷里约75%的诗人和超过35%的学者和音乐家都来自次大陆之外，只是阿克巴让他们在印度安居下来了。[①]自阿克巴之后，波斯文化的影响力在莫卧儿宫廷明显增强了，到了沙贾汉时期，皇帝对波斯文化进行了进一步的改造和发展。因此，莫卧儿王朝时期的文化繁荣，主要体现在波斯文化的繁荣和取得的成就方面。

莫卧儿王朝时期的皇帝多是著名的学者，他们经常著书立说，宫廷里面通常建有规模宏大的图书馆。社会各阶层都非常推崇知识，许多穆斯林贵族甚至宫廷里地位较高的一些女性，都拥有自己的私人图书馆。当巴布尔占领梅尔瓦尔（Milwat）的时候他发现了许多书籍，皇帝将它们视作珍宝带回了首都，并与自己的儿子胡马雍一起分享阅读。巴布尔经常书不离身，甚至是在行军打仗的时候亦是如此。[②]在胡马雍颠沛流离的一生中，他最担心的就是自己藏书的安全，一次皇帝位于阿富汗的营帐被攻陷之后，胡马雍唯一问到的问题就是："他们怎么对待我的图书馆的？"当得知藏书安全后他顿时倍感欣慰。[③]阿克巴虽然不识字，但却也是一位大学者，他的图书馆里有约24000册藏书，图书馆被分成几个

[①] Abraham Eraly, *The Last Spring: Life in India's Last Golden Age*（阿布拉罕·伊拉利：《最后的春天：印度最后黄金时代的生活》），Haryana: Penguin Books, 2015. p.342.

[②][③] Abraham Eraly, *The Last Spring: Life in India's Last Golden Age*, p.344.

部分，有些在宫内，有些在宫外。阿克巴还成立了一个规模庞大的翻译机构，将大量梵语、阿拉伯语和希腊语的作品翻译成波斯语，其中就包括印度教的经典著作《罗摩衍那》和《摩诃婆罗多》。①

在宫廷文化的影响之下，莫卧儿王朝时期贵族阶级中也涌现出了一些优秀的大学者，地位处于中级的阿米尔甚至都有可能拥有一个约有4600册藏书的图书馆，这些贵族有的精于文学，著书立说；有的喜欢语言翻译，将大量梵语、阿拉伯语作品翻译成了波斯语；有的是著名的诗人……莫卧儿王朝时期文化发展的一个重要现象就是波斯语和波斯文化在印度次大陆取得了长足的发展。尽管自德里苏丹国起，波斯语就成为宫廷语言，在宫廷中占据了统治地位，但这一时期，波斯语还仅限于穆斯林宫廷之中，在宫廷之外，尤其是在广大印度教社会影响力却非常小。到了莫卧儿王朝时期，这一情况有了极大的改观，波斯语不仅在穆斯林宫廷，在许多印度教王国——如拉其普特人生活的拉贾斯坦，甚至在印度次大陆南部都有了广泛的影响力。波斯语成了印度次大陆不同民族和宗教群体相互沟通的外交语言，甚至一些印度教大地主，也开始对波斯诗歌产生了浓厚的兴趣，除了次大陆最南端极小部分外，波斯语和波斯文化在印度取得了真正意义上的统治地位。波斯语不仅对生活在印度次大陆的本土居民而言是一种完全陌生的外国语言，对莫卧儿帝国的君王们来讲也是如此，因为这些穆斯林统治者真正的母语是突厥语而非波斯语，巴布尔就是用突厥语写成其自传的。到莫卧儿王朝后期，突厥语逐渐失去了其在穆斯林贵族心中的母语地位，贾汗吉尔是"最后一位能用突厥语流利写作的皇帝"，而沙贾汗则从小拒绝学习突厥语，奥朗则布也是"略懂一些突厥语"②。

从以上分析可以看出，正是莫卧儿帝国的诸位君王接受过良好的教

---

① Abraham Eraly, *The Last Spring: Life in India's Last Golden Age*, p.345.
② Abraham Eraly, *The Last Spring: Life in India's Last Golden Age*, p.346.

育，有着优秀的文化基因，因此他们更加懂得欣赏蕴藏在文化艺术中的美，也更愿意去不断发掘传承文化生活中的这种美感。虽然在德里苏丹国时期伊斯兰文化并没有呈现出百花齐放的繁荣景象，但到了莫卧儿王朝时期，得益于统治者们深厚的文化素养和优秀的文化基因，他们将伊斯兰文化的发展推向了一个新的高度，使伊斯兰文化在与印度本土文化的冲突和融合中始终处于不败之地。

小 结

穆斯林的统治给印度社会带来的冲击和影响无疑是空前巨大的，在印度历史上虽然有多个外敌入侵的例子，但从来都没有一个外来民族掌控过次大陆的最高行政权，在政治领域印度教徒从来都不曾让位于任何非印度教徒，印度教和印度教文化长期占据次大陆政治文化的主导地位。然而北印度穆斯林政权的建立却改变了这一切——印度教第一次从政治层面退出了统治地位，不得不让位于伊斯兰教，印度教文化也第一次遇到了强有力的对手，在长达千年的交往中仍然无法将对方完全同化。穆斯林在北印度600多年的政治统治，其造成的直接影响就是长久以来一直处于主导地位的印度教徒和印度教文化在次大陆沦为二等角色，在政治、经济、文化各个方面不得不接受来自穆斯林统治者的领导。穆斯林对印度教徒的歧视和打压，致使这一时期印度教社会科技和文化发展缓慢，许多印度古代科技文化的精华长期以来没有得到创新和发展，印度教文化中的一些理论也是含糊不清，有些甚至相互矛盾。在穆斯林统治北印度时期，穆斯林文化也并不是想象中的那么光辉灿烂，所有的学者文人和印度教圣贤一样变得消沉而无为，莫卧儿王朝时期文化的繁荣在很大程度上只发生在宫廷里。

第三章 穆斯林政权对北印度的冲击与影响

穆斯林统治北印度期间，从政治层面来讲，许多曾经拥有至高无上权力的印度教国王成为穆斯林统治阶级的附庸，印度教社会的王公贵族们为维护自身的利益也不得不屈从于穆斯林统治阶级，协助统治者对国家进行治理，实际上扮演了穆斯林宫廷与广大普通印度教徒之间中间人的角色。由于穆斯林人数有限，很难将所有领土的管辖权都收归自己手中，因此他们不得不依靠这些印度教国王、王公贵族、部落和村庄头人等协助其进行国家治理，同时给予他们一定的特权和物质利益，从而换取他们对穆斯林宫廷的忠诚。因此，穆斯林统治北印度期间，以印度教徒为主的非穆斯林的政治和社会地位被极大地降低了，他们虽然是次大陆的主人，却不得不接受外来民族的统治，面对外来文化的排挤和打压。

在经济层面，穆斯林的统治对北印度的影响首先体现在差异化、带有歧视性的税收制度上。曾经拥有大量财富的印度教国王和王公贵族，在穆斯林政权建立之后不得不每年向穆斯林宫廷上缴一定数额的赋税，而大量生活在农村地区的印度教徒，除了上缴必需的田赋之外，还必须缴纳一些宗教杂税，如人头税、香客税等。这些只针对非穆斯林征收的宗教税种从本质上来讲就是对广大印度教徒从经济上的欺凌和掠夺。由于这一时期的穆斯林政权实行高度的政教合一，所有的穆斯林统治者都必须严格按照伊斯兰教法的规定，在统治范围内传播伊斯兰教，推行伊斯兰世界通用的政治和经济政策，伊斯兰税制就是其中最为重要的一条。穆斯林统治北印度期间，正值印度封建经济从起步走向繁荣的重要时期，因此穆斯林的统治也在客观上加速了封建经济的发展。早期来自中亚的穆斯林及其后代，由于在宫廷中享有一定的特权，从苏丹或国王那里获得了永久性的土地，在聚集了大量财富后晋升为封建主。而那些服务于穆斯林政权的印度教国王、王公贵族、收税人、部落和村庄头人们，由于也不同程度地拥有了土地的所有权而成为新兴的地主阶级。穆斯林统治者和服务于穆斯林宫廷的这些印度教徒，共同构成了中世纪历史上印度社会的封建地主阶级，他们通过占有广大农民阶级的劳动成果成为社会中的特权阶级。

此外，穆斯林统治北印度时期，在封建经济推动下手工业也得到了长足的发展。这主要是由于社会经济的发展使社会分工进一步细化，催生了更多的社会职业。为了满足封建统治阶级的日常所需，统治者经常会建立一些手工作坊，一部分人开始专门从事手工业生产，这就形成了手工业者这一社会群体。据说苏丹菲鲁兹沙执政时就曾拥有约 1.2 万名手工业者和工匠。[①]在中世纪，传统的农业和手工业是封建经济的重要组成部分。

穆斯林的统治对北印度的文化发展也产生了深远的影响，以印度教为主流的印度传统文化在这一时期不得不面对来自伊斯兰文化的冲击和影响。首先，伊斯兰教所宣传的平等思想对印度教等级社会的种姓制度产生了直接的冲击。在一些苏非圣人的说教下，一部分印度教徒为了摆脱种姓制度的压迫而皈依了伊斯兰教，他们构成了这一时期印度穆斯林群体的主体，毕竟早期来自中亚的穆斯林人数是极其有限的。其次，多神论的印度教和一神论的伊斯兰教由于自身在宗教教义方面的巨大差异，导致在长期的交往中不可避免地发生了各种冲突，这些冲突经常是伴随着血腥和暴力的。穆斯林依仗手中的政治特权，往往迫使印度教徒改宗，让他们在伊斯兰教与死亡之间做出选择，而广大非穆斯林虽然在政治上处于弱势，但他们不可能轻易放弃自己的宗教，尤其是一些高种姓的印度教徒。面对这些矛盾和冲突，印度教与伊斯兰教中的任何一方都不能完全战胜对方，因此两种宗教文化不得不开始寻求妥协的途径。苏非圣

---

① See H. S. Bhatia, ed., *Political, Legal and Military History of India*, vol. 4, p.98.

人和印度教帕克蒂运动的推动者们为缓解中世纪这种来自宗教文化方面的冲突做出了突出贡献。此外，穆斯林统治对北印度文化的影响还体现在音乐、舞蹈、绘画和建筑艺术等多个方面。由于这一时期中亚发达的波斯文化在穆斯林宫廷中占据主流，因此统治者在次大陆极力推崇波斯文化，修建波斯风格的宫殿、陵墓和大厦，将波斯语作为宫廷语言，在贵族中推广波斯文学，这些措施在客观上都对印度教社会带来了一定的冲击和影响。

第四章　印度教社会的自省

中世纪是印度历史的一个转型期，曾经辉煌灿烂的印度古代文明在中世纪早期前就已经开始衰落，而大约从公元7世纪后期起，印度历史进入了所谓的黑暗时代，政治分裂，经济萧条，科技文化进步缓慢，受战争影响人们过着颠沛流离的生活，老态龙钟的印度文明显得黯然失色。正是在这样的历史背景下，穆斯林入侵者——先是阿拉伯人，其次是突厥人，后来又有阿富汗人和莫卧儿人不断来到印度次大陆，他们凭借所向披靡的伊斯兰之剑，很快将伊斯兰的旗帜插在了这片古老的土地上。8世纪初阿拉伯人对信德和木尔坦的占领似乎对印度社会没有形成实质性的影响，公元11世纪初马茂德对北印度多达17次的洗劫和侵扰，给印度带来的似乎也只有短暂的阵痛，而真正给印度次大陆历史带来巨大改变和深远影响的则是12世纪末突厥人的入侵和其后德里苏丹国的建立。这一事件无疑对印度历史产生了巨大的冲击，外来入侵势力第一次在次大陆建立了政权，并对整个北印度开始了强势的政治统治。而遗憾的是，中世纪的印度人，对突厥人建国却没有足够明确的认识和警惕。这种认识的缺失意味着面对突厥人的入侵，从统治阶级到普通百姓都没有进行过统一的有序的抵抗。在印度人眼中，突厥人和次大陆其他居民一样，只是居住在不同地区、有着不同的宗教和社会文化，因而从来没有被当成所谓的外国入侵者。所以，当突厥人不断向印度次大陆推进的时候，印度各王国的国王和将士们依然忙于彼此间无休止的战争中，他们并不认为突厥人的到来会改变长久以来的政治秩序。正是有这种思想的存在，人数占极少数的穆斯林才能在短期内战胜人数上占绝多优势的印度教军队，在北印度建立起了穆斯林政权，并维持了600多年的统治。在穆斯林统治北印度的整个中世纪，我们很少看到这种基于民族、宗教和文化差异引起的战争，这一时期的战争，几乎都是统治者与被统治者、征服者与被征服者、穆斯林宫廷与地方政权之间基于经济利益和权力分享等因素之上的。当然，我们不能就此认为面对外来的穆斯林的入侵和统治，印度本土民族没有进行任何抵抗，这是不符合历史事实的。只能说，印度本土居民的这种反抗，多是出于维护其政治和经济利益的需要，没有上升到民族和国家的高度，印度人不具有将穆斯林和伊斯兰教完全置于自己宗教文化对立面的意识，因此就不可能对异教和异族文化进行排斥甚至打压。在穆斯林统治北印度期间，印度教始终处于一种被统治、被打压甚至是被迫害的状态，正是长期存在的这种不公正的宗教待遇和宗教态势，促使一部分印度教徒开始反思，开始为印度教徒寻找出路。拉其普特人、锡克教徒以及后来的马拉塔人，他们逐渐意识到要想在政治上取得自主和宗教生活上获得平等的待遇，就必须联合起来同当权的穆斯林进行抗争，锡克教徒最终明确提出了建立锡克教国家的口号，这在某种程度上可以看作是印度本土居民民族意识的早期觉醒。

第一节　政治方面

一、有限的反抗

如前文所述，穆斯林入侵北印度、建立穆斯林政权，是挥舞着伊斯兰之剑，在不断的屠杀和战争中完成的。他们不仅霸占印度教徒的土地和财产，还破坏他们的庙宇，捣毁他们的神像，杀害他们的亲人，在物质和精神两个方面，给印度本土居民都带来了深重的灾难。在穆斯林政权建立之后，在被征服区，穆斯林统治者基本上停止了这种血腥的屠杀，他们采用更加怀柔的方式，一方面鼓动和威胁印度教徒改宗伊斯兰教，另一方面，他们又通过经济和政治手段，对不愿意改宗者加大剥削和压迫的力度。在印度历史上，我们很少看到农民阶级反抗压迫的起义活动，这一方面是受到了种姓制度和印度教文化的长期浸染，种姓制规定一个人的出身决定了其职业和社会地位，且不可改变，而印度教文化则更加关注人的终极关怀，宣传业报轮回思想，认为今世之业会决定来世之果，因此教育人们要安于现状。另一方面作为被压迫和被统治阶级，印度教社会长期处于被奴役的地位，缺乏反抗意识和反抗精神，加之生活在社会底层的农民阶级很难看清时代发展的潮流和趋势，缺乏推动社会改革的魄力和眼光。因此，在中世纪穆斯林统治时期，我们很少能看到这种社会底层民众针对统治者的反压迫、反剥削的斗争。值得一提的是，除了在业已征服的地区采取怀柔的统治政策之外，穆斯林在不断的对外扩张战争中，依然充满了血腥和暴力。

尽管如此，在北印度穆斯林政权建立的过程中以及实施统治期间，印度教社会还是发生了一些针对穆斯林的反抗活动，只是这些反抗无论是从规模还是激烈程度上而言都比较有限而已。早在1191年，当古尔的穆罕默德率领大军南下侵入印度次大陆时，位于印度西北部的印度教王国就对穆斯林军队进行了阻击。双方在德里附近塔拉因展开激战，穆斯林军队惨败后开始后撤。[①]遗憾的是，印度教王公贵族们并没有从战争中汲取经验教训，也没有仔细研究过对手的战略战术和军事装备，第二年在同一战场，穆斯林军队依靠精锐的骑兵，将印度军队笨拙的战象方阵打得落花流水，这种以少胜多的战例无疑是对穆斯林军队莫大的刺激和

---

① K. R. Gupta, D. S. Paul, Meenakshi Taheem, Manpreet Kaur, *Medieval India*, p.32.

鼓舞，同时也极大地削弱了印度教军队的锐气，尤其是一些印度教王国失去了进行抵抗的勇气，穆斯林军队从此长驱直入，很快占领了次大陆北部的大部分土地。

在德里苏丹国早期，穆斯林统治者先后发动了针对古杰拉特、拉贾斯坦、马尔瓦、马哈拉施特拉以及德干高原的许多征服战争。这种扩张战争可以分为几个阶段，在第一阶段主要以征服德里周边地区，如古杰拉特、拉贾斯坦和马尔瓦等为主，而到了第二阶段，则主要针对从马哈拉施特拉到德干高原地区。在占领上述地区后，统治者们才将目标锁定在德干以南的次大陆其余各地。应该说，在整个穆斯林统治期间，绝大多数扩张战争停留在第一和第二阶段，只有在极少数的历史时段，穆斯林才有能力控制德干以南地区，虽然这几乎是每一位有抱负的穆斯林统治者的共同目标。德里苏丹国时期，图格鲁克王朝做了这种尝试但收效甚微，大约300年后，伟大的莫卧儿帝国在阿克巴、贾汗吉尔和沙贾汗等君王的统治时期，国力强盛，最终实现了这一目标，使印度次大陆实现了真正意义上的统一。因此，我们也可以说，正是由于印度教王国的抵抗，不管是出于政治目的还是经济目的，都客观上延缓了穆斯林征服印度次大陆的步伐，都在一定程度上避免了印度次大陆的伊斯兰化，从而保护了古老的印度文明和文化。

在穆斯林统治北印度期间，拉其普特人、锡克人、马拉塔人等都是主要的反对穆斯林统治的社会力量，他们与穆斯林宫廷的关系都经过了多次的反复，到中世纪晚期最终完全决裂，这从莫卧儿帝国在面临英国人的进攻时，没有任何一支印度教或锡克教军队愿意为其提供军事支持上就可以得到印证。从公元11世纪起，拉其普特人就与穆斯林政权的关系一直处于风云变幻之中，从最初的兵刃相见到阿克巴大帝时期的和谐相处，再到奥朗则布时期关系的倒退，每一次反复，都取决于统治者的宗教和民族政策。早期的穆斯林统治者偏执而狭隘，他们以伊斯兰教法为一切行动的指南，以清除异教为己任，因此不可能与印度教形成和谐共处的局面，而作为有着超群政治洞察力的阿克巴大帝，充分意识到了穆斯林政权不可能完全同化印度教徒，印度次大陆也绝不可能会被伊斯兰化，唯有和印度教徒密切合作，穆斯林政权才会长久和强大。正是在这种思想的指导下，莫卧儿王朝中期拉其普特人成了莫卧儿帝国坚实的军事支柱，在巩固穆斯林封建政权的过程中发挥了重要的作用。

纵观中世纪历史，印度教徒针对穆斯林政权的反抗，在早期似乎只是一种反对政治和经济压迫的行为，而发展到后来则既带有反对封建压迫的性质，同时也具有反对宗教压迫的性质，尤其是到了中世纪晚期，当穆斯林政权全面走向衰落之时，这一特征尤其明显。进入17世纪后半叶印度教徒发起的针对穆斯林统治的斗争越来越多，主要有马拉塔人于1656年开始的起义，贾特人于1669—1723年发动的起义，萨特纳米教派于1627年发动的起义以及锡克教徒在17世纪末18世纪初针对穆斯林统治者的起义。如果说早期印度教徒与穆斯林之间的矛盾和冲突，主要是穆斯林统治者发起的征服战争引起的，印度教徒处于完全被动的一方，那这一时期印度教徒和穆斯林之间的战争，则是由印度教徒在主动或半主动状态下发起的，虽然战争的起因同样是由于穆斯林的政治、经济以及宗教压迫。马拉塔人居住在今天印度马哈拉施特拉邦一带，17世纪处于比贾普尔王国的统治之下，他们中的大多数人从事农业生产，只有少数人在穆斯林的权力部门当差。17世纪后半期莫卧儿大军开始征服比贾普尔，大量的马拉塔人利益受到了侵害。英勇的马拉塔人在其英雄领袖西瓦吉的带领下，决定建立马拉塔人自己的国家以摆脱穆斯林政权的迫害。奥朗则布虽然多次派兵征讨，但最终还是以失败告终。马拉塔人以自己的英勇和团结一心，沉重地打击了穆斯林的统治，在与穆斯林军队长期的交战中，耗尽了穆斯林宫廷的财力和物力，从而加速了莫卧儿帝国的灭亡。贾特人是居住在朱木那河两岸的印度教徒，奥朗则布执政期间，这一地区的地税被提高至总产量的1/2，农民不堪重负，加之奥朗则布下令拆除印度教神庙，在其原址修建清真寺，这一明显带有宗教挑衅意味的举动伤害了贾特人的宗教情感，点燃了他们反对穆斯林封建统治的火焰。1669年马土腊的贾特人杀死当地穆斯林官员开始起义，奥朗则布派兵进行镇压，英勇的贾特人虽然战败但却并未从此一蹶不振，他们继续同莫卧儿宫廷进行着不屈不挠的斗争，直至奥朗则布去世，也没有把贾特人的势力完全消灭。贾特人对抗穆斯林政权的军事起义，是印度教徒在完全主动和自觉的背景下发生的，它反映了印度教徒民族意识的早期觉醒，它既是被统治阶级与统治阶级之间的斗争，同时也是印度教徒与穆斯林两个不同宗教团体之间的冲突和斗争，印度教徒在明确了自己的宗教和民族身份之后，向异教徒宣战，这在印度中世纪史历史上并不多见，因而有着重要的意义。

印度在进入第二个千年之后，不断受到外族的侵扰，继阿拉伯人之后是来自中亚的突厥人，接下来是莫卧儿人和英国人。但是拥有强大军事力量的拉其普特国王们在面对外敌入侵时却一次次溃败下来，他们被来自次大陆外部的政治势力统治了600多年，这其中的原因又是什么呢？史学家普遍认为，外族势力之所以能够快速地深入次大陆并轻而易举地建立起政权，主要原因是印度各王国之间没有结成一个统一的抵抗联盟。事实上也不可能有这样的联盟存在，因为印度教的统治阶级并没有把新来的突厥人视作入侵自己家园的外国敌人，而认为其不过是来自次大陆内部其他地方的一个竞争者而已，穆斯林政权在北印度的建立也被看作只是混乱的印度政治重新演变组合的结果。对于普通百姓而言，无论是印度教国王统治他们还是苏丹统治他们，二者之间没有明显的区别。在这一时期,印度依然没有形成一个国家和民族的概念,社会基于各种姓分化成不同的群体,在中世纪"印度"只是一个地理概念而非国家,这种国家和民族认同的缺失决定了这一时期的次大陆不可能形成一个强有力的一致对外的联盟。虽然这一时期的拉其普特国王们普遍拥有精锐的部队,他们骁勇善战,比外来的突厥人更加适应印度炎热的气候,但这些优势并没有为他们带来战争的胜利。此外,来自中亚的伊斯兰军队虽然人数规模不及印度军队,但得益于阿拉伯世界快速发展的科技,他们的装备更加精良,战术更加先进,尤其是他们拥有大量的骑兵,行动迅速而灵活,相比印度庞大而行动缓慢的象队,有着众多优势,这也是他们能够快速占领印度的一个重要原因。

在穆斯林统治北印度期间,印度人保持着一种蛰伏的状态,将自己封闭在次大陆与外界很少交流。应该说,面对外敌的入侵,印度人应该从睡梦中清醒,受其刺激不断改变自身去应对来自突厥人的挑战,但事实却正好相反:印度社会对于伊斯兰的入侵几乎没有进行任何有效反应,而是紧紧地蜷缩成一团,进行着消极的防御。在穆斯林统治之下,印度教徒被视作是二等公民,印度教徒和穆斯林生活在彼此的圈子里,他们并没有融为一体,就如同印度教内部各种姓无法真正融为一体一样。诚然,穆斯林统治者对印度教徒也进行了大量的屠杀,破坏了他们的庙宇,但印度教徒似乎把这一切都看成是宿命,就如同他们在生活中所经历的其他劫难一样。在整个印度中世纪历史上,我们很少看到印度教徒以宗教的名义发动的针对统治阶级的反抗和斗争,这也许和印度教徒心中这种根深蒂固的思想有关。

二、与穆斯林统治阶级的妥协

穆斯林统治时期的北印度社会，一个显著的特点就是印度教徒与穆斯林统治者之间充满了机会主义的合作。这些印度教国王，本来极有可能彻底击败苏丹政权，但遗憾的是在各国王之间没有形成明显的抗争的联盟。这一时期的印度居民，由于尚未形成明确的民族意识和国家认同，"印度"尚未成为一个确切的国家的概念，印度人也没有把自己看成是一个确定的民族。国王们唯一关心的是个人的权力和财富，为了削弱和对抗自己的印度教对手，他们甚至会与穆斯林入侵者进行军事和政治上的合作。对于穆斯林统治者来讲，与印度教国王们的合作同样充满了机会主义的影子。就如同印度教国王借助穆斯林势力反对自己人一样，穆斯林统治者也往往会借助印度教国王的势力来抗衡政权内部的一些穆斯林反对势力。这样的例子不胜枚举，马茂德曾肆意践踏印度教王国，对印度教徒的迫害耸人听闻，但在他的军队里，却有大量的印度教徒为其出生入死。马茂德的儿子马苏德也沿袭了父亲的做法，他任命了大量的印度教徒在宫中担任重要职务，赋予了他们同穆斯林一样高的地位，同时，他还严厉告诫穆斯林高官不要以任何方式攻击印度教官员们的宗教信仰。同样，据16世纪莫卧儿宫廷的编年史家菲力西德（Ferishta,1560—1620）所述，古杰拉特的一位穆斯林官员"为了能在摆脱宫廷控制的叛乱中获取印度教徒的支持，就曾公开支持印度教和偶像崇拜"[①]。因此，这一时期意识形态的碰撞其实就是一场权力的游戏，宗教上的分歧不得不服从和服务于统治者的政治和军事目标。苏丹们经常和印度教国王们进行合作，以反对其他伊斯兰国家，而印度教国王们也会利用这种合作来反对其他的印度教王国。对于贵族和普通大众而言，宗教同样会服从于其自身的短期利益，具体表现就是印度教军官和士兵为苏丹提供服务，

---

① Abraham Eraly, *The Last Spring: Life in India's Last Golden Age*, p.342.

而穆斯林军官和士兵也可以不加限制地在印度教国王的军队里任职。在印度次大陆的很多地方，穆斯林统治者和印度教徒的关系都是非常灵活的。苏丹必须依靠印度教的地主和部落头人维持其在广袤的恒河平原的统治，同时依靠他们征缴维系国家运转所必需的资金来源——税收。

在穆斯林统治北印度的数个世纪里，并没有明显的印穆冲突或印度教徒有组织的大规模的反抗活动，这主要是因为穆斯林多生活在城市里，很少深入农村，因此穆斯林的统治对绝大多数生活在农村中的印度教徒并没有产生直接的影响。受到穆斯林统治影响最大的阶层就是印度教王国的精英们，特别是国王们，他们因此失去了财富和权力，一些人为了保全自己的地位和财富不得不选择臣服于穆斯林统治阶级。一些印度教大地主和头人，包括一些婆罗门，他们供职于穆斯林宫廷之中，从苏丹那里获得了丰厚的回报，有些甚至被免除了人口税。大量的印度教徒服务于穆斯林军队和官僚机构，从某种意义上讲，是印度教徒在推动着苏丹政权向前运行。这一时期没有发生大规模印穆冲突的另一个主要原因是印度人的民族意识和国家认同尚未形成，他们还无法将穆斯林当成是外来入侵者，当作是真正的民族敌人，只是把他们当作和次大陆的其他政治势力一样，因此，对于绝大多数中下层人民而言，无论谁当权，对他们的生活似乎影响不大。由于印度农村自身存在一套非常成熟的运营模式和制度，种姓和藩迪亚特（पंचायत）制度长久以来已经将农村生活程式化，加之穆斯林的统治主要集中在城市之中，遥远的农村地区依然控制在印度教大地主和高种姓阶层手中，因此对广大农民来讲，政权的更迭似乎对他们的生活没有产生更大的影响，而处于统治地位的印度教贵族和封建主，只要穆斯林政权保证了其既得利益，就不可能进行坚决的反抗。此外，深受种姓制度奴役的印度人，在其宗教文化语境中强调逆来顺受，相信业报轮回思想，一个人最终能否获得解脱，最主要的是自己今生的"业",即一生的所作作为,印度教徒认为有什么样的业就会有什么样的果,这一切都是命中注定的,不会因为自己的抗争而改变。因此,无论是面对印度婆罗门的宗教歧视和压迫,还是面对穆斯林的入侵和宗教迫害,印度教徒基本是在比较平静的状态下接受了这一残酷的现实,他们很少想过通过抗争来改变命运,通过抗争来消灭种姓压迫和宗教迫害。正是基于上述多个方面的原因,中世纪的印度才没有出现大规模的针对穆斯林群体、针对伊斯兰教的反抗活动。而历史留给人们最多的印象则是,印度教徒与穆斯林统治者之间存在着许多基于经济利益之上的合作关系,穆斯林统治者向极少数印度教徒分享了一部分权力,使其获得了一部分利益,以换取他们对穆斯林政权更忠心的支持和服务。

第二节 宗教方面

穆斯林统治北印度期间,伊斯兰教处于统治地位,印度本土宗教经受着迫害、排斥和打压,尤其是作为次大陆主体宗教的印度教,在与伊斯兰教的冲突中,遭受到了许多不公正的待遇,处境尤其艰难。大量的印度教徒由于自身的政治和经济地位低下,面对穆斯林统治者的经济剥削和压迫,不得不通过改宗来求得生存。穆斯林统治者借用政治和经济手段,迫使大量的印度教徒放弃自己的宗教信仰皈依了伊斯兰教。虽然在次大陆的宗教态势中处于非常不利的地位,印度教并没有从此消沉下去。相反,在一批宗教圣贤的推动下,印度教不断自省,加强和明晰了自身的宗教教义,规范了宗教仪规,显现出更加契合次大陆宗教语境和贴近人民的一面,因而依然保持着旺盛的生命力,并没有因为伊斯兰教的打压而颓废下去。中世纪早期兴起于印度次大陆南部的帕克蒂运动(भक्ति आंदोलन),又称作虔诚运动,在中世纪时开始流传至北印度,给印度教带来了新的活力。帕克蒂运动是印度教发展史上最重要的一次宗教改革运动，它全面地改造了印度教，使其成为一种思想更加成熟、仪规更加规范完备的宗教。与此同时，为了调和印度教和伊斯兰教之间的矛盾，大约在15世纪末，一种新的宗教锡克教诞生了，锡克教大量吸收了印度教和伊斯兰教教义中的精华部分，成为二者之间的一种混合型宗教，锡克教在本质上为早期印度教和伊斯兰教之间的矛盾提供了一种缓冲，在客观上减少了二者之间的对立和冲突。

一、帕克蒂运动

帕克蒂运动是由印度教徒发起的一场宗教改革运动。"帕克蒂"一词的意思是虔诚、爱及忠于最高的神。追求帕克蒂的信徒不承认种姓差别，反对阶级压迫，他们认为世间生灵都应该平等、博爱。帕克蒂的这些教义并非产生于中世纪，早在吠陀和往世书时代就已经存在，只是到了中世纪再一次兴盛起来。早在吠陀时期，就出现了一神论和反对偶像崇拜的主张，而反对种姓压迫和歧视在《奥义书》、佛教和耆那教的教义里也都有所体现。帕克蒂运动最早发生在印度次大陆南部，8世纪初在经过印度教大师商羯罗的推动和改革下，印度教被注入了新的活力。穆斯林入主北印度后，次大陆的宗教态势发生了根本性的变化，宗教包容和共存本是印度教的传统，但穆斯林的到来却改变了这一局面。穆斯林以传播伊斯兰教、消灭异教为己任，因此从一开始起，对印度教就进行了残酷的打击和迫害。尽管后来统治者逐渐认识到在次大陆要完全消灭印度教徒是不可能的，转而寻求与印度教共存和合作，但这种共存却并非建立在平等的基础之上，占据统治地位的伊斯兰教对印度教处处充满了歧视和压迫。在印度教与伊斯兰教长期的冲突交融过程中，中下层民众之间的接触越来越多，部分印度教徒皈依了伊斯兰教，而一些没落的穆斯林也开始对印度教徒表现出好感。这种情况的出现，引起了宗教保守势力的恐慌和不安，穆斯林乌里玛重申，伊斯兰教的教义教规不容侵犯，而印度教婆罗门则呼吁要保卫印度教。针对保守派的行为，中下层人民要求进行宗教改革的呼声越来越高，至14世纪末，早前发端于南印度的帕克蒂运动在北印度再次兴起。

帕克蒂运动无疑是印度历史上传播范围最广、影响最深远、最全面的一次宗教改革运动，其重要性不亚于产生于公元前6世纪的佛教运动。帕克蒂运动在不同的历史阶段几乎影响到了印度次大陆的各个方面，包括宗教教义、宗教仪式、价值观念等，甚至在艺术和文化方面也受到了其影响。帕克蒂运动虽然是由民间力量推动的宗教改革，但对于整个社会结构和统治阶级的统治秩序都产生了一定程度的冲击，它同时也是以印度教为核心的印度本土宗教与占统治地位的伊斯兰教进行斗争的主要平台。在文化艺术方面，帕克蒂运动有力地推动了地方语言文学、音乐、舞蹈、绘画和建筑艺术等的发展。

（一）北印度的帕克蒂运动

1206年北印度穆斯林政权建立之后，穆斯林与印度教徒的接触越来越多，在长期的交往中，二者加深了对彼此的了解，尤其是在中下层民众之间，逐渐放弃了对抗和伤害，走向了合作与共存的道路。印度教徒逐渐意识到其宗教中的许多信条，如不可接触制、种姓优劣论、烦琐复杂的宗教仪式等都非常空洞，而穆斯林则意识到要想在次大陆实现和平，就应该放弃对异教的迫害。因此，伊斯兰教的苏非圣人们和印度教的改革者不约而同地走到了一起，他们注重强调那些两种宗教共有的和双方都熟知的教义，弘扬善举、平等观念，呼吁崇拜共同的唯一的神。北印度帕克蒂运动在罗摩难陀（1400—1480）、格比尔（1440—1518）和那纳克（1469—1539）等宗教大师的推动下，迅速在印度教社会掀起了一股宗教改革的浪潮。

帕克蒂运动没有统一的组织，也不是一种宗教派别，它是由一些不同的思想家提出的内容相近或相同主张所构成的一种思潮，由于获得广大印度教徒的支持而形成一种运动。帕克蒂运动的主要主张有：神具有唯一性，世间神只有一个，尽管它的名字有时叫罗摩，有时叫安拉，它都是唯一的，要崇拜唯一的神；一个人要想真正获得解脱，不是依靠宗教仪式或遁世修行，而是要通过对神虔诚的爱，神就存在于人们心中，只要心中有爱，就能接近神，而不一定就非要去寺庙或清真寺进行膜拜；在神面前所有人一律平等，无优劣之分；主张博爱，反对偶像崇拜、种姓歧视和阶级压迫；取消没有必要的宗教仪式、仪规，因为它们无助于人们获得解脱，人只有通过合适的行为才能获得解脱；人没有必要去丛林修行，神只有一个，接近神且获得解脱的道路却各不相同；无论男女都可以通过帕克蒂和合适的行为方式实现解脱。尽管帕克蒂运动的上述主张在历史上早已存在，看着毫无新意，但是如果考虑到中世纪印度宗教发展的态势，尤其是将上述主张同时作为穆斯林和印度教徒共同认可的宗教教义，其意义就非同寻常了。

罗摩难陀是中世纪印度最早的宗教改革家，他是北印度帕克蒂运动的奠基人。罗摩难陀出生于阿拉哈巴德一个婆罗门家庭，他云游了整个印度全境，并用人们熟悉的地方语言如印地语等进行传教。他是罗摩大神的信徒，但他的学生却包括各个宗教、各个种姓和阶层的男女信徒。他最优秀的弟子原来是一名穆斯林织工，他就是著名的格比尔。格比尔原是一名被印度教婆罗门遗弃的孩子，后来在一位穆斯林织工家里长大。格比尔吸收了师尊罗摩难陀的思想，同时受到穆斯林苏非派的影响，他反对偶像崇拜、种姓歧视以及婆罗门特权等。他认为自己的任务就是在印度教和伊斯兰教之间的鸿沟上架起互通的桥梁，因此，他将自己描述成为罗摩和安拉的儿子。格比尔给后世留下了许多优秀的作品。他曾经写到，神就在人们心中，敬神爱神不必在乎外在的形式。"如果解脱可以通过沐浴获得，那青蛙会首先得到解脱；如果裸体云游能够做到与神合一，那森林里的野鹿也能做到"[①]。格比尔反对穆斯林与印度教徒之间的战争，呼吁大家和平共处，他的这些思想和主张在中下层人民之间引起了强烈的反响，其作品也极受欢迎，流传很广。

帕克蒂运动在中下层民众中引起了强烈的共鸣，无论是穆斯林还是印度教徒，对其思想主张都非常拥护。但是，这一运动却在上层社会遭受了阻力和打压。穆斯林乌里玛认为它是印度教企图通过改革来冲击伊斯兰教在次大陆的统治地位，而印度教婆罗门则认为它混淆了伊斯兰教与印度教的界限，是穆斯林想借机瓦解印度教的一种手段。因此，帕克蒂运动并没有得到上层社会的支持，反而受到了他们的打压。帕克蒂运动企图通过和平手段达到消除宗教误解、实现宗教和谐的想法在当时的历史环境下是行不通的。在运动的后期，尤其是格比尔去世后不久，帕克蒂运动的内部支持者之间也出现了分化，有的还成立了新的宗教派别，锡克教就是在这样的历史背景中产生的。

（二）帕克蒂运动对文化交融的贡献

帕克蒂运动在印度中世纪宗教改革史上占据着重要的位置，为促进伊斯兰文化与印度教文化的交融做出了突出的贡献。尽管帕克蒂运动最终没有完全实现自己的目标，印度教徒与穆斯林之间的矛盾没有因为帕克蒂运动而完全消亡，两种宗教文化之间的斗争仍然长久存在，但帕克蒂运动启迪了人们的思想，让更多有远见的人开始走向反对宗教压迫和

---

① 林承节：《印度史》，第130页。

种姓歧视的道路。此外，帕克蒂运动给统治阶级也敲响了警钟，穆斯林统治者充分看到了人民群众的力量，在洛迪王朝后期及此后的莫卧儿王朝时期，统治阶级都推行了较以往历史上更为宽松的宗教政策，在一定程度上也减轻了对印度教的打压和迫害。而对于印度教婆罗门而言，帕克蒂运动提出的种姓平等思想迫使他们也不得不减轻对低种姓阶层和妇女的压迫，在客观上促进了社会的公平。总体而言，帕克蒂运动为中世纪印度宗教文化的交融做出了巨大的贡献，主要体现在以下几个方面：

1. 开阔了人们的视野，缩小了印度教与伊斯兰教之间的鸿沟，部分程度上消除了两种宗教文化形成的对立，减轻了因宗教差异带给人们的伤害和痛苦，印度教与伊斯兰教二者的关系因此也有所缓和。印度教徒开始崇拜穆斯林的一些圣人，而穆斯林同样对那纳克、罗摩难陀等印度教圣贤充满敬意。

2. 在一定程度上延缓了次大陆伊斯兰化进程。这可以看作是帕克蒂运动最大的成就，因为德里苏丹国建立初期，一部分印度教徒受到穆斯林的蛊惑，为了逃避印度教种姓压迫而皈依了伊斯兰教。帕克蒂运动明确地告诉人们，所谓人人平等、虔诚博爱的思想其实并非伊斯兰教所独有，在印度教的古代经典中早就存在，人们不必为此而放弃自己的宗教。帕克蒂运动同时告诫印度教高种姓阶层不要进行种姓压迫和无意义的宗教礼拜，否则会有更多的人改宗伊斯兰教。因此，在帕克蒂运动开展以来，次大陆印度教徒改宗伊斯兰教的势头明显减弱。

3. 帕克蒂运动也为印度次大陆的封建统治者们起到了警示作用，无论是穆斯林宫廷还是印度教王国内，宗教歧视、种姓压迫较以往有所缓解，出现了像谢尔沙和阿克巴这样伟大的君王，他们致力于消除不同宗教之间的矛盾，施行仁政，更加关注百姓的福祉，为社会经济的发展和人类的文明进步发挥了重要的推动作用，使莫卧儿王朝时期成为印度封建社会历史上的黄金时代。

4. 有力地促进了地方文学的发展。由于帕克蒂运动的圣人们多是采用了通俗易懂的地方语言进行传教和创作，因此，他们的活动客观上促进了中世纪印度地方语言和文学的发展。格比尔用印地语、波斯语和乌尔都语等语言进行创作，其作品在印度教徒和穆斯林中都非常受欢迎，极大地推动了上述语言文学的发展。此外，这一时期比较兴盛的地方文学还有旁遮普文学、孟加拉文学、马拉提文学、泰米尔文学和泰卢固文学等。

5. 对婆罗门权威形成了挑战。帕克蒂运动宣传平等和博爱思想，反对种姓歧视和无意义的宗教仪式等，这些都极大地威胁到了婆罗门在印度教中的权威，客观上促进了社会向更加公平的方向发展。

学术界在北印度帕克蒂运动的评价方面一直存在着争议，许多学者认为帕克蒂运动是身陷困境的印度教的一种防御策略，是印度教为了摆脱被伊斯兰教同化、影响和威胁的一种有效方法。但是，却很少有证据能表明在中世纪印度教受到了伊斯兰教非常紧迫的威胁，即便是在德里及其周边地区，印度教徒在人口数量方面始终占据着绝对多数。[①]伊斯兰教所宣传的平等思想在实践层面对印度教徒产生的影响力也是极其有限，一部分印度教低种姓者在皈依伊斯兰教之后，他们的社会地位和经济状况并没有得到实质性的变化。因此，帕克蒂运动作为印度教在北印度发起的一场宗教自省和改革运动，它是对此前在南印度兴起的帕克蒂运动的继承和发展，是印度教发展过程中的客观需要。在中世纪的北印度，帕克蒂运动无疑受到了穆斯林政权的极大影响，但这并不一定就是帕克蒂运动兴起的主要原因。在这一时期，改宗的印度教徒毕竟是极少数，

---

① See Satish Chandra, ed., *Essays on Medieval Indian History*（萨迪西·金德尔主编：《印度中世纪史论文集》），New Delhi: Oxford Unversity Press, 2003, p. 300.

而且很多都并非出自自愿，对于绝大多数印度教徒来讲，穆斯林政权的建立对他们的生活没有产生特别明显的影响，因此他们不会轻易地背叛和放弃自己的宗教，正如同时代的历史学家尼扎姆丁所言："很多印度教徒都明白伊斯兰教是一个非常讲求真理的宗教，但他们都不愿意去接受它。这些印度教徒从内心排斥伊斯兰教，就如同嫌弃面粉里面的头发一样。"[1]

二、锡克教的创立

那纳克是帕克蒂运动时期著名的宗教大师，他出生于拉合尔附近一个刹帝利家庭，以消除宗教之间的隔阂和冲突为己任，主要在西北印度旁遮普一带活动。和格比尔一样，那纳克主张信奉唯一的神，反对宗教之间的歧视和迫害，他呼吁印度教徒与穆斯林放弃对立和仇视。那纳克的弟子不分种姓和宗教，其中既有印度教徒，也有穆斯林，那纳克本人就曾说过："阶级和种姓区分毫无意义，所有人生来都是平等的。"[2]那纳克的思想和这一时期其他宗教大师的思想没有太大差距。帕克蒂运动发展到了后期，随着形势的发展，许多口号和目标难以实现，尤其是在种姓平等和宗教团结方面，触犯了印度教婆罗门和穆斯林统治者的利益，受到了他们的阻挠和干扰。作为民间力量的虔诚派和苏非派，企图以和平的方式实现宗教团结和目标显得异常艰难。因此，帕克蒂运动后期，各个势力围绕不同的大师开始进行分化，尤其是在格比尔去世之后，这种分化更加明显和公开化，一部分弟子认为格比尔是穆斯林圣人，一部分则认为他是印度教大神的化身，双方争执不下，最终导致了分裂。这

---

[1] See Satish Chandra, ed., *Essays on Medieval Indian History*（萨迪西·金德尔主编：《印度中世纪史论文集》），New Delhi: Oxford Unversity Press, 2003, p. 300.

[2] V.D.Mahajan, *History of India from the Beginning to 1526 A.D.*（V. D. 莫哈贾：《从原初到1526年的印度史》），New Delhi: S. Chand Publishing, 1977, p.370.

第四章 印度教社会的自省

一时期，活动于西北印度的那纳克，也逐渐形成了其独立的教派组织。大约在15世纪末，那纳克创立了独立的宗教——锡克教。"锡克"一词来自梵文सीख，原来的意思是门徒、弟子。锡克教实行祖师制，那纳克是第一任祖师，后来发展到第十任祖师后就不再设祖师。锡克教非常重视自己的领袖，将他们尊称为古鲁，即大师或师尊。那纳克创立锡克教的时候，正值洛迪王朝统治时期，印度教的种姓制度非常严格，印度教徒与穆斯林的矛盾和冲突也由于社会的不安定显得异常尖锐，那纳克正是希望借以新的宗教，来弥合印度教徒与穆斯林之间的矛盾，减少不同宗教之间的鸿沟。锡克教在刚创立的时候，主张宗教间的和平相处，是一个非常温和的教派。但是到了第五代祖师阿尔珺（Arjun Dev）时，情况发生了变化。由于阿尔珺给反对穆斯林宫廷的势力提供了庇护，此事激怒了莫卧儿皇帝贾汗吉尔，认为是锡克教对宫廷不忠，因此下令逮捕了阿尔珺，并在狱中将其折磨致死。这一事件成了导致锡克教转型的重要因素，在阿尔珺之后，锡克教一改过去温和的教义，迅速发展成为强大的军事集团。所有的锡克教徒都佩带刀剑，平时接受军事训练，走上了同莫卧儿帝国完全对立的道路。第十任上师格宾德·辛哈（Govind Singh）在执政期间，对锡克教进行了比较彻底的改造。他废除了上师制，而从此以后以锡克教的圣典《阿底格兰特》（Adi Granth）为上师。同时，他要求信徒佩短剑、蓄长发、带发梳、戴钢镯、穿短裤，以示区别于其他教团。1699年，他创立了卡尔萨教派，并给每一位锡克教徒名字里加上了"辛格"一词，意为狮子。[①]每一位卡尔萨成员一律平等，他们被禁止吸烟、饮酒和进行偶像崇拜。格宾德·辛格将锡克教徒打造成了真正的手持宝剑的英勇战士。

锡克教是在帕克蒂运动过程中创立的，其宗教思想迎合了广大中下

---

① Abraham Eraly, *The Last Spring: Life in India's Last Golden Age*, p.336.

层穆斯林和印度教徒的需求，因此在短时间内吸收了大批信徒，成为一股重要的社会力量。早期的锡克教走的是一条比较温和的路线，试图以和平方式消除种姓压迫和宗教不平等，事实证明是走不通的。无论是穆斯林还是印度教徒，正统派势力为了维护其自得利益，都不会允许宗教间的这种融合持续下去，更不可能自觉自愿地放弃种姓压迫和基于利益之上的宗教冲突。锡克教到后来发展成为非常好战的军事集团，与统治阶级实施的不平等的宗教政策不无关系。正是由于穆斯林统治者的迫害和压迫，才使锡克教开始走向觉醒，他们最终确立了推翻莫卧儿王朝的统治、建立锡克人自己国家的宏伟目标。锡克教的产生和发展，也标志着印度人民的民族意识开始逐渐觉醒，他们确立的推翻封建政权的目标，反映了锡克教开始走向成熟。在莫卧儿王朝统治后期，锡克教作为一支独立的政治和军事力量，一直处于和穆斯林政权斗争的最前沿，尤其是在奥朗则布执政期间，同莫卧儿军队展开了长时间的多次交战，虽然这一时期的锡克教军队还不够强大，也曾被穆斯林军队多次击败，但坚强的锡克教徒并没有从此一蹶不振，他们以顽强的意志继续同穆斯林政权进行抗争，到莫卧儿王朝最终覆灭，锡克教依然没有被完全打败，他们作为一支独立的政治力量继续存在于印度次大陆，直至后来英国人占领旁遮普地区。

小　结

面对穆斯林咄咄逼人的政治攻势和宗教文化上的打压与歧视，以印度教徒为主的印度本土居民显然有些束手无策，无论是在穆斯林最初的大规模入侵还是后来长达600多年的政治统治过程中，我们都没有发现印度教社会爆发大规模的针对穆斯林和伊斯兰教的反抗活动，但这并不意味着基于宗教和文化方面的冲突并不尖锐。穆斯林对印度的早期入侵是极具暴力性的，无论是马茂德还是后来的穆罕默德，他们到达次大陆之后的第一件事情就是捣毁当地的印度教神庙，掠夺其中的金银珠宝，然后在神庙原址建造清真寺。在这一过程中有大量的印度教徒被杀，还有更多的人沦为奴隶或被充军或被变卖。北印度穆斯林政权建立之后，这种充满血腥和暴力的针对印度教徒的行为有所减少，但是在穆斯林统治者发动的诸多对外战争中，针对印度教徒的屠杀、迫害和对印度教神庙、神像的破坏活动却一直没有停止过。在穆斯林统治北印度期间，印度教徒与印度教文化一直处于被打压和被排挤的状态，但是在如此长的历史时段里，印度教社会针对外来民族和宗教的反抗斗争却是极其有限的——我们甚至在锡克教产生之前的历史中找不出任何专门以推翻穆斯林政权为斗争纲领的抗争案例，印度教社会以一种近乎逆来顺受的姿态度过了漫长的中世纪。

那么造成这种状况的原因究竟是什么？印度教徒为什么可以容忍一个外来民族和外来宗教长时期凌驾于印度本土居民和宗教之上呢？原因也许是多方面的，但极可能是因为在中世纪印度教徒中还尚未形成明确的民族和国家的概念，没有产生民族主义的意识，因此也就不可能提供明确的民族主义口号，也不可能诞生所谓的民族英雄带领人民反对外来入侵者。另一方面，这一时期的印度教国王和王公贵族们目光短浅，政治视野狭隘，只关注自己的既得利益，无法形成一个强大的统一的抵御外敌入侵的联盟。加之这些印度教王国武器落后、战术保守，在战争中各自为政，难以进行密切的配合等，最终导致了印度教军队的失败。印度次大陆长期的政治分裂导致了人们的思想很难得到统一，面对穆斯林的入侵，印度本土居民没有形成足够的合力，依然各自为政，最后只能被穆斯林军队各个击破。此外，以种姓制度为核心的印度教等级社会中，人们长期以来受因果轮回思想的影响，多安于现状，将生活中遭受的种种不幸归为宿命，将希望寄托于来生，这种悲观的宗教思想也在某种程度上影响了人们的行动，致使这一时期没有出现大规模的反抗活动。

从以上对北印度穆斯林政权建立前后印度教社会的整体心态的分析可以看出，在中世纪印度教社会始终处于一种保守的防御状态，在这一过程中，虽然也出现了小规模的与穆斯林军队和统治者的冲突，但这些冲突多数都是基于捍卫自身经济利益，而没有上升到民族和国家利益的高度。在穆斯林政权建立的过程中，北印度以拉其普特人为代表的印度教军队，同入侵者进行了多次针锋相对的斗争，但这些斗争都是印度教国王为了不失去自己的政治和经济上的优势地位而发动的，是针对任何危及自己利益的群体，而非特定的穆斯林。在穆斯林政权建立的过程中，也有大量的印度人参与到了穆斯林军队中去，这其中有些是战败的俘虏，属于被迫参战，但还有一部分印度教徒是主动参与进去的，甚至有一部分印度教国王也想借助穆斯林军队打击自己的对手，而暂时与穆斯林军队达成了某种妥协，这就是早期的印穆合作。在德里苏丹国和莫卧儿王朝时期，有少量的印度教徒在穆斯林宫廷当差，有的人还获得了较高的政治地位，而大量存在于地方行省和农村一级的印度教王公贵族、部落和村庄头人、各级收税官等，他们则充当穆斯林统治者与广大普通民众之间的中间人角色，慢慢地成为穆斯林统治者的附庸和封建地主阶级的一部分。所以在整个中世纪，印度教徒与穆斯林之间既有规模有限的正面军事冲突，也有基于经济利益之上的"机会主义的合作"。

在穆斯林统治北印度期间，面对伊斯兰教文化的冲击和影响，印度教社会也在不断进行反思和自省。首先是中世纪早期发端于南印度的帕克蒂运动在这一时期在北印度重新兴盛起来。帕克蒂运动以加强对神的虔诚和爱为主要口号，对印度教传统的教义进行了发展和升华，使其更趋成熟和完备。帕克蒂运动在一定程度上遏制了印度教徒不断改宗的势头，以完善自身的方式提升了对信徒的吸引力，客观上对伊斯兰教的侵入进行了一定的回击。其次，在帕克蒂运动的后期，著名的印度教圣贤那纳克创立了锡克教，锡克教从本质上讲是印度教与伊斯兰教冲突与融合的产物，它源自印度教，却吸收了大量伊斯兰教苏非圣人们的思想，那纳克大师创立锡克教的目的就是要消除印度教与伊斯兰教之间的矛盾冲突，在次大陆实现宗教平等和共存共荣。但是由于穆斯林统治者对非穆斯林采取了带有歧视性的宗教政策，从第六代祖师开始，锡克教开始走上了与穆斯林宫廷抗衡的道路，至第十代尊师格宾德·辛哈执政时期，锡克教第一次明确提出了推翻穆斯林政权、建立锡克人国家的政治口号，这也标志着印度教社会民族意识的初步觉醒。

第五章　印度教文化与伊斯兰文化的相互融合

　　文化的冲突和融合是印度中世纪史最重要的特征之一。从穆斯林首次进入次大陆至英国人正式实施殖民统治之前，在约 1000 年的时间里，穆斯林作为外来民族，凭借其军事实力在次大陆取得了政治上的统治地位之后，在社会文化各个方面同印度原有的本土居民开始了接触。由于伊斯兰教与印度教之间存在的巨大差异，这种接触中不可避免地出现了诸多的冲突，统治阶级要维护自身的权威，既得利益者不想放弃自己的利益，而处于夹层之中的广大中下层民众，面对宗教压迫和政治压迫，显得无能为力。冲突似乎成为印度中世纪史的主题，然而却并非唯一，冲突导致了对彼此更深入的了解，冲突促成了交融。在穆斯林统治北印度的 600 多年间，印度社会从政治、经济、文化各个层面都发生了巨大的变化，原有的印度教社会的统治秩序、社会文化习俗等都不可避免地受到了伊斯兰教的深远影响。在长期的冲突与融合中，伊斯兰文化也汲取了印度教文化中的精华部分，不断地发展完善，形成了独具特色的印度伊斯兰文化。不同宗教之间的冲突促进了文化的融合，这种融合却极大地推动着人类社会向着更加文明、进步的方向发展。中世纪的印度在经过近千年的文化冲突和融合之后，产生了两个明显的结果：一是穆斯林摆脱了外来入侵者的身份标签，成为次大陆的主人，成为印度民族大家庭重要的一员；二是印度教文化与伊斯兰文化在相互碰撞之后，都没有能够完全吸收同化对方，印度社会由单一的印度教文化时代发展到了包括印度教文化、伊斯兰教文化在内的多元文化时代。

第一节　政治生活中相互依存

一、德里苏丹国时期

13世纪初，北印度穆斯林政权建立，由于统治者以伊斯兰教法为立国之本，因此，德里苏丹国建立之后，统治者都将巩固政权、扩张领土、发展信徒、传播伊斯兰教作为主要任务。在德里苏丹国政权建立初期，穆斯林与非穆斯林的斗争非常激烈，甚至达到了水火不容的地步。占据统治地位的穆斯林，凭借手中掌握的国家政权和军队，强迫大量非穆斯林皈依伊斯兰教，不愿改宗者就有可能被迫害致死。尽管这一时期两种不同宗教文化之间的斗争非常激烈，然而，一心想将印度次大陆伊斯兰化的穆斯林却无法将非穆斯林赶尽杀绝，事实上，也根本无法做到这一点。一方面，由于印度次大陆幅员辽阔，初来乍到的穆斯林力量还不够强大，他们不具备征服整个次大陆的实力，虽然他们一直在做这样的努力；另一方面，从人口的角度来看，即便有一部分低种姓的印度教徒出于逃避印度教种姓制度的压迫或受穆斯林的胁迫皈依了伊斯兰教，但从人口总数上来看，穆斯林仍然占极少数，而印度教徒在人数上占有绝对优势，因此要想将整个印度次大陆伊斯兰化几乎不可能。正是基于以上两个方面的原因，在德里苏丹国时期，穆斯林和以印度教徒为主的非穆斯林作为对立的双方存在于次大陆，然而这种对立却并非是绝对的，二者之间同样存在着合作。

早在古尔的穆罕默德进攻北印度的时候，就有一部分印度教徒加入穆罕默德的军队中，协助他们攻打印度教国王的军队。由于这一时期印度人并不认为穆斯林是外来者，只把他们当作次大陆的又一股政治力量，因此，我们不能将这种现象上升到民族国家的高度去看待，更不能将这些加入入侵者队伍中的印度人说成是叛国者。事实上，加入穆罕默德军队的印度人主要来自两个方面：一是战败被俘的印度教兵士。穆斯林军队攻打北印度的过程中，许多战败的印度教兵士被俘后被充实到穆斯林军队之中，而剩下的则当作奴隶被贩卖到伊斯兰世界。加入穆斯林军队的这部分人在很大程度上有被迫的成分。二是一部分印度教徒在印度教王国受到了迫害，出于报复或指望借助穆斯林势力打击自己的竞争对手而加入了穆斯林军队。这部分人在人数上占少数，且具有积极主动的成分。除了上述两方面的原因，我们不排除极少数印度教徒出于经济目的，为了养家糊口而加入穆斯林军队作战。因为按照伊斯兰教法的规定，穆斯林军队在战争中所得财物的 4/5 都应该在各级将领和兵士中分发，其待遇明显好于印度教王国的军队。在德里苏丹国统治北印度的 300 多年间，印度教徒作为穆斯林军队重要的组成部分，替穆斯林统治者攻打印度教王国军队的例子不胜枚举。穆斯林当权者依靠这些印度教士兵，征服了次大陆的大片领土，平息了一场又一场的叛乱，巩固和发展了穆斯林政权。

除了军事方面的合作之外，这一时期穆斯林与印度教徒的依存关系还体现在社会治理方面。由于穆斯林政权的权力中心多位于德里和阿格拉这样的大城市中，其影响力很少能到达广大农村地区，而在中世纪印度，绝大多数印度教徒都生活在农村地区，以从事农业生产为主。因此，穆斯林统治者与广大印度教农民之间就出现了断层，这个断层一方面阻断了作为封建政权主要经济来源的税收自下而上流动的途径，另一方面也导致了穆斯林权力中心的法令难以到达最底层的民众面前。因此，统治阶级不得不依赖一部分印度教徒作为中间人，替穆斯林统治者完成征税工作和管理农村事务。当然，这些作为中间人的印度教徒，他们一方面可以从穆斯林宫廷得到一部分经济利益和特权，另一方面又通过压榨剥削下层劳动人民获得一定的收益。这里所说的中间人分为两种：一种是由穆斯林宫廷委派的征税人，他们一般都是印度教徒，而且多数是村庄或部落的头人，熟悉印度农村的情况，因而工作起来效率更高；二是那些臣服于穆斯林政权的印度教国王或王公贵族，他们虽然在军事和政治上遭受了失败，但为了维护自身利益，他们不得不屈从于穆斯林宫廷，因为统治阶级答应如果他们能按时缴纳一定数额的贡赋就可以保留其职位。不管是穆斯林宫廷委任的收税官还是印度教国王和贵族，他们实际上都充当了穆斯林政权在农村地区的代理人，只不过印度教国王的权力更大一些，他们除了征税之外，还有行政管辖的权力，他们中的有些人甚至还承担着战时为穆斯林统治者提供军队的义务。随着时间的推移，这些为穆斯林政权服务的印度教徒的社会地位也发生了一些变化，尤其是在农村地区的征税人，他们慢慢地掌握了一部分土地，成为封建地主阶级，而那些臣服于宫廷的印度教国王则成为实力雄厚的封建主。这就是早期的柴明达尔制度，即穆斯林统治时期，在印度教社会实行的主要的土地分配制度。

二、莫卧儿王朝时期

如果说德里苏丹国时期统治阶级与印度教徒之间的相互依存关系还多数是基于被迫和不得已，那么到了莫卧儿王朝时期，这一关系则变成穆斯林统治阶级的自觉自愿行为。巴布尔建立莫卧儿帝国之后，就非常重视从德里苏丹国的历史中汲取经验教训，而第二任帝王胡马雍，则直接提出要建立一个穆斯林与印度教徒共存的封建帝国，这不能不说是统治阶级思想上的巨大进步。德里苏丹国时期，穆斯林统治者与广大非穆斯林进行了长达300多年的斗争，付出了巨大的人力、财力代价，最后却以失败亡国而告终，在这期间，统治者疲于应付各种危机和社会矛盾，战争不断，社会发展进步缓慢。胡马雍清醒地认识到了这一点，因此才提出了上述治国理念。但由于皇帝自身能力有限，加之来自阿富汗势力的侵扰，他在位期间未能有大的成就。真正将这一理念落到实处的是他的继任者、莫卧儿王朝时期最伟大的帝王阿克巴，阿克巴是历史上第一个对印度次大陆政治形势和历史发展趋势做出精准判断的帝王，他认为穆斯林要想使其政权长久稳固下去，就必须团结印度次大陆各个社会群体，就离不开各个宗教团体的支持，尤其是作为印度教社会军事首领的拉其普特人。历史证明，过去在次大陆试图实现伊斯兰化的策略是个巨大的错误，阿克巴认为强大的莫卧儿帝国应该允许不同民族和宗教共存于印度次大陆。正是由于阿克巴是位非常有远见的君王和政治家，他实行了一系列有利于宗教平等和社会进步的政策，使莫卧儿帝国成为中世纪历史上最强大最富有的国家。

（一）阿克巴的宗教改革

和德里苏丹国一样，莫卧儿王朝时期，掌控国家政权的同样是穆斯林，但形势却有了明显的不同。德里苏丹政权完全以伊斯兰教法为立国之本，所有行政、经济和司法制度等都是基于伊斯兰教法，因而是典型的政教合一的政权。而到了莫卧儿王朝时期，统治者普遍给王权赋予了比宗教更高的地位。在《阿克巴则例》中，宫廷史学家阿布尔·法兹尔这样写道："在真主的眼中，没有比王权更为崇高的东西。"[①]阿克巴将宗教与政治进行了部分剥离，建立了半世俗化的封建政权。这样做的好处在于莫卧儿的帝王们可以不受伊斯兰教法、乌里玛和伊斯兰权力中心的限制和干扰，有利于破除宗教陈规，为创立新制开辟道路。

关于阿克巴进行宗教改革的动因，历史学家认为主要有以下几个方

---

① Abul Fazl, *Ain-I-Akbari*（阿布勒·法兹勒：《阿克巴本纪》）, trans. by Blockmann et al. vol.1, Calcutta, 1939, pp.2-3.

面的因素：一是阿克巴受到了苏非派学者的影响，他们宣传的宗教平等思想深受阿克巴的认同，加之阿克巴的母亲是一位波斯学者的女儿，早年就在阿克巴的心灵上播下了宗教宽容的种子；二是阿克巴早年深切体会到了宗教歧视的危害，使他非常向往宗教自由；三是阿克巴迎娶了拉其普特妻子，在与印度教的接触中，他感觉到了宗教和谐的可贵。基于上述各个方面的原因，阿克巴决定发展一种新的宗教，将印度次大陆各个宗教都能综合起来，使其成为一个和谐的整体。阿克巴修建了礼拜堂，将各个宗教的人士召集在一起，听他们讨论神学和哲学问题。由于对伊斯兰神学家的解释不满意，阿克巴于是开始着手建立一种新的宗教，取名为丁·伊·伊拉赫（Din-i-Ilahi），意为"神圣的信仰"。阿克巴不想将他的宗教强加于人，也没有借助武力或国家政权要求人们改宗，只希望它能引起人们的共鸣。但是由于受到了正统派势力的抵制，阿克巴创立的宗教在其去世后不久就消亡了。

　　除了创立新教外，阿克巴还极力推行宗教平等和宗教宽容政策。他呼吁平等地对待次大陆的各种宗教，减少歧视和迫害。阿克巴废除了针对非穆斯林的人头税和香客税等宗教杂税，在穆斯林宫廷中为一些印度教徒赐予很高的官阶，吸引非穆斯林在宫廷、军队中为穆斯林政权服务。所有这些措施的实施，都极大地改善了广大非穆斯林的艰难处境，照顾了他们的宗教情感，有利于穆斯林政权的稳固和社会的和谐进步。

　　作为印度中世纪历史上最有远见的帝王，阿克巴充分认识到了宗教和谐对穆斯林政权和普通民众的重要性，他注重从历史中汲取经验教训，将宗教与政权分离，建立了半世俗化的政权，在印度历史上具有重大的进步意义。他通过进行宗教改革，试图使次大陆各个宗教和谐相处、成为一个整体的做法，客观上缓解了穆斯林与非穆斯林之间的矛盾和冲突，有利于社会稳定。尽管阿克巴自己创立的宗教没有达到他最初的预期，但是对广大非穆斯林，尤其是印度教徒实施的宗教宽容政策，为他赢得了广泛的信任和支持。拉其普特人、锡克教徒等在这一时期成为帝国忠诚的盟友和坚强的后盾，正是依靠印度次大陆各个社会集团的力量，阿克巴才在其执政期间，使莫卧儿帝国发展成为中世纪历史上最强大的国家，同时将印度封建经济推向了顶峰。

（二）拉其普特政策

拉其普特是中世纪早期崛起于印度西北部的政治势力，他们信奉印度教，崇尚武力，英勇善战。穆斯林政权建立之前，北印度的绝大多数土地曾经都处在拉其普特族群的统治之下。穆斯林入侵北印度的过程中，拉其普特人是穆斯林在次大陆最强有力的对手，也是抗击穆斯林入侵者的主要军事力量。但由于没有形成统一的军事联盟，拉其普特人最终还是让位于穆斯林，使北印度绝大多数的土地都处在了穆斯林的控制之下。即便如此，在整个德里苏丹国时期，拉其普特族群与穆斯林之间的斗争似乎从来没有停止过，苏丹们发动的一场又一场的战争，尽管多次摧毁了拉其普特人的田园，攻占了拉其普特人的城堡，但并没有完全消灭这个勇敢的民族。拉其普特人凭借坚强的意志，不断从穆斯林军队手中夺回自己的土地，建立了拉其普特人自己的政权。到了莫卧儿王朝时期，统治阶级看到了拉其普特人不断壮大的政治和军事实力，认识到战争无法解除拉其普特人对穆斯林政权的威胁，高压政策只能激起更强烈的仇恨，因而开始对其采取怀柔政策。

1. 阿克巴的拉其普特政策

阿克巴是第一个意识到没有拉其普特人的合作与支持穆斯林政权就无法保持长治久安的穆斯林君王，因此他决定利用拉其普特人的势力强化穆斯林政权的军事和政治实力。拉其普特人曾经是穆斯林宫廷最强有力的对手，阿克巴的政策就是化敌为友，为我所用，他对拉其普特人采取了安抚政策。阿克巴认识到要想长久维持统治，就要争取到社会各个阶层的支持，而拉其普特族群天生英勇善战，在过去同穆斯林政权进行过长时间的对抗和冲突，要想战胜拉其普特人绝非易事，唯有将其拉到自己的阵营才最有利于维护莫卧儿帝国的利益。为此，他迎娶了拉其普特王公拉贾·比哈利·莫尔的女儿，并任命王公及他的儿子为宫廷的高级军事将领。同时，阿克巴的长子也娶了斋普尔拉其普特王公的一位公主。阿克巴通过上述联姻，加强了拉其普特与莫卧儿帝国的联系，通过给一部分拉其普特王公委以官阶和特权，换取到了他们对宫廷的忠诚。

阿克巴是一位伟大的政治家，他放弃了自德里苏丹国时期开始的对拉其普特人的歧视和高压政策，转而用一种相对宽松的包容的政策以赢得各个宗教和社会团体的支持。因此他改变了宫廷对印度教徒的态度，尤其是像拉其普特这样拥有强大军事力量的印度教势力，阿克巴认为必须通过怀柔政策来减少冲突，让其为帝国服务。当然，在策略上阿克巴有时也会借助武力先进行征服，在对方战败的情况下再伸出橄榄枝，不是对他们进行屠杀而是通过主动示好赢取拉其普特人的信任。作为莫卧儿帝国的皇帝，阿克巴自然不会容忍拉其普特人独立存在，因此他的拉其普特政策从本质上讲就是"先征服再怀柔"[1]。

促使阿克巴改变对拉其普特人政策的原因很多，但主要的有以下几个方面：一是阿克巴是一位富有远见的政治家，他意识到要想使穆斯林政权长久稳固下去，就必须赢得次大陆人口占绝大多数的印度教徒尤其是拉其普特人的支持；二是阿克巴发现他身边的官员和各行省的封建贵族并不是十分可靠，他们通常骄横而傲慢，对宫廷的忠诚度不够，阿克巴想维护其统治地位，就不能完全依靠和指望这些人的支持和合作；三

---

[1] K. R. Gupta, D. S. Paul, Meenakshi Taheem, Manpreet Kaur, *Medieval India*, p.219.

是在印度次大陆的很多地方阿富汗人的势力依然非常强大，为了对抗他们，阿克巴必须要赢得更多忠实盟友的支持；四是他意识到在印度次大陆，离开了拉其普特人的支持和合作，任何一个国王都不可能建立一个政治层面高度统一的国家。拉其普特王公曼·辛格在被吸引到穆斯林统治者的麾下之后，被委派去管理与阿富汗接壤的边境地区，在那里他不仅粉碎了阿富汗人的叛乱，而且使其成为莫卧儿帝国的一个行省，这一点"连后来的英国人甚至都没法做到"[1]。

阿克巴对印度教徒和拉其普特人采取的政策主要有：

（1）实行宗教平等政策。德里苏丹国时期，一些苏丹对伊斯兰教有着难以言状的宗教狂热，因此，他们对印度教徒充满了仇视和敌意，对印度教徒进行了无情的迫害。在整个德里苏丹国时期，印度教徒始终站在统治阶级的对立面，是苏丹们奴役、征服和压迫的对象，因此在这一时期，穆斯林政权不可能从印度教徒那里获得任何支持。到了阿克巴执政时期，阿克巴大帝彻底改变了这一状况，他实行平等的宗教政策，做任何事情的时候都会顾及印度教徒的感受，同时在穆斯林宫廷中，把过去由穆斯林贵族担任的一些重要职位交给印度教王公。这些措施使印度教徒，包括拉其普特人对穆斯林政权充满了信任，同时也赢得了他们对宫廷的忠诚。

（2）联姻。阿克巴通过联姻进一步加强了同拉其普特人的友谊。1562年他迎娶了拉贾·哈比尔·莫尔王公的长女，阿克巴长子萨利姆，即后来的王位继承人贾汗吉尔就是他与这位拉其普特公主所生。1570年间，他又娶了另外两位拉其普特公主。1585年，萨利姆同样娶了一位拉其普特公主为妻。通过这一系列的联姻，阿克巴加强了穆斯林宫廷同拉其普特人的关系，使其成为帝国坚强的后盾。

---

[1] K. R. Gupta, D. S. Paul, Meenakshi Taheem, Manpreet Kaur, *Medieval India*, p.220.

（3）加封高官。阿克巴为拉其普特人加官晋爵，赐予了他们很高的政治地位。在莫卧儿的军队中，大约有一半士兵是印度教徒。阿克巴任命拉贾·帕克旺·达斯和拉贾·曼·辛格担任高级军事职务，拉贾·托达·莫尔及其他许多拉其普特王公在穆斯林宫廷中当差。阿克巴将和他有婚姻关系的拉其普特人视为皇族，赐予了他们很高的政治地位。

（4）对不愿意臣服的拉其普特王公进行武力征服。尽管阿克巴施行了相对宽容的宗教政策，但仍有一部分拉其普特人不为所动，不愿意臣服于莫卧儿帝国。梅瓦尔的拉那·普尔塔布·辛格（Rana Pratap Singh）拒绝了阿克巴的联姻要求，被视作是对莫卧儿宫廷权威的挑战，阿克巴发动了针对辛格的战争占领了梅瓦尔。

（5）推行宗教宽容政策。阿克巴对拉其普特人和印度教徒实行相对自由的宗教政策，他允许拉其普特人新建神庙或修缮已有的庙宇，允许他们自由地去庆祝自己的宗教节日和进行偶像崇拜。阿克巴有时还会饶有兴趣地参加印度教徒的一些节日庆祝活动。在执政期间，阿克巴停止了破坏印度教神庙和捣毁印度教神像的做法。为了取悦印度教徒，"在一些特定的日子，阿克巴也会下令禁止屠杀动物，特别是被印度教徒视为神灵的牛"[①]。

（6）取消了人头税、香客税等一系列具有歧视性的宗教杂税。德里苏丹国时期统治者向印度教徒征收许多带有歧视性的宗教杂税，极大地伤害了印度教徒的宗教情感。阿克巴废除了这些只有非穆斯林才上缴的宗教税种，在一定程度上缓解了非穆斯林对穆斯林宫廷的敌视情绪。

（7）推行社会改革。印度教社会存在许多陋习，人们深受其苦。阿克巴着力革除这些陋习，他颁布法令禁止童婚和妇女进行"萨帝"（即丈夫死后自焚），鼓励寡妇再嫁。阿克巴同时还筹措资金积极支持对穆

---

① K. R. Gupta, D. S. Paul, Meenakshi Taheem, Manpreet Kaur, *Medieval India*, p.221.

斯林和印度教徒都有好处的社会福利事业。

正是由于向拉其普特人实行了以上友好政策，在一定程度上实现了宗教平等和宗教和谐，阿克巴被称作印度中世纪史上最伟大的君王。他的这一举动不仅为自己赢得了声誉，获得了更加广泛的支持，同时对整个莫卧儿帝国和印度人民带来了福祉。其政策产生的社会效果主要有：

（1）德里苏丹国时期同穆斯林政权对抗长达300多年的拉其普特人，成为莫卧儿帝国强有力的支持者，他们为穆斯林政权的巩固立下了汗马功劳，尤其像曼·辛格这样优秀而又忠诚的拉其普特王公，不仅粉碎了阿富汗人的叛乱，还将其变为帝国的一个行省，这是很多人想做也做不到的事。

（2）拉其普特人的忠诚和英勇善战成就了阿克巴，使他有能力击败所有的对手，打造了一个中世纪印度历史上最伟大、最富有和最强盛的封建帝国。

（3）拉其普特人作为次大陆非穆斯林的政治领袖，替莫卧儿宫廷安抚了人口占绝对多数的印度教徒，使他们很快忘却了历史上曾遭受过的不平等待遇，不再与穆斯林政权作对，从而维护了阿克巴大帝的统治。

（4）拉其普特人为莫卧儿帝国文化艺术发展做出了巨大的贡献，尤其是在绘画和建筑艺术方面，推动了莫卧儿帝国艺术的繁荣。

（5）拉其普特人与莫卧儿王朝的合作，极大地促进了社会经济的发展，人民的生活得到了有效改善。

（6）绝大多数拉其普特王公都是文学和艺术的爱好者，因此，他们参与国家政权之后，极大地推动了印度教文化在穆斯林世界的传播，同时，也加速了印度教文化与伊斯兰文化的相互融合。一种全新的印度文化，既包括伊斯兰文化，也包括印度教文化，在次大陆开始形成，穆斯林摆脱外来入侵者的身份标签，成为次大陆民族大家庭中一员的意识在民众中逐渐形成。

2. 奥朗则布的拉其普特政策

依靠拉其普特人的支持和帮助，阿克巴奠定了莫卧儿帝国的基石，使其成为印度中世纪历史上最富有最强大的国家。但是这一政策到了奥朗则布执政时期，却发生了很大的变化，由于奥朗则布目光狭隘，思想偏激固执，不能看清楚历史发展的潮流和趋势，因此倒行逆施，实施了一系列不利于宗教和谐的反动政策，使曾经作为莫卧儿帝国坚强后盾的拉其普特人，再次站到了莫卧儿帝国的对立面。

奥朗则布是一位非常虔信的穆斯林，他以保卫伊斯兰教为己任，因此他无法容忍作为异教徒的拉其普特人与穆斯林享受对等的权利。奥朗则布免去了宫廷中印度教徒的官职，1679年起在非穆斯林中再次开征前朝已经废除了的人头税，此举在印度教社会引起了极大反感。此外，他还不顾印度教徒的反对，禁止在灯节、洒红节等印度教传统节日进行庆祝活动，他甚至还禁止印度教徒过奢华的生活、穿华丽的衣服和骑马坐轿。①奥朗则布下令捣毁了许多印度教寺庙，并在其原址修建了清真寺。所有这些举动，都深深地伤害了广大印度教徒的宗教情感。奥朗则布一心想将次大陆伊斯兰化，为此他不惜恩将仇报，甚至企图将曾经为莫卧儿帝国立下汗马功劳、最后战死疆场的拉其普特王公拉贾·杰斯瓦特·辛格的儿女打入牢狱。②奥朗则布的倒行逆施，使其付出了惨重的代价，失去拉其普特人支持的莫卧儿帝国，很快走向了灭亡。奥朗则布执政期间，对拉其普特人发动了两场主要的战争：

（1）对马尔瓦尔（Marwar）发动战争。马尔瓦尔是印度西北部一

---

① शिवकुमार गुप्त, सम्पादक, मध्यकालीन भारत का इतिहास (1656—1761ई．) (希乌古马尔·库布德主编：《中世纪印度史(1656—1761)》), जयपुर: पंचशील प्रकाशन, 1999, पृ.43.

② See K. R. Gupta, D. S. Paul, Meenakshi Taheem, Manpreet Kaur, *Medieval India*, p.278.

个非常强大的印度教王国,由于奥朗则布怀疑其国王拉贾·杰斯瓦特对宫廷不忠,加之马尔瓦尔控制着一条由德里到达印度西部一些富庶城市的商业和军事通道,地理位置非常重要,因此奥朗则布一直想伺机占领马尔瓦尔。1678年杰斯瓦特战死于阿富汗,奥朗则布一听到消息就立即派穆斯林官员接管了马尔瓦尔。但是拉其普特人却要求宫廷承认杰斯瓦特的儿子为王国继承人,奥朗则布显然不会答应这一要求,他准备将杰斯瓦特的儿子囚禁在德里,但却被拉其普特人营救出了德里。因此,奥朗则布调集军队开始对马尔瓦尔进行全面征讨,穆斯林军队占领了乌代普尔,摧毁了800多座印度教神庙,取得了军事上的胜利。但是,奥朗则布发动的对马尔瓦尔的战争,却激发了拉其普特人的民族意识,他们认识到只有联合起来一致对外才能抵御穆斯林的入侵,因此,从这一时期起,拉其普特人反抗莫卧儿帝国的战争便具有民族战争的性质。

（2）对梅瓦尔（Mewar）的战争。由于梅瓦尔的国王拉杰·辛格拒绝上缴人头税,同时由于为马尔瓦尔的叛军提供了庇护,因此,奥朗则布决定征服梅瓦尔。事实上拉杰·辛格非常清楚,马尔瓦尔失守之后,梅瓦尔势必会成为莫卧儿军队的下一个目标。由于奥朗则布对阿克巴王子不满,将其从奇提调往梅瓦尔,引发了阿克巴王子的叛乱。拉其普特人充分利用了这一点,以承诺帮助阿克巴王子从其父奥朗则布手中夺回王权为条件,向阿克巴王子提供了一支约7万人的精锐军队。战争开始之前,奥朗则布巧妙地用计谋离间了拉其普特联盟,使其并没有全力以赴地支持阿克巴王子。拉杰·辛格为了保存实力主动让出首都,率领部下退守山区,奥朗则布虽然很轻松地占领了梅瓦尔,但穆斯林军队却不得不与拉其普特人在此进行长时间的游击战争。

奥朗则布对拉其普特人发动的战争,给莫卧儿帝国带来了巨大的灾难。战争耗费了帝国大量的人力、物力和财力,但却并没有取得预期的效果。更为严重的是，奥朗则布针对拉其普特人的战争，将本来作为穆斯林政权坚强军事盟友的拉其普特人推向了帝国的对立面，使他们开始联合起来共同对抗穆斯林政权。失去了拉其普特人，也就失去了莫卧儿军队中最精锐和最忠诚的部分，这使得奥朗则布在对德干和对阿富汗人的战争中显得力不从心，这对皇帝而言是极不明智的做法，他为此付出了沉重的代价。

对比阿克巴时期和奥朗则布时期的对拉其普特政策，二者之间有着明显的不同，也产生了截然不同的两种结果。阿克巴是一位非常有远见的伟大的政治家，他很快意识到了要想维持穆斯林政权的长治久安，就离不开作为印度教徒军事首领的拉其普特人的支持。因此，他赋予了拉其普特人对等的政治权力，并通过联姻加强了与他们的联系，他废除了针对非穆斯林的宗教杂税，并致力于革除印度教社会的各种弊病。他尽一切努力去争取拉其普特人的忠诚和支持。正是有了拉其普特人的支持，才奠定了莫卧儿帝国的政治根基，使其成为中世纪历史上最伟大、最富有和强大的国家。而奥朗则布的拉其普特政策与阿克巴的政策完全相反，他是一名非常虔诚的逊尼派穆斯林，因此他以维护伊斯兰教权威和扩大伊斯兰教影响力为主要任务。奥朗则布借助封建政权开始对非穆斯林进行打压和迫害，他禁止印度教徒新建神庙和修缮损坏的庙宇，同时命令各省总督在各自的领地内捣毁印度教神庙并在原址修建清真寺。奥朗则布还重新向非穆斯林征收人头税和香客税等带有歧视性的宗教杂税，穆斯林宫廷面向印度教徒的大门也被他关闭了，很多印度教官员都被清除出了穆斯林权力集团。奥朗则布想尽一切办法使印度次大陆伊斯兰化，最终却激起了广大印度教徒的极力反抗，将帝国带向了灭亡。

第二节 社会生活中相互影响

一、穆斯林种姓制度的形成

伊斯兰教宣传人人平等，反对剥削和压迫，因此，将伊斯兰教与等级划分极为严格的种姓制度联系在一起，注定是个伪命题。但是，如果放在中世纪印度次大陆的语境下来看，印度穆斯林种姓制度却是一个真实的客观存在。尽管有一部分穆斯林学者反对这样的提法，认为种姓制度与穆斯林社会所秉持的平等思想完全对立，甚至不愿意承认穆斯林社会存在阶级分化，但中世纪印度历史却向人们真实地反映了穆斯林团体中这种基于出身和职业的社会分层现象的存在。在穆斯林统治北印度期间，穆斯林社会被分为了界限明晰的两部分，一类被称作阿什拉夫（Ashraf，意为高贵的）的穆斯林，他们的祖辈多来自中亚伊斯兰世界，属于穆斯林团体中的嫡亲派，而另一类是印度次大陆新皈依伊斯兰教的穆斯林，被称作阿吉拉夫（Ajraf，意为低劣的）和阿贾尔（Arzar），他们的祖辈多是印度教徒，属于新穆斯林。统治阶级虽然宣传平等思想，但在实际的权力分配过程中，那些来自中亚的穆斯林及其后裔往往享受着更大的特权，是真正的穆斯林贵族，而新皈依的穆斯林，社会地位明显不及前者，甚至很多教徒改宗之后，社会地位没有明显的变化，如曾经被排除在印度教种姓之外的不可接触者，改宗后成了阿贾尔，他们依然从事着清道夫的工作，仍然处于社会的最底层。[①]

印度穆斯林种姓制度的产生，有着复杂的历史背景。1206年德里苏丹国建立之后，穆斯林统治者开始借助国家政权，向次大陆的非穆斯林

---

① 参见蔡晶：《印度穆斯林种姓的源起》，《北方民族大学学报》，2012年第2期，第96页。

不断施加压力,迫使他们改宗。按照伊斯兰教法的规定,维护伊斯兰教的权威,扩大伊斯兰教的领地是每一位苏丹义不容辞的宗教义务,因此,在政教合一的德里苏丹国初期,统治者通过武力胁迫、物质诱惑等多种方式,将很多印度教徒,尤其是印度教低种姓者吸收到了穆斯林团体中来,在德里苏丹国时期这种改宗的现象非常普遍。这一时期的改宗者主要来自两个方面:一是战争中被俘的印度教兵士,他们唯有改信伊斯兰教,才可能幸免一死,因此很多人被迫改宗后被充实到了穆斯林的军队中或作为奴隶被贩卖到了伊斯兰世界各地。二是印度教低种姓者。这主要是因为进入中世纪之后,印度教种姓等级制度更加严格,处于社会底层的低种姓群体不堪忍受高种姓的压迫和剥削,而穆斯林所宣传的平等思想对他们有一定的吸引力,因此这些低种姓者试图通过改宗来改善其自身的政治和经济处境。

大量印度教徒皈依伊斯兰教,是印度穆斯林社会出现种姓等级制度最直接也是最主要的原因。由于这些新改宗的穆斯林,他们无法摆脱印度教社会长期以来形成的一些风俗习惯,也不可能完全不受印度教生活方式和传统观念的影响,事实上,很多改宗了的穆斯林,他们虽然皈依了伊斯兰教,但是他们的生活方式却依然保留着印度教的传统生活方式,依然会参加印度教的一些节庆活动,依然会受到印度教种姓等级观念和饮食、婚姻观念的影响。正如印度学者登齐尔·伊比森(Denzil Ibbetson)所言,"实际上,在早期的旁遮普,改宗伊斯兰教对于改宗者的种姓没有任何影响。他的社会习俗没有改变,婚姻规则没有改变,世袭原则也没有改变。唯一不同的是,作为穆斯林,他剪掉了头发,只保留胡茬,在清真寺里诵读先知穆罕默德的信条,并且把穆斯林的身份与印度教的婚姻仪式融为一体"[1]。因此,在新穆斯林内部,种姓制度是客观存在的,

---

[1] Denzil Ibbetson, *Punjab Castes*(登齐尔·伊比森:《旁遮普种姓》), Lahore: Government Printing Press, 1916, p.14.

人们依然会按照自己出身和从事职业的不同，分化成不同的阶层和社会群体，而这些阶层和社会群体之间，多实行内婚制，缺乏流动性，很少有人能够打破这种观念的制约。

对于穆斯林统治阶级来讲，种姓制也在一定程度上迎合了他们的政治需求。穆斯林政权建立之后，那些从中亚到达次大陆的突厥人、卡尔吉人和阿富汗人等成了封建贵族，他们在宫廷中享受着政治胜利的果实，属于特权阶级。而那些新近皈依伊斯兰教的穆斯林，他们曾经站在这些封建贵族的对立面或曾经是这些贵族们剥削和压迫的对象（如穆斯林军队中的普通兵士），因此作为特权阶级的原有的穆斯林，不可能与这些新穆斯林真正分享权力，也不可能完全平等地对待他们。统治者会借用这些新穆斯林自身携带的身份和等级标签（种姓）对其进行划分，赋予他们不同的工作和职位。在德里苏丹国时期，宫廷大权和重要职位基本上被原有的穆斯林贵族所垄断，新穆斯林被严重地边缘化了。即便在极力宣传宗教平等思想的莫卧儿王朝时期，这些从印度教改宗而来的穆斯林，依然无法得到真正公正的待遇，和那些有着纯正穆斯林血统的莫卧儿人相比，他们的社会地位、经济状况更是有着天壤之别。

中世纪印度穆斯林种姓制度内部，穆斯林根据出身不同，分为阿什拉夫（高贵的）和阿吉拉夫（劣等的）两个阶层，前者指外来的穆斯林，后者指次大陆新皈依的穆斯林。而对于那些外来的穆斯林，即阿什拉夫，根据其家族血统不同，又分为了赛义德、谢赫、帕坦和莫卧儿，这是构成印度次大陆穆斯林贵族阶层的主体。新皈依的穆斯林，即阿吉拉夫，则完全按照印度教种姓制度的原则，依据从事的职业洁净程度划分为许多不同的群体，其中地位最高的是皈依了伊斯兰教的拉其普特人，这些人在印度教社会里属于高种姓的刹帝利阶层，改宗之后处于阿吉拉夫这一群体的最上层，而那些曾经是印度教种姓社会最底层的不可接触者，改宗之后，其地位和职业没有丝毫变化，甚至有时被开除出了阿吉拉夫群体。

总体而言，印度穆斯林种姓制度是伊斯兰教法与印度次大陆种姓社会相结合的一种特殊产物。穆斯林群体按照来源不同，分为外来穆斯林和印度本土的新穆斯林两个主要团体。前者属于穆斯林贵族阶级，内部也有等级差别，但主要是按照血统关系确立的，与职业的相关度不高；而后者则属于普通群众，内部的等级主要依靠出身和职业来划分的，与印度教种姓等级制度一脉相承。印度穆斯林种姓制度的出现，本是由于印度本土居民大规模改宗引起和导致的，只不过是统治阶级为了维护其利益，巧妙地加以利用罢了。

二、社会风气和社会习俗的流变

北印度穆斯林政权建立之后，伊斯兰文化与印度教文化经历了长时间的交流与碰撞，在长期的交往中，穆斯林和印度教徒都加深了对彼此的了解，对双方的文化也有了深层次的感知，尤其是随着时间的推移，一部分中下层穆斯林，包括早期来自中亚的穆斯林和次大陆新皈依的穆斯林，彼此之间交往越来越多，双方的经济和文化联系也越来越紧密，从而带动了两种不同宗教文化开始走向融合。在这一过程，和印度教社会相比，穆斯林社会首先被印度化了。这可能主要是因为在次大陆印度教徒从人口的角度看占据着绝对多数，外来的穆斯林不可能在短期内将整个印度次大陆伊斯兰化，反之只能被印度化。和历史上其他时段不同的，极具包容性的印度教文化在和伊斯兰文化的冲突与融合中，最终没有能够完全同化对方，而作为意图将整个次大陆伊斯兰化的伊斯兰教，也最终没有完全征服印度教文化，双方就是在这样不断的冲突与融合中，相互影响，共同发展，最后在中世纪晚期、近代早期形成了全新的印度文化。这种文化不再是过去单一的印度教文化，而是包括印度教、伊斯兰教和次大陆其他宗教在内的多元文化，多元性、包容性是其主要特征和生命力所在。

就中世纪印度的社会风气而言，虽然历经多次战乱，但社会成员之间的关系相对融洽，社会群体之间也极少有冲突事件发生。由于穆斯林统治者注重对社会安全的治理，这一时期，社会治安状况总体良好，盗窃、杀人越货等现象比较少。在图格鲁克王朝时期，由于苏丹加大了对主要商贸道路的管理和对劫匪的惩处力度，社会上一度出现了路不拾遗、夜不闭户的景象。良好的社会风气的形成与统治者的执政理念、治理力度和社会文化的影响有着直接的关系。由于伊斯兰教和印度教都宣传善行义举，鼓励诚信经营和公平买卖，这是两种宗教和文化的相通之处，因而非常容易在社会上不同群体间引起共鸣。这一时期，无论在穆斯林社会还是印度教社会，崇尚忠诚和乐善好施是两个主要的特征。忠诚不仅体现在对主人、宫廷和国家最高统治者的忠心上，更体现在忠于身边的朋友和与自己社会地位相当的人，不欺凌弱者，不背叛友谊，不辜负信任。忠诚是印度教徒的优良品质之一，在其宗教哲学里占有重要的地位，印度教教义规定每一个信徒都要对神灵保持忠诚和虔信，这是一个人获得解脱，最终实现梵我合一的重要途径。而穆斯林同样强调忠诚，要求将其作为一项义务在生活中去履行。忠实不仅是印度教文化与伊斯兰文化共同和相通的部分，同时也是长久以来人们心中形成的最高的道德标准和行为典范。中世纪印度历史上关于忠诚的例子不胜枚举。莫卧儿帝国第二任帝王胡马雍，被谢尔沙的军队打败后处境极其危险，一路向西逃亡，但是，他的由40位印度教徒组成的护卫队对皇帝却忠心耿耿，与其出生入死，虽然很多人因此而丧生，但在敌强我弱、力量极其悬殊的情况下并没有放弃自己保护皇帝的职责，胡马雍因而躲过一劫，最后得以复国。①在穆斯林统治北印度期间，社会上还流行施善、接济穷人的良好风尚。苏丹、国王和达官显贵，甚至普通平民百姓，都非常乐善好施，把接济穷人、帮助弱者当成了一项功德和美德去发扬光大。每当战争凯旋、皇帝加冕或重大节庆时，苏丹或国王们通常都会给各级官员和社会中下层民众一些物质赏赐，一些地方官员也会给社会底层的穷人提供食物、衣服等实物捐赠。在印度教社会，这种乐善好施的品质同样存在，尤其是对于国王或王公贵族，他们非常喜欢通过这种方式来换取人民的支持和忠心。对印度教徒而言，把自己的财物分享给寺庙、婆罗门祭司和有需要的穷人是他们修行的一部分，是重要的宗教义务。因此，在中世纪印度，无论是印度教徒还是穆斯林，都把忠诚和乐善好施作为优良品质加以不断发扬，使其成为人们争先效仿和实践的道德标准，形成了良好的社会风尚。当然，这一时期，在印度教徒与穆斯林之间，也共同存在着一些不好的社会风气，如酗酒和赌博等。虽然《古兰经》严格禁止穆斯林饮酒，但在波斯传统中却流行着饮酒的习惯，穆斯林将这一习惯也带到了印度次大陆，尽管有些苏丹如阿拉乌德丁·卡尔吉就曾捣毁所有酒具，明令禁止饮酒，但这一社会风俗无论在印度教社会还是穆斯林社会，一直都普遍存在。过度饮酒不仅有损健康，同时也不利于社会的和谐统一，士兵们因为饮酒致使军队战斗力不强，官员们沉溺于饮酒从而降低了行政管辖的效率。此外一些印度教徒和穆斯林沉浸于赌博，导致经济拮据，最后不得不铤而走险，进行盗劫、抢劫等犯罪活动，增加了社会不稳定因素。

除了社会风气之外，两种不同宗教文化的冲突与融合也给印度次大陆人们的生产生活方式产生了深远的影响，无论是印度教社会还是穆斯林社区，都不可避免地受到了对方生产生活方式、饮食习惯等的影响，

---

① See H. S. Bhatia, ed., *Political, Legal and Military History of India*, vol. 4, p.419.

尤其是中世纪印度的穆斯林社区里，生活着许多由印度教改宗而来的穆斯林，除了宗教信仰不同之外，他们基本上都保留了原有的生产生活方式和风俗习惯，在这些新穆斯林身上，既有印度教传统文化的印痕，也闪耀着伊斯兰文化的光辉，有时很难将他们真正区分开来。

在中世纪，无论是印度教社会还是穆斯林社区，普遍流行童婚，有的女孩甚至只有八九岁就已经嫁人。莫卧儿王朝时期阿克巴大帝曾试图改变这一状况，规定"男子的最低结婚年龄为16岁，女子为14岁"[1]，但依然没有遏制住童婚这一社会陋习。这一时期的婚姻一般都由双方父母包办，自由选择婚配对象的可能性几乎没有。父母在操办儿女婚姻大事时，会考虑到对方的血统、种姓、职业以及生活习惯等多个因素。由于印度教社会有着极其严格的种姓制度，而穆斯林社区在某种程度上也存在种姓等级观念，因此，种姓内婚成了非常普遍的现象，而跨种姓婚姻却并不多见，逆婚，即低种姓男子娶高种姓女子的行为是被严格禁止的。印度中世纪时期的婚礼极其复杂。以印度教为例，首先要举行订婚仪式，新郎新娘和双方父母、亲朋好友都要出席这一仪式，通常会安排一定的庆祝活动。订婚之后就要确定婚期，然后开始准备婚礼。通常由当地的理发师或专门的邮差将婚礼请柬分发给亲朋好友，通知他们婚礼的具体时间。此外，在新娘家还会搭建一个大的帐篷，门口挂上鲜艳的花环，附近的邻居也会用花朵来装饰门廊，以表达他们的喜悦和祝福。到了晚上，整个村子的人在一起载歌载舞，沉浸在喜庆之中。新郎家的情形与此相似，一切准备就绪之后，新郎在乐队和亲友的陪伴下，骑马前去娶亲，在新娘家所在的村口会有人前来迎接，迎亲者被安排在装扮漂亮的房间里休息，在场的所有人都会被分到甜品和贝塔叶。新郎娶亲回家之后，婚礼就正式开始了。婚礼中进行一系列的宗教仪式，主要是

---

[1] H. S. Bhatia, ed., *Political, Legal and Military History of India*, p. 186.

为男女双方祈福，亲友们会将两人的衣服下摆绑在一起，意为永结同心、永不分离。对印度教徒而言，婚礼中最重要的环节就是绕行圣火七圈，婆罗门祭司带领新郎新娘及其近亲诵读经文，在神灵的见证下男女双方正式确立夫妻关系。除此之外，还有其他的一些婚庆仪式，因人因地有所不同。有关婚礼持续的时间各个地区也存在差异，短的只有一天，多则十天。新娘出嫁之后，理论上就不再属于她原来的家庭，而成为其丈夫所在家庭的一员，她必须完全服从于自己的丈夫。如果她嫁入的是一个非常保守的家庭，还有可能被要求待在闺房，与外界完全隔绝。这就是中世纪印度次大陆非常常见的深闺制度，在印度教徒和穆斯林中间都非常流行，深闺制度要求妇女佩戴面纱，除了自己的丈夫外不能和别的异性接触，极大地限制了妇女的人身自由，是妇女社会地位低下的具体体现。

穆斯林统治北印度时期，一些原来流行于中亚伊斯兰世界的体育项目经穆斯林传到印度次大陆，引起了印度本土居民的极大兴趣，成为穆斯林和印度教徒的共同爱好。马球是这一时期非常流行的一种户外运动项目，其起源可以追溯到波斯萨珊帝国时期（224—651），由穆斯林传入印度次大陆后，迅速被各阶层人们所接受和喜爱。1210年，德里苏丹国的建立者艾伯克就是在拉合尔举办的一场马球比赛中不慎坠马而身亡的。①突厥人非常喜欢马球，而印度本土居民很快也接受了这项本来只流行于穆斯林社会的体育运动，居住于印度西北部的拉其普特人，天生英勇善战，骑术精湛，因此他们的马球水平在短时间内达到了非常高的境界。赛马是这一时期流行于印度教徒和穆斯林中间的又一项重要体育项目。由于早期的穆斯林均来自中亚，他们多出身游牧民族，擅长骑射，加之中亚和阿拉伯地区的马匹品种优良、体形高大、精力充沛、耐力持

---

① अनिर कठारे, मध्ययुगीन भारताचा इतिहास (१०००-१७०७), पृ.58.

久，因此深得穆斯林统治者的喜爱。在中世纪，穆斯林经常从上述地区进口品种优良的马匹，一部分用于战争，一部分用于日常使用或娱乐。作为印度本土居民的拉其普特人，也非常擅长骑术，因此，赛马这一运动项目很快在印度教社会也开始流行起来。

三、教育制度的确立和发展

无论是穆斯林圣贤还是印度教婆罗门，向来都非常重视教育。先知穆罕默德就曾经说过："教育对所有的人而言都具有伟大的价值，教育使受教育者明白什么该做，什么不该做。它指导我们获得快乐，走出痛苦。"[①]在中世纪早期的北印度，教育被认为是极少数人的专利，印度教社会没有面向全社会的教育机构，更没有完整的教育制度。一些封建主、学者文人和宗教圣人，有时会开办一些私人学堂，但这些学堂一般都是开办者出于自身利益需要，只面向家族或集团内部开放，且数量极少。由于没有官办的教育机构，社会上文盲率极高，科技发展进步缓慢。8世纪初穆斯林进入印度次大陆，阿拉伯世界成熟的教育制度也被传到了西印度，但这一时期由于穆斯林人数较少，尚未产生深远的影响。12世纪末13世纪初，来自中亚的突厥人开始侵入北印度并建立了穆斯林政权，他们将中亚波斯先进的教育理念和成熟的教育制度照搬过来，很快在次大陆穆斯林社会兴建了许多学校。这一时期印度教社会的教育仍然停留在一些古老的方式上，既没有官办的学校，也没有系统的课程，直到莫卧儿王朝阿克巴大帝时期，印度教社会才出现了许多官办的学校。中世纪印度教育制度的确立和发展，在很大程度上受到了伊斯兰教育理念和制度的影响。得益于穆斯林社会成熟先进的教育制度，印度次大陆的教

---

① Abraham Eraly, *The Last Spring: Life in India's Last Golden Age*, p.350.

育业在18世纪呈现出了繁荣的景象,无论是穆斯林社区还是印度教社会,教育都得到了长足的发展,社会上也涌现出了许多著名的科学家、哲学家、天文学家、艺术家、诗人以及文学家等,他们将莫卧儿王朝后期印度次大陆多元文化推向了繁荣。

(一)穆斯林社会的教育状况

8世纪初,来自中东阿拉伯世界的穆斯林占领了印度次大陆西北部的信德和木尔坦地区,入侵者在上述地区除了实行政治统治之外,也将阿拉伯世界先进而成熟的教育制度引入了次大陆。起初只是在木尔坦地区,到了12世纪,旁遮普地区也兴办起了一些穆斯林学校。13世纪初,德里苏丹国建立之后,穆斯林将中亚伊斯兰世界的科技和文化带到了北印度,大量学者文人为躲避蒙古人的侵扰而云集德里,使其成为这一时期伊斯兰世界最具智慧的城市。德里苏丹政权建立之后,统治者直接搬用了中亚波斯的教育理念和教育模式,在印度次大陆开始全面推行官办教育。次大陆第一所穆斯林学校由古尔的穆罕默德所建,而德里地区的第一所学校则由苏丹伊勒图特米什创建。苏丹拉济娅是一位非常有学识的穆斯林妇女,她鼓励发展教育事业,注重传承印度优秀的文化瑰宝。她建立了一批学校、研究机构和公共图书馆,鼓励研究《古兰经》和圣训及一些著名哲学家的著作。除了鼓励研究伊斯兰世界的一些经典著作之外,拉济娅还鼓励对印度传统文化中的一些精华加以研习和继承,在其统治期间,各级学校里掀起了对印度哲学、天文学和文学等相关著作学习和研究的高潮,尤其是在德里地区,"学习研究之风盛极一时"[1]。苏丹巴勒班也创建了穆斯林学校,其校长就是同时代著名的史学家明哈

---

[1] Farhat Jahan, *Depiction of Women in the Sources of the Delhi Sultanate*(法赫特·贾汗:《德里苏丹国时期史料中的女性描写》), Aligarh Muslim University, 2012, p.35.

杰·苏拉杰（Minhajus Siraj）。苏丹阿拉乌德丁·卡尔吉在位于德里的皇家水库（Hauz-i-Khas）附近修建了学校，而据中世纪埃及学者艾哈迈德·加勒卡尚迪（Ahmad al-Qalqashandi，1355年或1356—1418年）所述，在图格鲁克王朝时期，德里就有约1000所学校。[①]这一数字无疑是被极度扩大了，因为即便是在非常重视教育的苏丹菲鲁兹沙执政期间，整个北印度官办学校的数量也只有30多所。菲鲁兹沙在全国开办了许多工厂，而大量的战俘和奴隶被安排到这些工厂从事手工业生产，以满足宫廷和贵族们的日常需求。这些工厂有时也充当苏丹进行技能培训的场地，奴隶们在这里掌握了大量的手工业加工制造技术，为他们未来要从事的工作做好了充分的准备。据记载，大约有12000名奴隶在这些工厂里接受过技能培训。[②]洛迪王朝时期，苏丹们以睿智和重视科学著称，因此，这一时期的官办教育也有了较大的发展。位于印度西部的斋普尔成为继德里之后又一个教育中心，一些大学者在此教授神学和哲学，而学生们一般都住在清真寺。

在中世纪，穆斯林推行教育的目的主要是为了塑造人的高尚品质和控制肉体的欲望，而不是出于职业、地位或利益需求。教育往往和伊斯兰神学紧密相连，加强对神的虔信和爱是一切教育的终极目标。这一时期的课程设置非常精细，涉及宗教、哲学、文学、医学、天文学和逻辑学各个方面，每位老师都有自己的特长，他们过着清心寡欲的生活，爱生如子，对学生非常友好。老师和学生们经常会得到来自宫廷、达官显贵和民间人士的经济资助，绝大多数教育机构都是由官方出资修建的。完成学业之后，学生们都会得到相应的学习证书，而且会举行一个小的毕业仪式，每个学生头上都会被系上一条头巾。德里苏丹国时期，穆斯林学校大概分为三级，分别设立于村、镇和城市之中，相当于初等（前

[①②] K. N. Chitnis, *Socio-Economic History of Medieval India*, p.99.

两级）和高等教育（第三级）。此外社会上还存在一些特殊的学校，他们为学生教授某一特定领域的知识，通常设在清真寺或苏非圣人修行的地方，开设的主要课程有神学、伊斯兰教法等。

从德里苏丹国建立到莫卧儿王朝阿克巴时期，穆斯林教育制度虽然在印度次大陆建立起来了，但其发展却非常缓慢。这主要是由于以下两个方面的原因：一是当时的教育都是以神学为中心的，是完全以伊斯兰教法和为伊斯兰教服务为根本的，很多涉及自然科学的课程往往被忽视了；二是教育模式非常僵化、守旧，尤其是随着形势的发展，很多授课方法已经过时，跟不上社会发展的需要。阿克巴大帝是一位富有远见的帝王，他决心进行教育制度改革。阿克巴要求所有学校开设更多研究自然科学和印度传统文化的课程，如印度哲学、天文学、数学、梵语文学等。阿克巴也着力改进教育方式，他要求教师要注重培养学生主动学习、主动思考的意识。为了推动印度社会的整体进步，1580年，阿克巴下令为印度教徒开设学校，让他们接受教育。[①]为了增进对印度教宗教文化的了解，减少不同宗教间的误解和冲突，阿克巴还成了一个专门负责翻译的机构，将大量涉及宗教、哲学和文学的梵语著作翻译成了波斯语，同时还翻译了大量的阿拉伯语经典著作。除了面向全社会开设的教育机构外，在宫廷内部，有专门针对皇子们开设的学校，主要教授神学、阿拉伯语、波斯语、印地语、梵语和骑术等。这一时期，宫廷里的公主们也可以接受教育，有的甚至还成为诗人和文学家。

经过阿克巴的改革，北印度教育事业在中世纪后期得到了蓬勃发展，至18世纪，印度次大陆的教育业已经非常发达，教授的课程既涉及传统的神学、哲学，也包括许多自然科学。阿格拉、德里、斋普尔和克什米尔等都是教育发达的中心城市，在上述地区不仅有面向全社会的学校，

---

① शिवकुमार गुप्त, सम्पादक, *मध्यकालीन भारत का इतिहास*(1526—1656ई.), पृ.179.

还修建了许多大型的图书馆。阿克巴时期,"位于拉贾斯坦法塔赫布尔（Fatehpur）的图书馆里就有大约24000册图书"[①]。

(二) 印度教社会的教育状况

中世纪印度教社会的教育非常落后和僵化,教育的主要目的是获取知识、获得精神上的享受以及改善社会经济状况。这一时期的学校主要分为四类:第一类学校通常开设于村庄或婆罗门家中,只教授基础知识和进行初级的训练,教育经费通常由村民筹集或个人提供,有时宫廷也会给这些学校进行一定的补贴。第二类学校通常是由一些学者文人或宗教圣贤自己开设的,资金主要由个人承担,有时宫廷也会给予一定的补贴。第三类学校是那些从事专门知识学习和研究的机构,如对印度教神学知识、古代印度六大哲学思想进行学习研究等。第四类学校是那些设于大城市中的规模较大的教育机构,相当于现代意义上的大学,教授的内容非常丰富,涉及的学科有哲学、语言学、天文学、数学等,每一学科下面又包括许多小的分支,学生人数众多。在阿克巴大帝执政时期,由于皇帝致力于打造一个更加多元、包容和强大的帝国,印度教社会的教育得到了宫廷的重视和支持,学校的数量有了大幅度的增加,许多印度教经典著作被翻译成了波斯语,在穆斯林社会也产生了一定的影响力。

中世纪印度教社会的教育状况总体而言比较落后,教育方式死板单调,用于教学的课本极少,书本上的知识普遍比较陈旧,且很多已经过时。学生主要靠死记硬背掌握新的知识,主动学习和思考的意识不强。尽管很多村子里开设有学校,但这些学校设施非常简陋,很多教学活动就是在一棵大树下完成的。中世纪意大利旅行家彼得罗·德拉·维尔

---

① K. N. Chitnis, *Socio-Economic History of Medieval India*, p.105.

（Pietro Della Valle）在自己的游记里详细描述了所看见的情形："学生面前的地面上铺满了干净的沙子，当老师讲一句，学生就会用手指在沙子上记一句以防忘记，当老师讲完后，所有的学生都会认真用心去记写在沙子上的内容。一堂课结束之后，另一堂课的情形与此类似，当所有的沙地上都写满了内容，他们或者用手掌将以前的笔记擦去，或者用一旁沙堆上的沙子重新铺好。学生们要学习很多课程，他们基本都是采用这种方式，而从来不用浪费任何笔墨。"①

这一时期北印度出现了许多大的教育中心，如德里、阿格拉和斋普尔等。对印度教徒而言，最大的教育中心位于贝拿勒斯，这里聚集着印度各地的高僧和圣贤，来自次大陆内外的大量学生慕名而来，有些人甚至在年龄很小的时候就拜在了这些高僧和宗教圣贤的门下，他们潜心研读印度教的经典著作，学习印度教文化，开设的主要课程除了宗教学、印度古代哲学外，还有吠檀多、梵语文学和语法及其他自然科学等。在贝拿勒斯，整个城市没有统一的校舍和固定的教室，所有的课程都是按照印度古老的方式进行的，教师分散在城市的各个角度，或是在自己的家里，或是在由富人提供的庭院里进行教学，每个教师通常只有5名至6名学生，最多的也不会超过15名。课程学习结束之后，通常会进行相关知识的测试。方法有两种：一种是就某段梵语文献进行评论，第二种是在多人组成的辩论大会上，就某个问题进行辩论。在印度教社会，大学者大文豪及宗教圣贤在社会上备受尊敬，他们中的很多人得到王公贵族的赏识后都拥有了显赫的地位，一部分人服务于宫廷或王公贵族，他们经常会得到贵族们的赏赐，无论在经济条件上还是社会地位方面都明显优于普通人。

纵观中世纪北印度教育制度的确立和发展，有以下几个鲜明的特色：

---

① K. N. Chitnis, *Socio-Economic History of Medieval India*, p.109.

一是官办教育发展缓慢。北印度穆斯林政权建立之后，官办的学校在次大陆才逐渐设立起来，而在广大印度教徒生活的农村地区，仍然以传统的方式进行教学，没有统一的官办学校。二是教育与宗教关系紧密，教育内容多与神学、哲学有关，对自然科学重视度相对不够。无论是穆斯林社会还是印度教社会，都把学习宗教知识、加强对神的虔信和爱放在了第一位。这一时期的很多学校都开办在清真寺内或印度教神庙附近，它们与这些宗教场所有着密切的联系，有的还直接受其制约。和神学、哲学内容相比，学校对推动经济发展和社会进步的自然科学知识传授的重视度明显不够。三是教育以维护封建统治和宫廷权威为目的，尤其是在德里苏丹国时期，苏丹们严格依照伊斯兰教法治理国家，一切社会活动，包括教育，必须为穆斯林政权服务，因而，这一时期的教育主要是为封建政权服务的。即便到阿克巴大帝时期，皇帝推行了一系列社会改革措施，包括教育制度的改革，但其目的也是为了打造一个更加强大和谐的封建帝国，是为了更好地维护其统治秩序。阿克巴清醒地认识到了发展教育、团结印度教徒对莫卧儿帝国的重要性，其推行的教育制度改革，不仅有利于维护穆斯林政权的利益，客观上也增进了印度教徒与穆斯林之间的了解，减少了二者的对立与冲突，促进了两种不同宗教文化的交融，为社会经济发展和科技进步做出了重要贡献。

四、语言文学的繁荣

北印度穆斯林政权建立之后，两种宗教文化的相互碰撞和交融，极大地促进了这一时期语言文学的发展和繁荣。作为宫廷语言的波斯语及波斯语文学，由于受到统治阶级的青睐和推崇，很快就在次大陆得到了广泛的传播，而这一时期，梵语及梵语文学在印度教社会已经开始走向衰落，流行于次大陆的是由梵语演变而来的各种俗语和方言，如克利方言、伯勒杰方言等。中世纪早期，一些地方语言如印地语、孟加拉语、泰米尔语、泰卢固语等开始出现，到公元10世纪前后，已经基本成型。但需要指出的是，这种地方语言和我们今天在南亚次大陆看到的现代语言仍有许多不同，他们依然处在古梵语至现代语言演变的道路上，多数还是以方言的形式存在，书写和语法体系都还不是非常规范。13世纪初，随着北印度穆斯林政权的建立，入侵者与印度本土居民间的语言障碍成了一个急需解决的现实问题，因为这一时期来自中亚的穆斯林，基本都以波斯语为主要语言，而印度本土居民的语言现象则非常复杂，除了梵语之外，还有众多的地方语言。因此，入侵者与本土居民之间语言沟通方面出现了很大障碍。这一问题在穆斯林军队中尤其突出，最终也是在军队中最早得以解决。穆斯林入侵北印度的过程中，大量印度教徒加入穆斯林的军队中，他们与来自中亚穆斯林世界的士兵在长期的交往中，逐渐形成了一种新的语言，即采用波斯语和阿拉伯语字母书写方式、印地语发音的乌尔都语。"乌尔都"一词的本义即指军营、兵营。这种语言的好处是形式上与波斯语相同，而在读音规则上又与印地语相同，因此受到了穆斯林和印度教徒的喜爱和广泛接受。乌尔都语是伊斯兰文化与印度教文化互相影响和交融的产物，它产生以后，慢慢走出军营，在普通大众之间开始传播，尤其是穆斯林社会中下层人民，很快将其作为与印度本土居民沟通的主要语言。

德里苏丹国时期，作为外来入侵者的穆斯林与印度本土居民的对立非常严重，两种不同的宗教文化，都试图同化和战胜对方，从而维护自身的利益。伊斯兰文化具有极强的排外性，而印度文化向来以其包容性著称，可以说，与政治领域相对应，文化领域也同样存在着这种征服与被征服的战争，而且其持续的时间更长，涉及的范围更广。在这样的历史背景下，为了弥合两种不同宗教文化之间存在的鸿沟，消除两大社会群体之间的对抗和矛盾，一些穆斯林苏非圣人和印度教改革家出现了，他们并不代表统治阶级的意志，甚至在正统派的眼中被认为是对宗教的背叛，但正是这些宗教圣贤自下而上的改革，才使得穆斯林和印度教徒对彼此有了更深的认知和了解。由于苏非圣人们和印度教改革派均来自民间，他们主要是在中下层民众间传播自己的思想，而这些分布于广大农村地区的民众既不懂波斯语，也不懂梵语，因此，只能借助他们自己的语言来进行传教。正是在这些宗教人士的推动下，一些印度地方语言文学开始兴盛起来甚至得到了蓬勃发展。印地语文学、乌尔都语文学、泰米尔语文学和孟加拉语文学等在中世纪印度文化史上都占据了重要的位置，这一时期诞生了许多名垂青史的诗人和文学家，如著名的波斯语诗人阿米尔·胡斯劳、著名的苏非派诗人格比尔以及印地语文学家苏尔达斯、加耶西和杜勒西达斯等，他们的作品在后世流传很广。其中格比尔是中世纪印度最负盛名的穆斯林诗人，他既用波斯语创作，也用印地语和乌尔都语创作，为后世留下了大量脍炙人口的优秀作品。格比尔重视发展教育，努力消除印度教与伊斯兰教之间的对立和矛盾，为两种宗教文化的融合做出了重要的贡献，他的学生中既有穆斯林，也有印度教徒。

波斯语成为宫廷语言、乌尔都语产生、地方语言文学兴起是中世纪印度文学发展史上的三个重要特征。印度中世纪史从某种程度上讲就是两种不同宗教文化的交融史。穆斯林统治北印度时期，这种文化的冲突与融合为语言文学的发展和繁荣注入了活力，无论是穆斯林还是印度教徒，在长期的接触和交往中，都被对方的文化所吸引，都极力地想汲取对方文化中的一些精华成分。苏非圣人和印度教改革派为早期两种宗教文化的交融做出了重要的贡献，他们的传教活动直接推动了印度地方语言文学的发展。这种基于民间的文化交融反过来对统治阶级起了良好的引导和警醒作用，德里苏丹国时期，初来乍到的穆斯林统治者虽然在军事上取得了暂时的胜利，但他们人数较少，政治根基薄弱，非常害怕新兴的穆斯林政权被当地印度教势力所颠覆，因而处处防备，统治阶级普遍目光短浅、思想狭隘，意图通过战争和武力将印度次大陆伊斯兰化，却以失败而告终。到了莫卧儿王朝时期，穆斯林统治者充分吸取了历史上的经验教训，他们清醒地认识到要将印度教徒占绝对多数的次大陆伊斯兰化是绝对不可能的，要维系封建统治就必须联合社会上的各种力量，只有获得所有人的支持才可能建立一个强大的封建帝国。因此，绝大多数统治者都采取了比较开明的宗教政策，这一时期印度教文化与伊斯兰文化融合的速度明显加快了，尤其是在阿克巴大帝执政期间，宫廷实行了一系列有利于民族融合的措施，使次大陆长久以来处于对抗状态的两个社会群体有了更深的接触和了解，阿克巴还专门成立了一个部门，将许多印度教文化中的经典著作翻译成了波斯语，这些作品在穆斯林社会得到了广泛传播。由于统治者实行了宗教宽容政策，许多印度教徒开始在穆斯林宫廷里当差，有的还拥有了显赫的地位，在与穆斯林长期的交往中，他们对波斯文学也产生了浓厚的兴趣，有人也开始用波斯语进行创作。

（一）印地语文学

印地语是由古代梵语演变而来的，是中世纪早期兴起的克利方言的一种，在公元10世纪前后基本定型。穆斯林统治北印度期间，印地语文学得到了长足的发展。这一时期，涌现出了许多著名的印地语诗人和文学家，主要有格比尔、苏尔达斯、加耶西和杜勒西达斯等。另外还有一些波斯语诗人，随着文化交融的加深，他们也开始用印地语创作，如德里苏丹国时期著名的穆斯林宫廷诗人阿米尔·胡斯劳等。中世纪的印地语文学发展主要经历了英雄史诗时期和虔诚文学时期两个阶段，著名的印地语文学作品有诞生于13世纪的长篇叙事诗《地王颂》、14世纪印地语诗人维德亚伯迪所著《吉尔蒂颂歌》以及此后加耶西所著《伯德马沃德》、苏尔达斯所著《苏尔诗海》、杜勒西达斯所著《罗摩功行之湖》等。

11—14世纪的印地语文学创作是以歌颂印度教王公贵族、英雄人物为主要题材，因此这一时期又被称为印地语文学发展史上的史诗时代。这一时期最具代表性的作品是成书于13世纪的《地王颂》，一般认为其作者为金德。书中描述了印度西北部印度教封建王公地王，为保护一个前来寻求庇护的印度教贵族而同入侵的穆斯林英勇作战的场景。《地王颂》的创作风格与印度古代著名史诗《摩诃婆罗多》的创作风格极其相似，先是经过书中人物的一问一答对地王祖辈的功绩进行了歌颂，接下来再介绍了地王的生平，最后才引入正题，开始写地王抵御外来入侵者的故事。《地王颂》不单纯是对封建贵族的歌颂，同时也反映了13世纪初印度教社会对穆斯林入侵者的总体态度和所进行的英勇斗争情况。北印度穆斯林政权建立过程中，穆斯林入侵者在印度当地烧杀抢掠，破坏印度教神庙，霸占印度教徒的财产，给当地人民带来了深重的灾难，致使他们流离失所，甚至家破人亡。因此社会上需要像地王这样的英雄人物的出现，作者金德借用地王这一人物形象，表达了普通民众要求将入侵者赶出印度次大陆的强烈愿望。在作者的笔下，地王是一个宽厚而又道德高尚的国君，他英勇善战，爱民如子，最后却由于对手，即穆斯林入侵者采取了卑劣的手段而以失败告终。《地王颂》的故事情节与穆斯林政权建立前后的历史基本相符，当然为了突出地王这一英雄形象，作者进行了诸多加工，对地王和印度民族进行了美化，对地王性格中的许多弱点进行了有意的回避。《地王颂》着力于对封建统治阶级的赞美，虽然其中也有人民群众反对外敌入侵的描写，但主要还是以维护封建统治为主，这可能是因为这一时期的文人都依附于封建统治阶级，他们的作品主要是为统治者歌功颂德，而不是表达人民的反抗意愿。

著名的印地语诗人维德亚伯迪 14 世纪中叶出生于北印度一个婆罗门家庭，作为宫廷诗人长期在印度教王国里为统治阶级服务。维德亚伯迪一生创作了许多作品，流传最广的即长篇叙事诗《吉尔蒂颂歌》，全诗共 169 节、800 多句。和这一时期其他的长篇叙事诗一样，《吉尔蒂颂歌》也是对战场上英勇杀敌的大英雄进行了美化和歌颂，描写的是穆斯林入侵北印度后当地人民群众进行反抗和斗争的故事。作者在诗中对穆斯林入侵者进行了批判，对穆斯林封建政权进行了抨击，认为苏丹统治下的印度社会世风日下，官员们道德败坏、野蛮无理，维德亚伯迪的诗中流露出了早期的民族主义意识和情绪，具有一定的进步意义。

大约在 14 世纪末，印度教宗教改革运动——帕克蒂运动在北印度开始兴起，社会上出现了许多新的思潮，这些思潮必然会反映在这一时期的文学创作中。在印度文学发展的历程中，宗教与文学的联系向来都很紧密。帕克蒂运动又称虔诚运动，因此这一时期的文学被称作虔诚文学。虔诚文学有两个重要的派别和四个主要的分支：一是无形派，该派反对偶像崇拜，认为神明是无形的，其中主张通过理性与神明合为一体者被称作明理支，而主张通过博爱与神明合二为一者被称作泛爱支。前者的代表人物是格比尔，而后者的代表人物则是著名诗人加耶西。二是有形派，该派认为神明是有形的，因此主张通过对神明化身进行膜拜从而达到解脱。其中主张膜拜印度教大神罗摩者被称为罗摩支，而主张膜拜大神黑天者被称作黑天支。前者的代表人物是著名文学家杜勒西达斯，而后者的代表人物则是诗人苏尔达斯。以上分类是依照作者的宗教信仰进行划分的，但并不代表其文学作品中所表现出的文学创作倾向。这一时期的文学创作明显受到了帕克蒂运动的影响，文学作品中经常以教导人们对神明充满虔诚的爱为主题，而有关英雄史诗和战争的题材在文学作品中越来越少。出现这一现象的主要原因是帕克蒂运动时期，穆斯林在北印度的政治统治根基已经稳固下来了，战争相对减少，在苏非圣人和印度教改革派的努力下，中下层社会出现了较以前相对和谐的局面，农业生产有所恢复，因此人们开始思考一些深层次的社会问题，反映在文学创作领域就是作品的题材与主题和以往有了明显区别。

诗人格比尔大约生活在14世纪末至16世纪早期的一段时间内，他出生于一个印度教低种姓的织工家庭，不依附于任何封建贵族，是一位民间诗人。格比尔反对种姓压迫和宗教不平等，主张一神论，认为神明是有形的，呼吁人们用理智与神达到统一。由于诗人没有接受过系统的教育，因此他平时都是口头创作，其作品主要是由其弟子记录整理之后才流传于世的。可能是由于出身卑微、生活在社会最底层的缘故，格比尔在自己的作品中对位居社会上层的印度教婆罗门和穆斯林阿訇等都进行了抨击和嘲讽，他对印度教和伊斯兰教的一些经典著作也表现出不屑一顾的态度，认为那些不过是谎言而已，这些思想从他下面的诗句中都有所体现：

> 若是真主只在清真寺里住，
> 无寺之处难道无真主？
> 若是圣地的偶像中有大神，
> 为何始终见者无一人？
> 若拜石头可成仙，
> 那我就会拜石山。
> 我看应该拜石磨，
> 它给世人常磨面。[①]

[①] 刘安武：《印度印地语文学史》，人民文学出版社，1987年，第68页。

从上面的诗句可以看出，诗人格比尔反对偶像崇拜，对印度教和伊斯兰教的宗教大神甚至都持怀疑和否定的态度，这在当时的历史环境下是非常难能可贵的，具有朴素的唯物主义的影子。

虔诚派诗人苏尔达斯不仅在印地语文学史上，而且在整个印度文学史上都占有极其重要的地位。他出生于15世纪后期，双目失明，阿克巴大帝曾邀请其做宫廷诗人但被拒绝。苏尔达斯很小就出家修行，是有形派黑天支的代表人物，诗人的很多作品都是歌颂印度教大神毗湿奴的化身黑天的。其最著名的作品是诗歌总集《苏尔诗海》，是诗人去世后由其弟子及追随者记录整理而来的，其中包括4936首诗，共分为12篇，绝大部分是描写黑天的抒情诗。苏尔达斯的诗歌清新自然，节奏明快，诗人有意将黑天描述成下到人间的一个牧童，拉近了印度教徒与自己心中大神的距离，更容易被人们所接受，这也是其作品深受人们喜爱的一个重要原因。《苏尔诗海》中除描写黑天的成长经历之外，也有大量描写黑天成年之后与牧区女子相恋的爱情诗，所有诗歌中的场景描写都非常细腻，活泼生动，读来让人回味无穷，如《黑天不承认偷吃过人家奶油》篇便是如此：

> 妈，我没有偷吃奶油，
> 大清早你就叫我去放牛，
> 到傍晚我一直在林中跑个不休，
> 天黑了我才往回走。
> 我年纪小，去取吊篮，
> 怎么会有那么长的手？
> 放牛娃都把我当对头，

在我嘴上拼命抹上奶油。
妈啊，你是好心人，
难道你把别人的话当了真？
好像你不喜欢我，把我当外人。
你把这披肩和鞭子拿去吧，
这次你又整了我一顿。
苏尔达斯说：母亲听了不由得开笑颜，
双手连忙搂抱住黑天。[①]

除上述作家作品之外，中世纪印地语文学史重要的作家还有杜勒西达斯（1532—1623），著有诗集《罗摩功行之湖》。杜勒西达斯是一位很虔诚的印度教徒，是有形派罗摩支的代表人物。《罗摩功行之湖》从本质上而言是对古代梵语文学作品《罗摩衍那》的一种改写，但比后者更加完整和系统。《罗摩功行之湖》塑造了英勇兼智慧于一身的罗摩这个人物形象，讲述了他不畏困难、坚持真理的故事。自《罗摩衍那》之后，罗摩这一人物形象在印度教徒心中已经被神化，次大陆修建了众多的罗摩庙，而《罗摩功行之湖》将罗摩的故事更详细、更系统地呈现给读者，必然会在群众中引起共鸣。作者杜勒西达斯在作品中对印度教婆罗门进行了讴歌和歌颂，对普通民众生活中遭遇的各种挫折和困苦却鲜有提及，更加有利于维护统治阶级的利益，因而作品得到了他们的支持和喜爱，在社会上流传很广。

（二）乌尔都语、孟加拉语等地方语言文学

除印地语之外，这一时期次大陆其他地方语言文学也得到了快速的

---

① 刘安武：《印度印地语文学史》，第102页。

发展。乌尔都语文学、孟加拉语文学等在中世纪印度文学史上都占有重要的地位——尤其是乌尔都语文学，由于其主要流行于穆斯林社会，是伊斯兰文化与印度本土文化最早融合的产物，因而在穆斯林统治北印度期间发展最为迅速。"乌尔都"一词来自突厥语，意为军营，但是在采用了波斯写法和印地语发音之后迅速成了不同群体之间用于交流沟通的通用语言。到了17世纪后半叶，乌尔都语在莫卧儿宫廷也开始流行起来，几乎成为穆斯林的母语，尽管这一时期对穆斯林而言官方语言依然是波斯语，而宗教语言仍然是阿拉伯语，但在日常生活中，穆斯林越来越习惯使用乌尔都语交流。此外，乌尔都语文学也开始兴起，在18世纪中期，奥朗则布的孙子穆罕默德沙执政期间，皇帝确立了乌尔都语诗歌在宫廷中的官方地位。这一时期最著名的乌尔都语诗人当属格比尔，格比尔是苏非圣人罗摩难陀的弟子，身为穆斯林宫廷诗人，他反对宗教歧视，呼吁印度次大陆各宗教团体和谐相处。诗人对穆斯林社会和印度教社会之间的矛盾和冲突感到非常痛心，在他的诗歌中经常流露出两大宗教和谐相处的美好意愿。这一时期孟加拉语文学也发展迅速，这主要是因为中世纪孟加拉地区是印度次大陆最重要的贸易港口之一，经济发达，对外联系紧密，社会思想活跃，因而带动了这一时期孟加拉语言文学的发展。前文提及的诗人维德亚伯迪，既是印地语诗人，也是孟加拉语诗人。

在莫卧儿王朝时期，一些地方语言也取得了蓬勃发展，很多梵语文学作品被翻译成了孟加拉语，而旁遮普语在锡克教师尊那纳克之前没有书面形式，这一时期在锡克教各位上师的努力下也开始在西北印度流行起来，马拉提语也实现了自身梵语化的转变，而比其他地方语言历史更为久远的泰米尔语，在莫卧儿王朝时期也取得了很大成就。这一时期印度地方语言的发展主要是基于梵语而兴起的，与官方语言波斯语的关联度不高。许多重要的梵语著作被翻译成了各种地方语言，从而丰富和发展了地方语言文学。但是，地方语言文学的发展却受到了来自婆罗门阶层的阻挠，因为婆罗门认为唯有梵语才能最完美地体现《往世书》或《罗摩衍那》这些印度教经典著作蕴藏的真谛。婆罗门对地方语言文学的抵触是出于维护自身利益和宗教权威的需要，因为梵语是他们研习印度教经典、进行宗教仪式的主要语言，掌握和使用梵语也是他们身份和地位的象征。尽管如此，梵语在印度次大陆的没落之势却并未改变。

中世纪印度次大陆地方语言文学的兴起和发展与这一时期的政治和宗教氛围是紧密相关的，穆斯林入主北印度之初，反对异族入侵、对英雄人物的歌颂是文学创作的主要主题，而北印度帕克蒂运动兴起之后，苏非圣人和印度教改革派呼吁人们要爱神、敬神，通过对神的虔信和爱以实现最终的解脱，因而这一时期的文学作品以表达对神明的爱、歌颂神灵和反对偶像崇拜为主要题材。值得一提的是，中世纪很多著名的诗人，都依附于封建统治阶级，作为宫廷诗人为统治者歌功颂德，因此他们的作品很少能反映底层民众的真实诉求，也不可能对一些社会不平等、不合理的现象做出批评或抨击，而是以维护封建统治为主要动机，因此这一时期的很多文学作品都带有为统治者粉饰太平的成分，而缺乏对普通民众反对种姓和阶级压迫、追求自由、平等思想的反映。

第三节　文化艺术上相互借鉴

印度教与伊斯兰教在本质上存在着巨大的差异，印度教属于多神论宗教，流行偶像崇拜，而伊斯兰教属于一神论宗教，反对偶像崇拜，两者在基本教义方面形成了根本性的对立。宗教文化层面上存在的这种巨大差异在艺术领域就体现在绘画、音乐、舞蹈和建筑艺术等方面风格的截然不同。北印度穆斯林政权建立之后，不同于政治和军事领域的长期对立，在文化艺术方面，印度教文化与伊斯兰文化在短时间内即实现了融合，穆斯林和印度教徒通过不断的接触了解，发现了对方文化艺术中的许多闪光点和可供借鉴的地方，于是很快将这些闪光点运用到了艺术实践中去，尤其是在建筑艺术方面，这种融合甚至是伴随着德里苏丹政权的建立而开始的，这极可能与当时人数占极少数的穆斯林统治者不得不雇用大量的印度本土工匠有关。同样的融合也体现在音乐、绘画和舞蹈等多个方面，德里苏丹国时期，国家的行政机构和社会价值观念是完全按照波斯传统建立起来的，而这一时期的波斯人在整个伊斯兰世界处于主导地位，他们有着先进成熟的政治体制，经济发达，文化艺术繁荣，在建筑、音乐和绘画等方面都处于最高水平。北印度穆斯林政权建立之后，统治者大兴土木，修建了许多宫殿、城堡和大厦，同时为了丰富宫廷生活，雇用了大量的乐师和艺人，统治阶级的这种文化需求客观上推动了这一时期两种文化艺术的接触和融合，使他们开始在保留自己特色的同时，又大胆地借鉴对方，体现出了兼容并包的特色。德里苏丹国时期，伊斯兰教文化和印度教文化在建筑、绘画和音乐等方面出现了和谐共处的局面，这种和谐在莫卧儿王朝时期达到了前所未有的程度，甚至在莫卧儿王朝最终灭亡的时候，这种和谐也没有完全消失。

一、音乐

印度教社会和穆斯林社会在许多方面都存在着巨大的差异，因此在很长一段时间里都保持了各自的相对独立性，对彼此产生的影响极其有限。但是在音乐方面，北印度音乐却明显受到来自波斯——阿拉伯音乐的影响，这主要是因为在穆斯林宫廷中波斯音乐占据着统治地位，和印度单调的传统音乐相比，其丰富的韵律和欢快的节奏对人们更有吸引力。德里苏丹国早期，苏丹们忙于征战，普遍对音乐不感兴趣，正统派乌里玛也对音乐持反对态度。后来，一些苏非圣人在传教的过程中，将波斯音乐从宫廷带到了印度民间，印度音乐与波斯音乐才有了最初的接触。早期的印度音乐节奏单调，缺乏伴奏，多是由古代婆罗门在一些祭祀场合吟唱而来的，没有太多的活力，而波斯音乐时而悠扬婉转，时而奔放明快，因此对民众产生了极大的吸引力。

到了莫卧儿王朝时期，统治者普遍比较重视艺术的发展，尤其是阿克巴大帝，他不顾正统派的反对，鼓励发展音乐，还邀请了一些穆斯林乐师来到宫廷，并且给他们经济上的资助。源自波斯的宫廷音乐，在次大陆引进了一些新的乐器和表演风格，因而形成了新的音乐流派。阿克巴执政时期，宫廷里最多时有36名乐师得到了皇帝的资助，包括这一时期最著名的音乐家坦森和巴兹·巴哈杜尔等，其中巴哈杜尔被誉为"他的时代中在音乐科学和印地语歌曲这两方面最有造诣的人"[①]。这种兼具波斯和印度本土风格的新的音乐流派在阿克巴之后的贾汗吉尔和沙贾汗执政期间，得到了进一步的发展，但是到了第六任帝王奥朗则布执政时期，却几乎消亡了。由于奥朗则布是一位非常保守和虔信的逊尼派穆斯林，他反对一切与宗教无关的艺术形式，停止了对音乐家的资助并把他们赶出了宫廷。

二、绘画

中世纪印度次大陆绘画艺术方面，最大的成就是莫卧儿王朝时期伊斯兰风格与印度教拉其普特风格结合之后诞生了细密画，以及因此而形成的莫卧儿画派。历史上印度次大陆的绘画作品很少有保留下来的，可

---

① [印度]R.C.马宗达、H.C.赖乔杜里、卡利金卡尔·达塔：《高级印度史》（上、下册），张澍霖等译，第641页。

能主要是因为气候炎热湿润所致,现存的印度教绘画作品多是一些开凿于石壁之上的壁画。在德里苏丹国时期,战事频繁,统治者忙于巩固新生的穆斯林政权,加之这一时期的很多穆斯林早前来自中亚游牧民族,身份和地位都比较低,与生活在中东和波斯上流社会的那些穆斯林贵族们相比,普遍都没有太多的艺术素养,因此统治者对绘画艺术普遍不感兴趣或无暇顾及。到了莫卧儿王朝时期,由于帝国国力强盛,统治者富有远见,思想开阔,因此绘画艺术得到了长足的大发展。胡马雍专门从中亚波斯请来了两位著名的画家,皇帝经常和自己的儿子、即后来的阿克巴大帝一起学习绘画。阿克巴继位之后,要求这两位画家带领一些印度教画家,共同完成《阿米尔·哈扎姆的故事》一书的全部插图,因此给这些印度教画家提供了发展的机会。[①]这一时期,为文学作品(包括印度古代两大史诗《摩诃婆罗多》和《罗摩衍那》)配插图开始在社会上流行起来,由于需要很多画工,从而使更多的人参与到绘画艺术中来,著名的莫卧儿画派由此形成,这其中既包括穆斯林,也包括印度教徒。

莫卧儿细密画从画风上来讲是属于伊斯兰风格的,但与以往的伊斯兰画作有着很大的区别。由于伊斯兰教反对偶像崇拜,因此,穆斯林画作中通常只有简单的花卉或文字,而很少涉及人物肖像。到了莫卧儿王朝时期,绘画艺术的题材非常丰富,包括人物肖像、花卉、虫鸟、动物、生活场景、狩猎和战斗场面等。作品多是运用写实主义表现手法,逼真而传神。在色彩搭配上,大量采用了印度绘画艺术中独有的印度红和孔雀蓝颜料等。这一时期不仅在穆斯林宫廷流行绘画,在印度教王国也同样流行,尤其是在拉其普特人统治的区域,绘画艺术也得到了长足的发展。莫卧儿王朝时期,统治者改变了对印度教徒的态度和统治策略,使

---

① 参见[印度]R.C.马宗达、H.C.赖乔杜里、卡利金卡尔·达塔:《高级印度史》(上、下册),张澍霖等译,第638页。

拉其普特人从穆斯林的劲敌成为帝国坚实的后盾，因而这一时期的民族关系非常融洽，从而带动了文化艺术上的繁荣。

图5　莫卧儿细密画之沙贾汗肖像（资料来源于网络 https://pixshark.com/shah-jahan）

　　莫卧儿王朝时期的绘画艺术，体现的不仅仅是绘画技艺的高超，更是印度次大陆多种因素的巧妙结合。在这一时期，来自中国、蒙古和波斯的绘画风格被印度本土的各个画派所借鉴和吸收，因此形成了一种混合的风格。随着时间的流逝，中国和蒙古元素逐渐褪去，而波斯风格占了上风。莫卧儿帝国的皇帝中除了奥朗则布外，都对艺术非常热爱，开国皇帝巴布尔总是能敏锐地观察到大自然的美，而胡马雍即便是在流放波斯期间，也在不断地研究中国和波斯的音乐、诗歌和绘画艺术，阿克巴则用尽一切办法鼓励发展艺术，甚至不惜违反伊斯兰教法严禁描绘生物外形的禁令，允许画家们进行动物和人物肖像的写真，使绘画艺术的题材更加丰富，形成了著名的莫卧儿细密画派。贾汗吉尔将阿克巴创立的这一艺术流派进一步发扬光大，使其更加繁荣兴旺，贾汗吉尔同时还是一位非常优秀的文艺批评家，他甚至能说出每一幅画作的作者名字。

在莫卧儿王朝时期,除了穆斯林宫廷外,次大陆各地也涌现出了一批印度教绘画大师,其中最著名的有比尚·达斯、马诺哈尔和戈瓦尔丹等,他们的画作既体现了印度教的传统风格,又与莫卧儿波斯画风进行了完美的结合,独具特色。在印度教社会,绘画艺术最发达的地区是斋普尔,斋普尔是拉其普特人居住的地方,这里经济发达,艺术文化繁荣,在18世纪后半期形成了著名的叶坎格拉画派。

三、建筑艺术

穆斯林的到来为印度次大陆带来了中亚波斯精湛的建筑技术。中世纪次大陆印度教的建筑通常都是横梁式的,支柱很多,缺乏曲线美,常见于印度教寺庙,今天在印度南部一些农村地区偶尔可以看到它们残存的痕迹。而伊斯兰建筑多以穹隆式为建筑构架,辅以花卉、几何图案和《古兰经》诗句等雕刻,整体优美和谐,充满曲线美,与印度本土的建筑风格迥然不同。历史上留存最多的是伊斯兰建筑,多位于德里、阿格拉等穆斯林统治的中心城市。这些宏伟的宫殿、城堡和清真寺多建于德里苏丹国和莫卧儿王朝时期,体现了伊斯兰建筑风格与印度教建筑风格的完美结合。在穆斯林政权建立早期,由于来到次大陆的穆斯林人数有限,并多以行伍出身,因而苏丹不得不雇用大量的印度教工匠修建宫殿、清真寺和陵墓,客观上加速了二者在建筑艺术方面的融合。

在德里苏丹国时期,几乎所有的苏丹都是建筑艺术大师,他们在印度次大陆修建了众多的城堡、宫殿和清真寺等。位于德里南部的库杜布·米纳尔高塔,即是由奴隶王朝的建立者苏丹艾伯克开始修建、苏丹伊勒图特米什最后完成的,它以独立的塔楼、钟乳石状梁托为主要特色。米纳尔高塔具有典型的伊斯兰建筑风格,但是建筑的某些构件上却留有印度教建筑的痕迹。这主要是因为奴隶王朝初期,来到次大陆的穆斯林工匠极少，苏丹不得不雇用印度教工匠来完成这项浩大的工程，这些印度教工匠，虽然在风格上极力忠实于伊斯兰建筑风格，但在一些细节的处理上，却无法摆脱印度教建筑艺术风格的影响，尤其在纹路的雕绘方面，有着明显的印度教元素和风格。此外，穆斯林统治北印度时期，很多清真寺都是在被破坏的印度教寺庙原址修建的，大量利用了印度教寺庙原有的建筑材料，这些材料有些经过加工和改动，有的则直接被原样使用，因此，这些清真寺就不可避免地保留了印度教的一些建筑风格。在卡尔吉王朝时期，由于蒙古人对中亚的侵扰，大量的艺人为躲避战乱来到德里，他们为次大陆带来了先进而精湛的建筑技术，这一时期的伊斯兰建筑，基本上都体现了浓郁的波斯风格。

图6 莫卧儿建筑之泰姬陵（资料来源于网络 https://tr.wikipedia.org/）

到莫卧儿王朝时期，伊斯兰与印度本土的建筑风格结合得更加紧密，双方在长期的交流借鉴中形成了独特的印度穆斯林建筑风格。这种风格虽来源于波斯，却与其他穆斯林世界的建筑风格有着明显的不同，而体现了许多印度教文化的元素。莫卧儿王朝时期，由于帝国国力强盛，统治者兴建了大量的城堡、宫殿和清真寺，这一时期的建筑主要特色是圆顶、带有流水的花园、多个柱子的大厅和矩形拱门。在阿克巴大帝时期，建筑艺术进入了穆斯林政权建立以来最繁盛的时期。由于皇帝本人为了获得广大印度教徒的拥护和信任，对印度教实行了宽容的宗教政策，对印度教文化也表现出了尊重和同情的一面，因此，在许多建筑物中都体现了印度教的建筑风格。阿克巴大帝在阿格拉、德里等地建造了许多宏伟的城堡，其中著名的阿格拉堡全部由红色沙石建成，气势宏伟，今天依然屹立在阿格拉市区。而作为阿格拉堡一部分的贾汗吉尔王宫，其间有许多方柱和托座柱头以及由印度教徒设计建造的一排排小拱门，但这些拱门并没有楔形拱石，带有非常明显的印度教建筑艺术风格，其建筑内部的一些雕刻细腻生动，甚至可以看作是对印度教或耆那教庙宇中一些图案的复制。位于德里的胡马雍陵是这一时期建筑史上具有里程碑意义的典范之作，陵墓首次采用了双层圆顶结构，这是建筑技术的极大改进，但是其底层平面图却是典型的印度教风格，体现了伊斯兰建筑艺术与印度建筑艺术的完美结合。这一时期，建筑材料大量使用白色或黑色的大理石，这从本质上来讲也属于印度教的，因为波斯建筑中更多使用的是彩色砖，大理石上的雕刻通常都非常细致精美，与伊斯兰世界其他地方简单朴素的雕刻艺术形成强烈对比。由于伊斯兰教反对偶像崇拜，因此早期伊斯兰建筑的雕刻都非常简单，到了莫卧儿王朝时期，雕刻风格有了明显的变化，尤其是花卉雕刻非常复杂，极显华丽。中世纪印度建筑史上最伟大的作品非泰姬陵莫属，这座由白色大理石建造的巨大陵墓是莫卧儿王朝第五代帝王沙贾汗为其难产致死的爱妻泰姬·马哈修建的，工程于1631年开工，至1653年才最终完成，历经22年，动用了2万多人力，总花费约450万英镑。[①]泰姬陵是印度教建筑艺术与波斯建筑艺术最完美的结合，其奇妙的构思、精细的石刻和雕绘，都代表了这一时期印度建筑艺术的最高水准。泰姬陵堪称人类建筑史上的奇迹，是印

---

① 参见林承节：《印度史》，第175页。

度建筑史上最辉煌的成就，今天已经成为印度的象征和身份标签。沙贾汗是一位非常多产的建筑大师，除了泰姬陵之外，他在德里、阿格拉、克什米尔及坎大哈等地还修建了许多宫殿、大厦、城堡、花园和清真寺。这些建筑虽然在宏伟程度上不及阿克巴时期所修建的建筑，但其在设计、雕刻和装饰方面却胜出一筹。今天印度德里地区仍然保留着沙贾汗在位时期修建的一些大型建筑，如勤政殿和枢密殿等，其中枢密殿以银质的天花板、大理石、黄金和大量的宝石来装饰，极显奢华，中间雕刻着那句被后世广泛流传的著名诗句："倘若人间有天堂，它就在这里，就在这里。"

图 7　库杜布·米纳尔高塔上的雕刻（资料来源于网络 http://picssr.com/tags/mughal）

除了穆斯林统治者在一些大城市修建的宫殿和清真寺之外，这一时期许多印度教国王也非常喜欢大兴土木，而拉其普特人居住的斋普尔则是这方面的代表。印度教王公贵族在这一地区修建了众多的城堡，其宏伟程度完全不逊于德里等中心城市的伊斯兰建筑，同样也是印度教建筑艺术与伊斯兰建筑艺术的完美结合。唯一不同的是，印度教文化与伊斯兰文化在建筑艺术方面的这种相互影响并不是对等的，在穆斯林统治的中心地带，伊斯兰风格占据上风，而在印度教王国内，更多体现的则是印度教风格。

　　穆斯林文化与印度教文化长期的交流与借鉴，催生了独具特色的印度穆斯林建筑、音乐、绘画风格。统治阶级的政治眼光和治国理念决定了这种文化交融的速度和深度。早期的穆斯林统治者以伊斯兰教法为立国之本，以维护穆斯林封建统治为根本任务，因而在某些程度上限制和阻碍了文化领域的这种交流。到了莫卧儿王朝时期，这种政治上的忧虑逐渐减弱，代之而来的是对彼此文化的欣赏与学习。无论是在文学领域，还是艺术方面，伊斯兰文化和印度教文化在这一时期都得到了长足的发展。但是仍然需要注意的是，莫卧儿王朝时期表现在文化艺术上的这种盛世繁荣的景象，它不是突然出现的，也不完全是由于统治阶级的推动而出现的，从本质上讲，它是两种不同的宗教文化在长达300多年的接触交往之后，对在德里苏丹国后期出现的这种融合过程的继承和发展，只是由于得到了统治阶级的支持，这种融合的速度被加快了，深度和广度都被拓展了，因而在莫卧儿王朝时期，两种宗教文化在各个方面的融合都达到了历史上最高的程度，在绘画艺术方面甚至达到了登峰造极的地步。

图8　泰姬陵拱门上的雕刻（资料来源于网络 http://picssr.com/tags/mughal）

小　结

印度中世纪历史就是一部宗教文化的冲突与交融史。本章主要讨论了穆斯林统治北印度期间，印度教文化与伊斯兰教文化之间的融合情况，从政治、宗教文化和艺术等各个方面进行了较为深入的分析。就政治方面而言，尽管穆斯林几乎是全盘照搬了伊斯兰世界已经成熟的行政管理制度和司法制度等，但是在北印度实施统治的过程中，他们又不得不对其进行微调和改进，以更好地适应次大陆的政治环境，其中最主要的一点就是穆斯林的官僚机构中第一次有了异教徒即印度教徒的参与。这在整个伊斯兰历史上都是非常罕见的一个现象。之所以出现这一现象，是由于印度次大陆特殊的政治环境造成的，人数占极少数的穆斯林不可能对印度大陆的每一块土地都进行有效的管辖，尤其是对于广袤的印度农村地区，身居城市中的穆斯林贵族根本无法进行有效的管控，因此他们不得不借助印度教当地的王公贵族和部落头人等代表宫廷在农村地区进行征税和管辖。这就意味着穆斯林宫廷的官僚体系实际上是由穆斯林与印度教徒两个在各个方面都全面对立的社会群体构成的。印度教徒参与穆斯林政权是这一时期的重要特征，而其参与程度则很大程度上取决于最高统治者——苏丹或莫卧儿皇帝对印度教的态度。

在社会文化方面，穆斯林与印度教徒相互影响，互相吸收借鉴了对方的一些科学和合理的成分。由于穆斯林统治北印度期间，绝大多数穆斯林都是由印度教改宗而来的，而这些新穆斯林虽然实现了改宗，但其生产和生活方式却并没有太多的变化，尤其是来自印度教等级社会的一些原有的观念则很难根除，种姓制度这种印度教社会特有的等级制度慢慢也传播到了穆斯林社会之中，尤其是在由印度教改宗而来的这些新穆斯林群体中有相当大的市场。因此，中世纪穆斯林群体受印度教影响最大的方面就是出现了穆斯林种姓制度。而在教育方面，两者则都进行了相互的影响。在中世纪早期，尤其是穆斯林政权建立初期，印度次大陆没有系统的教育体制。但凡有的教育，都是以私人名义开办的，只面向很小的范围且教育的主要内容都和宗教有关，而对科学文化知识和地方语言文学等重视不够。早期的穆斯林统治者普遍都不是很重视教育，这也许和他们自身接受教育不多、没有充分认识到教育的重要性有极大关系。这一时期，苏丹菲鲁兹沙是唯一的例外，在其执政期间，为了满足宫廷日常生活的物质需求，苏丹在首都德里的郊区开设了许多手工作坊，苏丹召集了约12000人在这些作坊进行"手工业生产并对他们进行了相关的技术培训"①，这可以看作是穆斯林统治者最早有系统地对下层民众进行职业培训。这一时期的教育机构多是由个人捐赠而修建的，在遇到捐助人死亡或王朝更迭时这些教育机构就面临着被关闭的风险。穆斯林统治北印度时期，主要的学者文人都集中生活在大城市，他们多是依附于穆斯林统治阶级，这一时期比较注重教育的苏丹和国王就有艾伯克、伊勒图特米什、纳西尔·乌德丁、阿拉乌德丁·卡尔吉、卡亚斯·乌德丁·图格鲁克、菲鲁兹沙以及巴哈罗尔·洛迪等，他们在位期间多数都开办了一定数量的学校。②古尔王朝的穆罕默德是第一位在阿杰梅尔（Ajmer）开办学校的穆斯林君王，而艾伯克则开始将一些学生安排在清真寺学习宗教知识，伊勒图特米什开办了规模较大的学校，至苏丹拉济娅上台，著名的同时代史学家明哈杰被任命为该校的校长。穆罕默德王子建立了一些图书馆，而菲鲁兹沙则是这一时期最注重教育的苏丹。据记载，至苏丹穆罕默德·宾·图格鲁克时期，"仅在德里教育机构就

---

① Anil Saxena, *Society and Culture under Sultanate*, p.48.
② See S.M. Jaffar, *Education in Muslim India*（S. M. 扎菲尔：《印度穆斯林教育》），Delhi: Idarah-i-Adabiyat-i-Dehli, 1972, pp.39-53.

增加到1000多所"①。虽然这一数字不一定准确，但由此可以看出，穆斯林政权建立之后，穆斯林统治者还是逐渐意识到了教育的重要性，因而才开始在社会中推行教育。但必须注意的一点是，没有任何资料可以反映这一时期普通民众的教育状况，也无法具体统计这一时期到底有多少人接受了高等教育。我们只能推测绝大多数上层社会的孩子接受了教育，而只有极少数生活在社会下层的普通孩子接受了教育，但他们获取知识的主要途径可能是来自自己的父亲或家族内部有一定文化知识的长辈。而对所有的穆斯林而言，获取宗教相关知识的主要地点为清真寺，除此之外的其他教育机构里，一般只有来自上层社会的孩子会有机会接受教育，因为绝大多数的教育机构都设在城市，对于广大农村的孩子来讲，他们接受教育的机会显然非常少。②

在文化艺术方面，印度教与伊斯兰教的融合程度相对较高，这主要是由于艺术的特殊性造成的。尽管在宗教教义方面存在着巨大的差异，但印度教徒与穆斯林在对艺术的鉴赏、对美的追求方面却有着共同之处，更容易产生共鸣。这一时期，伊斯兰音乐对印度传统音乐产生了深远的影响，给呆板单调的印度宗教音乐注入了活力，使其韵律更加丰富，节奏更为明快，形成了极具南亚特色的印度音乐风格。而在绘画艺术方面，产生于莫卧儿时期的细密画及莫卧儿画派很好地诠释了印度教文化与伊斯兰文化在绘画艺术方面的完美结合，细密画虽然从源头上来源于中亚波斯，但是在表现手法和内容上却极具印度教特色，无论在莫卧儿宫廷还是拉其普特皇宫，手法细腻、色彩艳丽的莫卧儿细密画都显现出两种

---

① Iqtidar Hussain Siddiqui, "Social Mobility in the Delhi Sultanate", Irfan Habib, ed., *Medieval India 1: Research in the History of India 1200—1750*（伊克提达尔·侯赛因·西迪基：《德里苏丹国时期的社会流动性》，伊尔凡·哈比布主编：《中世纪印度1:1200—1750年印度历史研究》），New Delhi: Oxford University Press, 2007, p. 35.
② See K.S. Lal, *Early Muslims in India*（K. S. 拉尔：《早期的印度穆斯林》），Lahore: Iqra Publications, 1984, p.147.

不同的宗教文化在绘画艺术方面已经达到了高度融合。在建筑艺术方面，这一时期主要是次大陆的许多穆斯林建筑明显受到了印度教风格的影响，无论是在建筑材料的选取、表现手法的使用方面都明显受到了印度建筑风格的影响，著名的泰姬陵即是选用印度建筑中常用的白色大理石为主要材料，而在伊斯兰世界清真寺或陵墓外墙通常采用的建材却是彩色的琉璃瓷片。

第六章　部分社会群体的演变

中世纪的印度次大陆由于穆斯林政权的建立而与历史上其他时期有着明显的不同，这是印度历史上第一次由外来的穆斯林阶层主导次大陆的政治局势，因而在政治、经济、军事和社会文化各个方面都发生着深刻的变化，这些变化从整体上又推动了印度社会的转型。经过不断的冲突与融合之后而形成的全新的印度社会更显多元和包容，它为今天南亚次大陆民族宗教和文化格局的形成奠定了基础。在这一转型过程中，各个社会阶层也因为政治环境和经济条件的变化而发生了一些显著的变化，奴隶作为人类社会阶级压迫最早的产物，是中世纪印度普遍存在的一个社会群体，在穆斯林到来之后，奴隶不仅没有消亡，反而拥有大量奴隶成为一些达官贵人身份和财富的象征。尽管这一时期奴隶的身份发生了一些演变，地位也好于历史上其他时期，但他们仍然处于社会的最底层，仍然是被剥削和压榨的对象。而妇女自母系社会之后，其地位就一直不断下降，不得不屈从于男权社会。至中世纪，无论是在穆斯林社会还是印度教社会，妇女的地位依然低下，她们作为男人的附庸，必须服从于自己的丈夫，必须受到其他一些社会风俗，如童婚、嫁妆制、萨帝制、深闺制度等的束缚，妇女的人身自由受到了不同程度的限制。尽管在这一时期也出现了一些名垂史册的杰出女性，甚至还有人成功地登上王位，但她们毕竟是靠近权力中心的极少数人。绝大多数印度妇女依然生活在男权主义的笼罩之下，依然没有婚姻的自由，依然会在日常生活中受到种种限制。

第一节 奴 隶

中世纪印度处于封建社会的中晚期，虽然经济得到了快速的发展，但社会等级分化却愈加明显，统治阶级对被统治阶级的压迫和剥削在某种程度上讲反而加重了。这一时期，奴隶成为普遍存在的社会群体。穆斯林统治者，无论官阶高低，都拥有数量不等的奴隶，他们尤其喜欢强迫被征服地的印度教妇女卖身为奴，作为歌伎和舞伎供自己玩乐。此外，穆斯林统治者也会通过纳贡、接受馈赠等多种方式获得来自世界各地的奴隶。与穆斯林社会相似，中世纪的印度教社会也有大量奴隶存在，有些奴隶甚至来源于穆斯林群体。据史学家尼扎姆·乌德·丁所述，这一时期，也有部分穆斯林和赛义德妇女被拉其普特王公变卖为奴，这些妇女的主要任务是表演歌舞，取乐印度教王公贵族，供他们消遣娱乐。

奴隶是完全失去人身自由而从属于奴隶主的特殊的劳动者，是古代社会常见的社会群体，按照马克思主义有关理论，也是一个受压迫、受剥削、被奴役的阶级。关于印度古代奴隶的状况，史料记载很少。据成书于公元前1世纪的《摩奴法论》记载，奴隶可以被主人赠送、买卖、交换，作为私有财产的一部分，可以被继承。[①]古代奴隶主要来源于战争中的俘虏、生活难以为继的穷人以及因为触犯法典而被贬为奴的自由民。奴隶没有自己的财产，他们的劳动所得全部归奴隶主所有。中世纪印度奴隶的状况与古代相似，但也呈现出了一些新的特点。一是奴隶的来源更加多元化。穆斯林统治者为维护其在印度次大陆的统治秩序，不断发动战争，扩张领土，连年战乱让大量平民沦落为奴。许多生活在印度社会最下层的首陀罗和不可接触者为摆脱种姓压迫，开始皈依伊斯兰教，"自愿"卖身为奴。除印度本土奴隶之外，来自海外的奴隶数量在这一

---

① 参见佚名：《摩奴法论》，蒋忠新译，中国社会科学出版社，2007年，第175—176、190页。

时期也有明显增加。二是奴隶的地位较古代有所改善。伊斯兰教法宣扬人人平等，规定主人必须善待奴隶，与奴隶同衣同食，①至少从理论上表明奴隶的地位有所提升。事实上，中世纪印度奴隶就其社会地位和生活质量而言要好于古代奴隶，甚至是绝大多数自由民。苏丹和穆斯林贵族通常会赋予一部分表现优异的奴隶一定的权利和社会地位，奴隶们有时也会获得相应的劳动报酬甚至较大数额的财富。三是打破了"一日为奴、永世为奴"的身份禁锢。一部分奴隶被主人解除奴隶身份，晋升为封建贵族、军事首领、宗教圣人、手工业者、工匠、宫廷艺人或文人等。伊斯兰教征服世界的战争为体格健壮的奴隶提供了表现的机会，中世纪社会经济的发展推动了社会分工进一步细化，为奴隶身份的这种演变提供了实现的可能。研究这一时期的奴隶状况，有助于我们更清晰地了解穆斯林统治下印度社会各阶层的状况，以及伊斯兰文化与印度本土文化在次大陆最初的冲突与交融，具有一定的现实意义。

一、奴隶的来源

中世纪印度奴隶的来源较古代更为复杂，呈现出多元化的特色。这主要是因为自8世纪起，穆斯林开始进入印度次大陆，进一步打通了印度与中亚及非洲的海上通道，国际间的奴隶贸易更加便捷和频繁；10世纪末来自中亚的马茂德（Mahmud）军队越过兴都库什山对恒河平原以掠夺财富为目的的侵略及此后穆罕默德·古尔（Muhammad Ghuri）军队以占领印度领土为目的的侵略，再一次打开了印度次大陆固守多年的西北门户，战争及不同宗教间的冲突造就了印度次大陆多元的文化，中世

---

① 伊斯兰教法中的相关表述：必须善待奴隶，"让奴隶吃你所吃，穿你所穿，勿强迫奴隶从事其能力之外的工作"。参见 H. S. Bhatia, ed., *Political, Legal and Military History of India*, vol.4, p. 53. 另参见穆罕默德·阿希格·艾勒哈·拜尔纳：《简明伊斯兰教法》，金忠杰等译，第 326—341 页。

纪的印度奴隶多是这种战争和冲突的产物。这一时期的奴隶主要来源于以下几个方面：

（一）国际市场买卖

在中世纪，奴隶买卖在整个伊斯兰世界都是非常普遍的社会现象。巴格达是当时奴隶交易最活跃的城市，很多奴隶都是由主人带到巴格达的奴隶市场，然后从这里被卖往世界各地的。除巴格达之外，这一时期迦兹尼（Ghazni）和德里也有闻名世界的大型奴隶交易市场。穆斯林贵族和军事首领经常从这些奴隶交易市场挑选体格健壮的奴隶充实到自己的军队里，从事征服世界的战争。德里苏丹国时期所谓"奴隶王朝"的建立者库杜布·乌德·丁·艾伯克（Qutb-ud-din Aibak），就曾是主人穆罕默德·古尔从迦兹尼奴隶市场购买所得。该王朝第二任苏丹伊勒图特米什（Iltutmish）也曾是库杜布·乌德·丁高价收买的奴隶，而苏丹巴勒班（Balban）则是先被蒙古人卖到巴格达，后辗转卖给了伊勒图特米什。①除了中东和中亚地区，这一时期印度也从非洲、马来半岛和中国等地进口奴隶。中世纪摩洛哥著名旅行家伊本·白图泰②就曾听说，"苏丹伊勒图特米什派人去河外地（Transoxiana）③收购奴隶"④。

---

① 参见 R.C.马宗达、H.C.赖乔杜里、卡利金卡尔·达塔：《高级印度史》，张澍霖等译，第293、298、304页。
② 摩洛哥穆斯林学者，1333—1347年间在印度游历，著有《伊本·白图泰游记》。
③ 河外地（Transoxiana），即中亚阿姆河以北与锡尔河之间的地区。
④ Ibn Battuta, *The Travels of Ibn Battuta*（伊本·白图泰：《伊本·白图泰游记》）, vol.3, trans. H. A. R. Gibb and C. F. Beckingham, Cambridge: Cambridge Unversity Press, 1958—2000, p. 633. 转引自 Peter Jackson, *Studies on the Mongol Empire and Early Muslim India*（彼得·杰克逊：《蒙古帝国及早期穆斯林印度研究》）, partⅦ, London: Ashgate Variorum, 2009, p. 68。

（二）战争俘获

伊斯兰教对外扩张的战争中，很多战俘和被征服地区的平民失去人身自由，沦为穆斯林征服者的私有财产，他们或被主人押到国际市场进行转手买卖，或被充军后跟随主人南征北战。无论是在印度次大陆还是在整个伊斯兰世界，战争所俘获的奴隶都被认为是一种合法的战利品。古尔王朝和德里苏丹国时期常常以所获奴隶的数量多少来衡量战争的成果。据中世纪史学家哈桑·尼扎米（Hasan Nizami）1217年记载，库杜布·乌德·丁·艾伯克1195年进攻古杰拉特时，获得约2万奴隶，而1202年进攻羯陵伽（Kalinja）时，得到约5万奴隶。①同样，波斯史学家术兹札尼（Minhaj Siraj Juzjani）1259年告诉我们，巴勒班1253年进攻伦滕波尔（Ranthambhor）时得到了"数不清的马匹和奴隶"。②同时代的穆斯林史学家巴兰尼（Barani）1357年也说，苏丹阿拉·乌德·丁·卡尔吉（Ala-ud-din Khalji）派遣马利克·卡富尔（Malik Kafur）进行对德干的大扩张时，估计有大量的"马匹和奴隶"成为战利品。③另据巴兰尼记载，巴勒班在进攻河间地带（Doab）④时，带回来的奴隶和牲畜数量是如此之多，从而导致德里市场奴隶价格出现下跌。史学家尼扎姆丁（Shaikh Nizamuddin）1354年讲到，法里德（Shaikh Farid）作为阿约提（Ajodhan，今巴基斯坦旁遮普省帕克帕坦地区）首领时，掳掠了一个村

---

① Irfan Habib, "Slavery," in J. S. Grewal, ed., *History of Science, Philosophy and Culture in Indian Civilization*, vol.VII, part1, p. 432.
② Minhaj Siraj, *Tabaqat-i Nasiri*（明哈杰·西拉杰：《纳西尔通史》），vol.II, edited by Abdul Hai Habibi, p. 65. 转引自 Irfan Habib, "Slavery," in J. S. Grewal, ed., *History of Science, Philosophy and Culture in Indian Civilization*, vol.VII, part1, p. 432.
③ Ziya Barani, *Tarikh-i Firozshahi*（齐亚·巴兰尼：《菲鲁兹沙王朝史》），edited by Saiyid Ahmad Khan, W. N. Lees and Kabir al-Din, p. 327. 转引自 Irfan Habib, "Slavery," in J. S. Grewal, ed., *History of Science, Philosophy and Culture in Indian Civilization*, vol.VII, part1, p. 432.
④ 河间地带（Doab），指恒河与朱木拿河之间的地区。

庄,"把当地所有的人都变身为奴"①。

(三)卖身为奴

由于印度社会存在着严格的等级制度——种姓制度,低种姓的首陀罗和不可接触者生活在社会的最底层,他们是被压迫、被剥削的对象,其宗教生活也常常受到高种姓的限制。由于生活拮据、无力偿还债务等原因,很多人被迫卖身为奴,失去人身自由,成为高种姓及统治阶级的私有财产。印度次大陆穆斯林政权的建立,为这些生活在社会最底层的人们提供了另一种摆脱种姓压迫的途径,受伊斯兰教平等思想的吸引和苏非圣人们的说教影响,很多首陀罗和不可接触者放弃原有的宗教信仰和原有的种姓,期望通过皈依伊斯兰教,变身为穆斯林特权阶级的奴隶,来改善自己的社会地位。苏丹巴勒班和卡尔吉统治时期,许多交不上赋税的平民都被迫卖身为奴,另据伊本·白图泰记载,苏丹菲鲁兹沙规定,"无业者在自愿的前提下也可以卖身为奴隶"②。

(四)进贡或馈赠

这部分奴隶的数量有限。许多臣服于德里苏丹的藩属国国王每年除上缴大量的贡赋之外,还会把从各地掳掠而来的奴隶,尤其是年轻貌美的女奴献给苏丹。苏丹规定如果全国各地的封地拥有者向苏丹敬献奴隶,就可以相应地减轻他们应缴纳的贡税。苏丹菲鲁兹·沙·图格鲁克(Firuz Shah Tughluq)喜欢奴隶,因此"各地国王和官员都从自己的封地里掳

---

① Irfan Habib, "Slavery," in J. S. Grewal, ed., *History of Science, Philosophy and Culture in Indian Civilization*, vol.VII, part1, pp. 432-433.
② Fouzia Farooq Ahmed, "The Delhi Sultanate: A Slave Society or A Society with Slaves?", *Pakistan Journal of History and Culture*(弗吉亚·法鲁赫·阿罕默德:《德里苏丹国:奴隶制社会还是有奴隶的社会?》,《巴基斯坦历史文化杂志》), vol.XXX, No.1 (Jan. 2009), p. 10.

掠奴隶送到宫廷以取悦苏丹"[1]。此外，奴隶还经常被当作贵重礼物在友好邻邦之间馈赠，据伊本·白图泰记载，中国元朝皇帝的使臣曾带着100名奴婢来见穆罕默德·图格鲁克，"作为友好的回应，苏丹也挑选了能歌善舞的男女奴隶各100名作为回礼"[2]。事实上，这种进贡或馈赠奴隶的现象在中世纪的印度非常普遍。伊本·白图泰在自己的游记里还提到，他曾给苏丹穆罕默德·图格鲁克的母亲敬献了一个奴隶，作为回报，其母亲给了他"大量的金银珠宝和名贵的衣服"[3]。

此外，由于奴隶身份具有世袭性，奴隶的后代也归其主人所有。在中世纪，无论是早期跟随突厥贵族来的中亚奴隶，还是后期产生的印度本土奴隶，他们都在次大陆不断繁衍生息，其子孙后代也成为这一时期奴隶的一个重要来源。

二、奴隶的地位

奴隶自产生以来，就一直生活在社会的最下层，失去人身自由，像商品一样被主人随意买卖，他们通常都承担着繁重的体力劳动，经常被主人鞭挞、虐待，很多甚至被折磨致死。上述情况同样适用于中世纪的印度奴隶，作为主人的私有财产，他们在生活的各个方面，都完全处于主人的控制之下，没有主人的允许，他们不能结婚、集会、与亲人联系，当奴隶死后，其财产由其主人而非奴隶的儿子们继承。然而，如果就此认为穆斯林统治下的印度奴隶完全没有地位和权利，则可能会有失偏颇。为苏丹和穆斯林贵族服务的印度本土奴隶，通常都放弃了自己原有的宗教，实现了改宗。按《古兰经》的说法，一旦一个奴隶皈依了伊斯兰教，他就拥有了和其他人一样平等的权利。如果他原来属于一个较低的种姓，

---

[1] J. L. Mehta, *Advanced Study in the History of Medieval India*, p.136.
[2][3] Fouzia Farooq Ahmed, "The Delhi Sultanate: A Slave Society or A Society with Slaves?", *Pakistan Journal of History and Culture*, vol.XXX, No.1(Jan. 2009), p. 20.

那此时其地位的改善就是必然的。事实上，德里苏丹国时期奴隶的地位差异很大。绝大多数奴隶的地位较历史上没有明显的变化，他们是被压迫、被剥削的对象，一部分奴隶的地位却有了显著的提升，尤其是那些来自中亚突厥斯坦的精英奴隶，在穆斯林政权建立之后，在政治地位上表现出了明显的优越性，他们多成为封建贵族或统治阶级的中坚力量，极个别奴隶还成功问鼎权力的顶端。对于那些从战场上俘获的印度本土奴隶，主人们通常会根据年龄和身体状况判断其是否适合行军打仗以决定他们未来的命运。绝大多数成年战俘都会被杀，留下来充实到军队里的奴隶成了穆斯林军事首领手中的杀人工具，他们也多死于战争。极少数优秀的奴隶得到主人的赏识，逐渐成为各级军事头领，晋升为特权阶级。从被征服地区掳掠而来的奴隶先由苏丹本人挑选，余下的在贵族们之间分发，绝大多数成年男性奴隶被充军，一部分年轻貌美的女奴被安置在苏丹和贵族们的后宫，成为他们恣意娱乐的工具。童奴，尤其是年龄在8岁至9岁的男童，会接受宗教和军事方面的一些训练，成年之后，他们已具备良好的军事素养，而且对主人变得非常忠诚，因此很快成为军队的中坚力量。

（一）官属奴隶

官属奴隶主要是为苏丹本人及其亲属、穆斯林贵族服务的。在中世纪穆斯林社会，拥有奴隶是很常见的现象。上自苏丹本人，下至达官显贵，都拥有数量可观的奴隶。服务于苏丹及穆斯林贵族的官属奴隶，其数量最为庞大，来源也最为广泛。苏丹阿拉·乌德·丁·卡尔吉拥有约5万奴隶，苏丹穆罕默德·宾·图格鲁克拥有的奴隶数量如此之多，"苏丹不得不每周专门抽出一天时间来签署解除他们奴隶身份的文书和指定他们的婚姻"。到苏丹菲鲁兹沙上台，其拥有奴隶的数量已经从此前的约5万人上升为约20万人。①

官属奴隶按照其从事的工作性质可以分为两大类：一类是被充实到军队里从事战争的各级军士，另一类是直接为苏丹和贵族们服务的家奴。前者构成了穆斯林军队的主体，而后者则承担了大量的家务劳动、手工业生产等工作。这一时期苏丹和贵族们拥有的家奴数量庞大，已经远远超过了实际的需要，他们不得不把奴隶们安置在不同的地方，并赋予不同的工作。一部分奴隶有幸得到文学、音乐、舞蹈和宗教方面的培训，成为宫廷文人、艺人和宗教圣贤，一部分奴隶通过接受技能培训成为手工业者或工匠。苏丹菲鲁兹沙就曾拥有约1.2万名手工业者和工匠。②

官属奴隶按照其从事的工作种类不同又可以细分为以下九种：（1）军士。除了来自中亚的精英奴隶外，大量的普通奴隶也会被充实到军队之中。由于许多奴隶都曾接受过训练，他们对主人非常忠诚，在军队里通常担任护卫工作。苏丹阿拉·乌德·丁·卡尔吉的奴隶护卫就让苏丹从一场阴谋中得以逃生，而穆罕默德·图格鲁克在出征时，"身边有约1.2万名手持武器的奴隶担当护卫，这些奴隶一般都是步兵"③。（2）家奴。家奴是这一时期官属奴隶的重要组成部分。因为德里苏丹政权是以城市为中心建立起来的，所以这些奴隶多生活在城市之中，他们所从事的工作主要是满足苏丹和贵族们的日常生活需要，如照顾主人的日常起居、洗衣、做饭、打扫卫生等。（3）建筑劳力。在中世纪，很多穆斯林统治者都非常热衷于大兴土木，苏丹伊勒图特米什、阿拉·乌德·丁·卡尔吉和菲鲁兹沙等在其统治期间都建造了许多宏伟的宫殿。这些工程所需要的大量的劳动力则来自官属奴隶，他们既廉价又听从指挥。据巴兰尼记载，苏丹阿拉·乌德·丁·卡尔吉有约7万建筑劳力，

---

① K. N. Chitnis, *Socio-Economic History of Medieval India*, p.61.
② H. S. Bhatia, ed., *Political, Legal and Military History of India*, vol. 4, p.98.
③ Fouzia Farooq Ahmed, "The Delhi Sultanate: A Slave Society or A Society with Slaves?", Pakistan Journal of History and Culture, vol.XXX, No.1(Jan. 2009), p. 19.

他们在三天之内就可以建造好一座房子,在两周之内就可以建好宫殿或堡垒。①(4)密探。奴隶们在接受相应的训练之后通常都会变得非常忠诚,因此,他们也被大量用于从事耳目工作,为苏丹收集全国各地的情报,监视官员们的言行举止和日常活动,宫廷内外稍有风吹草动,消息很快就会传递到苏丹那里。苏丹阿拉·乌德·丁·卡尔吉时期,为整治市场,甚至派密探监视商人们的缺斤短两行为。②(5)宫廷作坊工人。大量的奴隶被用于从事手工业生产,但他们生产的产品主要不是用于市场交易,而是为满足宫廷和贵族们的生活需要,如制作官服、华盖、窗帘、灯具、香水等。(6)工匠。一部分奴隶在接受技能培训之后,在建筑、锻造、雕刻等行业成为专家。他们修建、装饰各式宫殿,为宫廷加工武器、家具及其他必需品。(7)艺人。伊本·白图泰在自己的游记中多次提到为苏丹和贵族们服务的乐师、歌伎和舞伎,不同于性奴,这些奴隶主要从事音乐或舞蹈表演,他们逐渐成了宫廷艺人,有时也会在婚庆等场合进行演出。德里苏丹国时期,宫廷里乐师有时多达上千人。(8)太监。一部分奴隶被任命管理苏丹的后宫,他们通常从小就被卖为奴并且被阉割。在德里苏丹国时期,太监的地位很高,他们在苏丹的后宫管理中扮演着重要的角色,有的人还拥有显赫的地位。13世纪孟加拉地区的奴隶市场上太监交易非常频繁。(9)性奴。苏丹和贵族们在他们的后宫拥有大量的性奴,她们以取悦主人和满足主人的性需求为主要目的。苏丹菲鲁兹·沙·图格鲁克的大臣贾汗(Khan Jahan)在其后宫就曾拥有约2000性奴。③

苏丹和贵族们根据奴隶的忠诚程度和能力,区别对待他们。为苏丹

---

① Fouzia Farooq Ahmed, "The Delhi Sultanate: A Slave Society or A Society with Slaves?", *Pakistan Journal of History and Culture*, vol.XXX, No.1(Jan. 2009), p. 20.
② Fouzia Farooq Ahmed, "The Delhi Sultanate: A Slave Society or A Society with Slaves?", *Pakistan Journal of History and Culture*, vol.XXX, No.1(Jan. 2009), p. 21.
③ Irfan Habib, "Slavery," in J. S. Grewal, ed., *History of Science, Philosophy and Culture in Indian Civilization*, vol.VII, part1, p.434.

服务的优秀的奴隶通常过段时间都会被解除奴隶身份，有时还会被赐予很高的地位，甚至是军事官阶。绝大多数奴隶地位低下，除承担各种繁重的劳动外，还经常被主人鞭挞、虐待，但总体而言，德里苏丹国时期官属奴隶的地位要高于普通的民间奴隶和绝大多数的自由民。官属奴隶因为与统治阶级接触密切，拥有更多被解放和被提升的机会，在宫廷里，他们所承担的工作往往会与众多的奴仆和宫廷佣人共同分担，因此劳动强度也不会特别大。此外，一个自由民虽然在法律上拥有比奴隶更高的社会地位，但实际上他们的生活却往往难以为继，经常会挨饿受冻，而身处宫廷之中的官属奴隶则多过着衣食有保障的相对舒适的生活。官属奴隶还有机会跻身封建统治阶级内部，直接为封建政权服务，而作为自由民却鲜有这样的机会。

我们还可以通过几个典型的例子，来进一步了解这一时期官属奴隶的地位。女苏丹拉济娅（Raziya）曾把来自阿比西尼亚（埃塞俄比亚的旧称）的奴隶贾拉勒·乌德·丁·亚库特提拔到了马厩总管的职位，这种对奴隶"过分宠幸"的举动激怒了突厥贵族，他们继而组织了"四十人集团"反对她。[①]此外，奴隶在主人的允许之下，还可以结婚、生子，拥有自己的收入。苏丹库杜布·艾伯克就曾把自己女儿嫁给了奴隶伊勒图特米什。苏丹菲鲁兹沙在位时规定那些没有子嗣或继承人的人死后其财产要收归国有，但苏丹却经常允许这些遗产被其主人的奴隶或仆人继承。据中世纪史学家阿菲夫（Afif）记载，"一部分奴隶甚至可以从主人那里得到封地"[②]。

---

① 参见 R.C.马宗达、H.C.赖乔杜里、卡利金卡尔·达塔：《高级印度史》，张澍霖等译，第 302 页。
② K. N. Chitnis, *Socio-Economic History of Medieval India*, p.62.

第六章　部分社会群体的演变

(二) 民间奴隶

在中世纪印度，奴隶的数量通过战争和买卖不断扩大，奴隶在当时的印度民间也极其普遍。伊斯兰教虽主张真主面前人人平等，却也承认奴隶存在的合法性："主人可以拥有奴隶，并有权继承或买卖。"①不仅是穆斯林特权阶层、印度教贵族，甚至是普通平民，都可能拥有数量不等的奴隶。苏丹拉济娅时期一位名叫努尔·图克（Nur Turk）的苏非圣人，虽然没有任何经济来源，生活困窘，却拥有一个做弹棉花工作的奴隶并靠其收入养活自己。史学家尼扎姆丁年轻的时候，和自己母亲过着拮据的日子，但他仍然拥有一个女奴和其母亲一起做着纺线的工作。②在德干，甚至有中高级妓女也雇用奴隶为其服务。③

民间奴隶主要分为两种：一种是从事家务和田间劳作的家奴，另一种是供主人娱乐消遣的性奴。前者往往被派以繁重的体力劳动，遭受着种种折磨和压迫，后者则相对比较受主人重视，个别表现优异的女奴甚至在家庭中占有比较重要的地位。家奴主要从事家务劳动，一部分也被用于从事农业生产，还有一部分被安排从事手工业和商业，这可以视为劳动力过剩和经济发展的结果。尼扎姆丁的祖父是13世纪布道恩（Badaun）地区的一位大商人，他拥有大量的奴隶，"一些从事手工业生产，一些从事货物贸易"④。

有关女奴的情况我们可以从成书于1230—1231年的四部文献中得到相关信息，这四部文献皆出自古杰拉特地区，现收录在《文论》

---

① 穆罕默德·阿希格·艾勒哈·拜尔纳：《简明伊斯兰教法》，金忠杰等译，第326页。
② Irfan Habib, "Slavery," in J. S. Grewal, ed., *History of Science, Philosophy and Culture in Indian Civilization*, vol.VII, part1, p. 433.
③ H. S. Bhatia, ed., *Political, Legal and Military History of India*, vol. 4, p. 130.
④ See Irfan Habib, "Slavery," in J. S. Grewal, ed., *History of Science, Philosophy and Culture in Indian Civilization*, vol.VII, part1, p. 433.

(लेखपद्धति, lekhapaddhati)①里。文献分别记载了四个女奴的故事。前两份文献中记载的两个女奴都是16岁，在战争过程中被俘获。其中一个已经有了丈夫，但两人都被剥夺了与家人生活的权利。她们的种姓无从知道，但也没有证据表明她们就一定属于低种姓。在另外两份文献中，描写的也是两个女奴，一个10岁，另一个12岁，两人都因为生活困窘吃不上饭而被迫卖身为奴，第一个属于拉其普特种姓，②被自己家人和丈夫所抛弃，第二个是寡妇，没有父母和兄弟。四部文献中对她们的工作都进行了描述，但大致相似。在第一份文献中，罗列的工作包括擦拭地板、汲水、清理人的粪便、给奶牛及山羊挤奶、搅拌凝乳、从事田间劳动如运送草料及除草等。这些工作中，一个属于拉其普特较高种姓的人被派做清理粪便这样印度传统中被认为"不洁"的工作之后，仍然允许她做搅拌凝乳等相对较洁净的工作，似乎表明种姓制的一些禁忌在奴隶身上并不是那么严格。但重要的是，女奴们都承担着繁重的体力劳动。主人的义务仅仅是"按照惯例和能力"提供给女奴们必要的食物和衣服。他对女奴有绝对的权利，他有权将奴隶们"捆绑并进行残酷的鞭打"，或者"抓住她们的头发进行踢打"。如果在这样非人的虐待殴打之下，女奴试图自杀，则她将会被视为开除出了种姓。主人不仅不会因此受到玷污，反而会被认为无比圣洁，"如同在恒河中沐浴过一样"。③

上述文献描述的是属于印度教特权阶级的女奴情况，不同于穆斯林贵族的奴隶必须改宗和放弃种姓，她们一旦为奴，其种姓虽然可以保留，但已经不再重要，即便曾经属于较高的种姓。奴隶们没有任何权利，不能和自己的亲人自由进行接触，包括丈夫，她们经常被买卖、交换或像

---

① 《文论》(लेखपद्धति, lekhapaddhati)，收录9—16世纪描写印度政治状况及日常生活的文献总集。
② 印度社会中来自刹帝利的一个较高种姓，一般属武士阶层。
③ Irfan Habib, "Slavery," in J. S. Grewal, ed., *History of Science, Philosophy and Culture in Indian Civilization*, vol.VII, part1, p. 431.

礼物一样赠送给别人,有时主人出于盈利目的甚至会把奴隶们卖到外国。对于绝大多数性奴而言,其境况也是极其悲惨。女奴们往往成为男主人恣意性侵的对象,成了他们手中的玩物和借以娱乐消遣的工具。对于这一时期男奴的情况,我们知之甚少,因为没有留下太多相关的记载,但其存在是肯定的,《文论》中也有关于两个兄弟将男奴和女奴作为财产继承的相关记载。有理由相信,在德里苏丹国时期,男奴们的境况不会比女奴好多少。值得注意的是,无论其主人是穆斯林还是印度教徒,对民间奴隶而言,其社会地位和生活质量明显低于官属奴隶,而且他们获得身份解放和地位提升的可能性非常小。

(三)奴隶的价格

在中世纪印度,大量的奴隶拥入城镇,市场出现供大于求的局面,致使奴隶价格极其低廉。在苏丹阿拉·乌德·丁时期(1296—1316),德里市场的奴隶价格可以与同期的牲畜价格做如下对比:

德里市场奴隶价格与牲畜价格对照表

奴隶/人	价格(坦卡[①])	牲畜/头	价格(坦卡)
从事家务工作的女奴	5—12	被阉割的公牛	4—5
满足主人的女性奴	20—40	用于耕作的公牛	3
面容姣好的男童奴	20—30	用于屠宰的母牛	1.5—2
从事劳动的成年男奴	10—15	奶牛	3—4
		产奶的水牛	10—12
从事家务劳动的男童奴(未培训)	7—8	用于屠宰的水牛	5—6

注:此表取自 Irfan Habib, "Slavery," in J. S. Grewal, ed., *History of Science, Philosophy and Culture in Indian Civilization*, vol. Ⅶ, part1, p. 433.

---

① 坦卡(tanka),中世纪印度的一种银币,其重量约等于 175 格令。

从上表我们可以看出，一个成年男奴的价格仅仅略高于一头产奶的水牛价格，从事家务劳动的女奴价格最低，几乎等同于一头用于屠宰的水牛价格，一个从事家务劳动的男童的价格也是略高于用于屠宰的水牛的价格，而满足主人性需求的女奴的价格最高，也就是说年轻貌佳的女奴最贵。

从地域来讲，产于印度本土阿萨姆地区的奴隶因其体格健壮、精力旺盛而为主人们所喜爱，在买卖中他们的价格通常要高出其他地区奴隶好几倍。

当伊本·白图泰1333—1334年到达德里的时候，苏丹穆罕默德·宾·图格鲁克的瓦济尔（wazir，相当于首相）以礼物的形式赠送给他10个从当地抓到的女奴。她们的价格都十分低廉，即便是受过培训的奴隶价格也不高。这一时期奴隶交易不是很活跃，几乎没有人想买奴隶。在德里市场，"一个普通女奴的价格不会高于8坦卡"[①]。

主人们一般都会很精心地对待自己的奴隶，尤其是那些将在市场上进行交易的奴隶，因为对他们的细微投资往往可以获得较丰厚的利润回报。主人对奴隶拥有绝对的所有权，这一点在全社会都得到了普遍认可。即便是苏丹本人想释放某个奴隶，他也得向其主人给予一定的经济补偿。

在中世纪，穆斯林贵族的生活主要分为战争和娱乐两个部分，他们很少有时间从事家务劳动。此外，由于当时社会的普遍观念认为从事家务有损于一个穆斯林贵族的声誉，因此，家庭里大量奴隶的存在就成了比较普遍的社会现象。但大约从14世纪后半叶起印度奴隶的数量开始减少，这从菲鲁兹·沙·图格鲁克时期木尔坦首领马赫鲁（Ainul Mulk Mahru）的书信中可以找到证据。信中提到"对从印度向呼罗珊（Khurasan）贩

[①] Irfan Habib, "Slavery," in J. S. Grewal, ed., *History of Science, Philosophy and Culture in Indian Civilization*, vol.VII, part1, p.435.

卖奴隶的商人加强了限制"[①]，自然让人想到印度本地市场的奴隶数量出现了下降和供不应求的局面。帖木儿（Timur）1398—1399年入侵印度时，被他变卖到中亚的多为德里地区投降了的自由民而并非奴隶，这也从侧面印证了上述判断。

三、奴隶身份的演变

12世纪末穆罕默德·古尔军队对印度的入侵以及此后德里苏丹国的建立和扩张，对印度奴隶产生了重要影响。连年的战乱及伊斯兰教与印度本土宗教的冲突使这一时期奴隶的数量急剧增长，苏丹们根据统治的需要，给不同的奴隶分配不同的劳作，并赋予他们不同的社会地位，从而为其身份的转变提供了可能。无论是官属奴隶还是民间奴隶，无论是精英奴隶还是普通奴隶，正是在社会政治经济发展的驱动之下，逐渐分化并分流到了社会的不同层面，从而形成了身份不同、职业各异的社会阶层。

13世纪起来自中亚突厥斯坦的精英奴隶，在取得对印度次大陆的胜利之后，逐渐摆脱其奴隶身份，开始占据德里苏丹政权中大多数显赫的位置，这一时期的所有苏丹都出自这些奴隶或他们的后代。在苏丹拉济娅时期，"四十人集团"就是由前苏丹伊勒图特米什的奴隶们组成的一个政治集团，他们在宫廷享有很高的地位。伊勒图特米什死后，"四十人集团"并没有遵守苏丹让其女儿拉济娅继承王位的命令，而是拥立伊勒图特米什的儿子鲁克·乌德·丁继承王位。经过宫廷斗争，拉济娅后来正式继位苏丹之后，这些出身奴隶的贵族又对朝政大加干涉，最后依靠阴谋推翻了拉济娅的统治，处死了拉济娅本人及其丈夫。在卡尔吉王朝和图格鲁克王朝时期，印度本土的精英奴隶开始占据高位，加济·马

[①] H. S. Bhatia, ed., *Political, Legal and Military History of India*, p.130.

利克（Ghazi Malik）出生于印度，本为苏丹巴勒班的奴隶，凭借其卓越的功绩，1320年成为苏丹，建立起了著名的图格鲁克王朝。贾汗也是一位生于印度的本土奴隶，后成为苏丹菲鲁兹沙的首相。从菲鲁兹沙时期起突厥人似乎已不再占据精英奴隶的主体，而阿拉·乌德·丁·卡尔吉的副王马利克·卡富尔很可能是最后一位来自中亚的高级奴隶。从整体来看，图格鲁克王朝之后，奴隶出身的贵族们无论从人数上还是实力上都出现了明显的下降，他们已无力追求在德里苏丹统治早期所获得的显赫地位，而此时主宰宫廷的是出生于印度本土的新兴的穆斯林贵族。虽然苏丹菲鲁兹·沙·图格鲁克的奴隶在其死后展开了争夺王位的战争，但只能视作一个短暂的插曲，此后再也没有奴隶觊觎过王位。

我们可以从两个方面对上述现象进行分析。一是从12世纪末到14世纪初，随着时间的流逝，来自中亚的精英奴隶逐渐年老、死去并退出历史舞台，被新兴的印度本土奴隶所取代，这是历史的必然。另一方面，在德里苏丹早期奴隶们获得解放，跻身特权阶级，实现身份转变，是在穆斯林政权建立过程中，连年的征战、穆斯林在印度次大陆立足未稳的历史背景下实现的。一旦穆斯林统治走向稳定和成熟，新兴的穆斯林贵族开始占据宫廷中的显赫位置，普通奴隶想要晋升为特权阶级的可能性已经变得非常小，他们的生存发展空间已极其有限，因此不可能对历史的走向产生根本性的影响和改变。应该说，德里苏丹国从卡尔吉王朝开始，才真正确立了其在北印度的地位，而所谓的"奴隶王朝"只是穆斯林政权走向成熟的一个过渡。

除了上述与王权相关的精英奴隶之外，许多普通奴隶虽然出身卑微，但由于表现优异，也常常会得到主人们的赏识和重用。在宫廷内外，涌现出了一大批精通建筑、锻造、纺织、洗染等技能的工匠和手工业者，以及深谙宗教、文学、音乐、舞蹈、美术等的学者和艺人，他们在长期

第六章 部分社会群体的演变

的生产生活实践中，逐渐摆脱了自己的奴隶身份，而变身为不同社会阶层的普通劳动者，有力地推动了中世纪印度社会经济文化的发展。对于依附于苏丹和穆斯林贵族的广大印度本土奴隶来讲，放弃自己原有的宗教信仰和种姓而皈依伊斯兰教，成了穆斯林，改宗虽带来了身份的转变，但从低种姓阶层到穆斯林底层，他们的社会地位并没有实质性的改变。

奴隶作为一个历史上长期存在的阶级、阶层或特殊的社会群体，失去人身自由，但在不同的历史阶段其地位和作用却不尽相同。中世纪印度奴隶多是战争的产物，他们为苏丹和穆斯林贵族服务，在穆斯林政权的建立和巩固过程中发挥了重要的作用。虽然同历史上其他时期一样，奴隶都生活在社会的最底层，但不同的是，德里苏丹国时期奴隶的身份和地位呈现出了朝向特权阶级的向上的"流动性"。伊斯兰教所宣扬的平等思想和苏非圣人们的说教为这种"流动"提供了理论上的可能，许多奴隶希望通过个人努力抓住通往上层社会的阶梯，生活在种姓社会的广大首陀罗和不可接触者也期望通过改宗实现身份和地位的改善。以战争为主题的时代背景为这种"流动"提供了实践的机会，伊斯兰教征服世界的战争，为体格健壮、骁勇善战、足智多谋的奴隶提供了表现的舞台，他们更容易被主人赏识和重用，许多奴隶正是在长年的征战中得到了跻身特权阶级的机会。此外，初来乍到的穆斯林统治者在印度次大陆立足未稳的客观现实，以及对当地宗教、文化及自然环境所表现出来的"水土不服"，为这种"流动"提供了实现的可能。为了巩固自己的政权，苏丹们不得不考虑通过施舍一定的恩惠给这些地位卑微的奴隶，如定期解除一部分奴隶的身份，赐予他们一定的社会地位等，从而换取他们的忠诚和对政权的极大回报。最后，社会经济的发展和社会分工的进一步细化，也有力地推动了这种身份和地位的转变。一部分奴隶在接受技能培训以及文学、宗教等方面的教育之后，成了手工业者、艺人、宗教圣贤和文人等。

中世纪印度奴隶就社会地位和生活水平而言,似乎比历史上其他时期有所改善,但从社会阶级的角度来看,依然是受压迫受剥削的阶级。大量奴隶的出现,客观上促进了印度穆斯林人口的增长,推动了社会生产的发展,但却滋养了更多的不劳而获者,从而加深了对劳动者的压迫和剥削,加剧了社会矛盾。虽然极少数奴隶成功地实现了身份与地位的转变,但对于绝大多数奴隶来说,他们依然生活在社会的最底层,他们仍然是被剥削的对象。正如马克思所说,"奴隶制已不再有利,因此也就灭亡了,但是垂死的奴隶制却留下了它那有毒的刺"①。中世纪印度这种奴隶制残余的存在,是病态社会的一个重要标志,它践踏了基于道德之上的人性的尊严,成了社会发展的障碍和人类文明进步的绊脚石。

第二节 妇 女

一、妇女的社会地位

伊斯兰教法通过宣传平等思想试图提高妇女在社会生活中的地位,《古兰经》明确规定法律面前人人平等,认为在真主的眼中,无论男女都应该被不分区别地加以对待,每个人都会因为自己的善举而得到回报。由于有了上述规定,在早期哈里发时期,妇女的地位相对较高,在社会中也扮演着重要的角色,在政治、经济、文化和教育等各个方面都做出了自己的贡献。然而,自8世纪起,由于男权主义在穆斯林社会兴起,妇女逐渐丧失了在社会生活中所拥有的优越地位。位于中亚的穆斯林社会开始出现了明显的分层,男性在社会中的地位越来越高,而女性则受

---

① 《马克思恩格斯选集》第4卷,人民出版社,2012年,第167页。

到各种限制和约束,其此前的优势地位完全丧失了。北印度穆斯林政权建立之初,中亚穆斯林社会的这种等级分层现象或多或少地影响到了印度教社会,使本来就存在男尊女卑思想的印度教社会更加排斥女性。因此,我们可以断定,在中世纪印度,无论是穆斯林社会还是印度教社会,妇女的地位都不高,社会生活主要由男性主导,而女性则更多地处于从属地位。然而这一时期印度妇女的社会地位也并非一成不变,在不同历史阶段,不同的君王统治之下,有着不同的政策,因而也造成了女性在社会生活中的境遇各不相同。即便如此,在中世纪印度历史上也有一些女性因为才华出众或是有机会接近权力中心,成为历史发展中的关键或重要人物而名载史册。女苏丹拉济娅就被认为是奴隶王朝时期"继伊勒图特米什之后、巴勒班之前30多年间德里苏丹国最有才干的君王"[①]。

(一)穆斯林社会

通常认为,在中世纪印度穆斯林社会,女性从属于男性,她们的社会地位并不是很高,即便有的女性非常有才干,也只能在女性群体内部得到体现,男权社会中男性始终掌控着历史发展的脉搏。《古兰经》虽然赋予了妇女和男人相同的地位,但在实际生活中,男女却并不平等。

在中世纪,男性非常看重女性的贞操。历史学家巴兰尼指出,"一个失去贞操的女人在男权社会往往会遭到唾弃或歧视"[②]。女性被要求在言行两个方面都保持绝对纯洁,如果一个女人的贞洁受到质疑或诽谤,那么她注定会厄运缠身,如果这种事情发生在一个穷人家的女子身上,则她很难找到如意郎君。贞洁的女人在社会上普遍受到尊重,即便她出

---

① Animesh Mullick, *Medieval Indian History*, p.82.

② K. N. Chitnis, *Socio-Economic History of Medieval India*, p.71.

身一个低种姓家庭。由于贞洁观念的盛行,由此导致的结果就是男性不得不努力去保护自己的女人,以维护她们的纯洁。中世纪流行于穆斯林社会的深闺制度,就是在这种观念影响下的产物。在穆斯林统治北印度期间,深闺制度在社会上非常流行,尤其是在统治阶级中更加严格。在苏丹菲鲁兹沙执政时期,这一制度非常严格,即便是在一些特殊场合,也禁止男女之间交往。当然,在中下层社会,这种制度就没有那么严格,比如手工业者、农民等,因为她们所从事的工作决定了妇女必须走出家门。在莫卧儿王朝时期,这种制度非常严格,阿克巴大帝规定,如果一位女性没有用头巾遮面而出现在公共场合,那么她就有可能被抓住送往妓院。穆斯林贵族们严格看护着自己的妻子,不允许她们和任何男性相处,包括自己的父亲和兄弟。重视贞洁的观念给女性也造成了巨大的压力,一些妇女为了捍卫自己的贞洁随时准备牺牲生命,而男性在社会生活中也会刻意同女性保持一定的距离,以保全她们的名声。如果妇女出行坐在封闭的马车里,任何人都不可以去阻止并检查她所在的车厢,否则就会被认为在一定程度上玷污了妇女的贞洁。

在家庭财产分配方面,女子可以和男子享受几乎同等的权利,反映出这一时期女子在社会中有一定的地位,甚至在有些方面可以和男性平分秋色。而在婚姻方面,女性的地位就明显不及男性,不仅不能自由选择自己的婚嫁对象,结婚之后的生活也处处被严格限制,甚至部分失去人身自由。在中世纪,婚姻往往不被看作是两个人之间的事,而是两个不同家庭缔结关系的一种方式。女孩子从一出生就不受欢迎,她们一旦长大成人,其婚事更会让父母操心不已,父母除替她物色一位理想的丈夫外,还要开始准备数量不菲的嫁妆。很多家庭由于没有能力给自己的女儿准备足够的嫁妆,造成婚期多次被推迟甚至解约,而那些成功把女儿嫁出去的父母,却往往背上了沉重的经济债务。穆斯林宫廷有时也会给这些因嫁妆而穷困不堪的家庭一定的经济补助,如苏丹菲鲁兹沙执政期间,就曾经对嫁妆制度进行过一定的限制,同时给予一部分穆斯林经济上的补贴。①在中世纪印度流行童婚,新娘往往在很小的年龄就已经嫁人了,这不仅给她们的身心造成伤害,也不利于整个社会的文明进步。莫卧儿王朝阿克巴大帝时期,就明确表示要对这一社会陋习进行革除,规定男女结婚的最低年龄分别是 16 岁和 14 岁,使童婚这一现象在一定程度上有所减少。妇女一旦结婚就要求与外界隔绝,过着简单的生活,男人和女人之间不能自由交往。在中世纪印度,中上层社会的妇女被禁止跳舞和唱歌,这可能因为长久以来,所有的歌伎、舞伎都是由奴隶充当,她们的地位十分低下,而中上层妇女唱歌跳舞在穆斯林贵族看来有伤风化。此外,妇女也经常被禁止参加一些宗教活动,即便她们有机会出席一些宗教活动,也往往是坐在最后面。

在中世纪印度穆斯林社会,没有专门为妇女开办的学校,通常妇女的教育都是在家里完成的,学习的主要内容是和宗教相关的知识。在中世纪印度流行一夫多妻制,男性在社会生活中处于明显的优势地位。在一夫多妻的家庭,那些最先嫁给男子的女性在家庭生活中享有较大的权力,后来的妻子都必须服从于她,妻妾之间存在明显的地位差异。

在穆斯林统治北印度时期,妇女很少参与政治,但有时她们也会对政治和司法有所影响,尤其是在涉及王位继承问题时,后宫的妇女们经常都会进行残酷的斗争,她们的胜败决定了谁的儿子有可能夺得王位,也就在一定程度上决定了未来政治的走向。一些妇女因为有机会接近穆斯林宫廷权力中心,而经常干预朝政。莫卧儿皇帝贾汗吉尔的皇后努尔·贾汗就是一位非常强势的女人,她操纵宫廷事务达 11 年之久。此

---

① See B. R. Verma, S. R. Bakshi, eds., *Muslim Rule in Medieval India*, p.144.

外,有些统治者也会对女性加以刻意的培养,苏丹伊勒图特米什在位期间,就经常允许其女儿拉济娅帮助处理朝政,后者在伊勒图特米什之后接替了王位。在中世纪,也有极少数妇女积极参与到通常只有男性参与的战争中去,特别是那些来自阿富汗的妇女,她们同拉其普特妇女一样,英勇善战,有时为了保卫国家而不惜牺牲自己的生命。

（二）印度教社会

中世纪印度依然深受《传承经》的束缚,妇女在很多时期地位低下,不得不依附于自己的丈夫。对于女婴来讲,一出生就被父母认为是家庭的负担,因此,女婴并不受欢迎。童婚非常流行,尽管有印度宗教法典规定,女孩须年满8周岁之后才能结婚,但实际上有些地方女孩结婚的年龄更小。和穆斯林社会一样,这一时期的婚姻基本都属于父母包办,而男女青年双方并没有选择婚配对象的权利。婚姻关系一经确定,则须长久保持,不允许离婚。印度教社会规定女子出嫁必须准备不菲的嫁妆,这就是社会上女婴不受欢迎的主要原因。印度教社会同样流行一夫多妻制,尤其是在拉其普特地区,王公贵族们经常妻妾成群,但这些妇女的地位却不尽相同,只有极少数人因为得到贵族的恩宠而享有一定的特权,绝大多数妇女则过着极其悲惨的生活。印度教社会还禁止寡妇再嫁,相反,萨帝制度和乔哈尔制度却非常流行,这甚至可以看作是对妇女最惨无人道的迫害。一个女人如果失去了丈夫那她就失去了一切,不得不跳进焚烧自己丈夫尸体的火堆里以示忠诚。中世纪的社会观念普遍认为,妇女的职责就是照顾好自己的丈夫,无论在今生还是来世,这是亘古不变的。因此,通过萨帝而自焚的女人被认为是认真践行了这一原则因而备受尊敬。那些没有进行萨帝而活下来的寡妇,她们往往过着生不如死的生活,在社会上受尽指责和嫌弃。

童婚这一社会现象在穆斯林到来之前就一直非常流行于次大陆，但北印度穆斯林政权的建立在某种程度上却加剧了这一社会陋习的蔓延。由于政治上处于劣势地位，一部分印度教贵族不得不将女儿嫁给穆斯林统治阶层，穆斯林统治者也经常会绑架年轻貌美的印度教女子，在此情况下，印度教家庭不得不考虑早早地将女儿嫁人。存在于社会氛围中的这种针对未婚女子的不安全因素加速了童婚现象的流行，一些女孩在7岁至8岁时已结婚嫁人，"有时候甚至在子女尚未出生时父母就已经为其确立了婚约"①。在莫卧儿王朝时期，妇女的社会地位非常低下，阿克巴大帝试图改变这一状况，规定男女婚嫁年龄分别是16岁和14岁，但在实施过程中，这一政策却并未产生明显积极的效果，绝大多数印度教家庭还是在女儿很小的时候就已经将其嫁人了。童婚的流行与这一时期印度教自身的变化也有一定的关系。由于伊斯兰教对印度教形成的巨大冲击，一些印度教婆罗门试图强化印度教教义，而童婚是印度教社会自古就有的习俗，自然而然就会受到影响。这一时期，在印度教社会地位本来就很低下的妇女受到的约束和限制加强了，社会观念中对女性不公正待遇也在不断蔓延，女性被认为是男人的附庸，甚至有人认为女性仅仅是男子娱乐消遣的对象，因此，这一时期的妇女在社会上普遍缺乏尊重，尤其对于那些童养媳和寡妇而言，其生活状况非常悲惨。

总之，中世纪印度社会依然是男性主导的男权社会，女性的社会地位不及男性并且十分低下。社会上流行深闺制度、萨帝制度和乔哈尔制度，它体现了男性对女性的极大伤害和摧残。此外，印度教社会禁止离婚和寡妇再嫁，使那些即便摆脱了萨帝迫害的妇女生活上依然十分痛苦，她们往往生不如死。

---

① Rekha Misra, *Women in Mughal India 1526—1748 A.D*（雷卡·米斯拉：1526—1748年的莫卧儿妇女）, New Delhi: Munshiram Manoharlal, 1967, pp.131-132.

二、妇女的职业分工

家庭是组成社会的最小单位，家庭成员通过分工推动整个社会的发展和进步。由于在体质上的差异，家庭成员中男性一般都承担着一些需要付出更多体力的工作，如砍柴、进行农业生产等，而女性则主要从事针织、纺纱、做饭和照顾子女等体力投入较少的工作，这样的社会分工主要适用于那些地位较高的上层社会，而中下层社会妇女和男性一样，也经常从事农业生产等重体力的工作。总体而说，在穆斯林统治北印度期间，印度妇女的社会职业分工是比较精细的。无论是印度教社会还是穆斯林社区，这一时期的绝大多妇女都以从事家务劳动为主要职业，她们常年忙于照顾子女、做饭、洗衣、打水、纺纱等日常工作。由于穆斯林社会流行深闺制度，要求妇女佩戴面纱，严格限制妇女外出，因此决定了妇女们只能待在家里从事针织、纺纱以及其他家务劳动。中世纪著名的史学家和文学家阿米尔·胡斯劳就认为，"纺纱是妇女最主要的工作，即便是在非常富有的家庭，妇女也不应该放弃针织和纺纱这些最基本的职业"[①]。

在中世纪农村地区，妇女在社会生产中扮演着重要的角色，社会分工非常精细，从洗衣做饭、汲水、饲养家畜到田间劳作，妇女所从事的职业有很大的差异性。但主要的工作包括以下两个方面：一是参加田间劳作，辅助农业生产。一些中下层社会的妇女经常参加田间劳作，她们和男性成员一样插秧、播种、平地、灌溉、收割庄稼等，辅助男性成员从事农业生产，"打谷和磨面也是她们必备的职业技能"[②]。二是从事家

---

① Amir Khusrau, *Matla-ul-Anwar*, Lucknow: Nawal Kishore, pp.195-196.
② Banerjee, "Analysing Womem's Work Under Patriarchy,"（班那吉：《父权制下妇女的职业分析》）eds., K. K. Sangari and U. Chakravarty, *From Myth to Market: Essays on Gender*（K. K. 森卡利、U.乔克拉瓦尔迪：《从神话到市场：性别史论文集》），Shimla, 1999, pp.321-340.

务劳动和家庭手工业生产。这主要是照顾家庭成员、为家庭成员提供必要的食物以及生活必需的手工业产品，如做饭、饲养牲畜、纺纱、织布、加工衣服和鞋袜等。在农村地区，从事农业生产是每个家庭最主要任务，也是他们维系生活的主要物质和经济来源。妇女作为家庭中的重要成员，其主要任务就是为农业生产提供必要的辅助和保障工作，在劳动力缺乏的情况下，她们也会直接从事农业生产。

与生活在农村地区的妇女相比，身处城市之中的印度妇女由于生活环境的不同，他们的职业分工和生活与农村的妇女有着明显的区别。在上层社会，由于家庭经济来源可以得到保障，绝大多数妇女待在家里，以从事家庭劳动为主要职业。而对于那些生活在城市中的中下层妇女而言，她们缺乏必要的经济收入，为了生存，她们不得不依附于穆斯林宫廷或封建地主阶级，通过为他们提供服务而换取劳动报酬。这些女性的身份和来源都比较复杂，但多数是那些因生活所迫或受统治阶级胁迫而失去人身自由的女性奴仆。在穆斯林统治北印度期间，这些为穆斯林宫廷或封建贵族服务的妇女主要从事以下职业：

1. 护卫。这主要是指那些由苏丹或国王委派的，对后宫进行监视和管理的妇女。她们有义务守护后宫的安全，关注后宫的各种动向，同时对后宫的所有开支进行登记造册。

2. 密探。在穆斯林统治北印度期间，间谍系统十分发达，统治者们通过在各地安插耳目，收集所需的各种信息，从而维护封建统治秩序。中世纪摩洛哥旅行家伊本·白图泰告诉我们，苏丹雇用了大量的女奴从事密探工作，从而监视各地阿米尔们的活动，因为这些穆斯林贵族通常都手握重兵，随时都有可能危及宫廷和苏丹本人的安全。被委派的密探们每天会按时给苏丹上报各地阿米尔们的详细活动，苏丹借此判断这些封建贵族对宫廷的忠诚程度。[①]苏丹也会委派一些妇女收集各种事关宫廷安全的信息，这些信息最终会通过秘密途径反馈到苏丹那里。

3. 舞女和歌伎。中世纪印度的穆斯林统治者都非常喜欢音乐，尽管在一些正统的教育机构音乐被严厉禁止，但在穆斯林宫廷，波斯风格的音乐却非常流行。苏丹和贵族们通常都有数量众多的舞女和歌伎，这些女性多来自印度教社会，有的甚至是印度教王公贵族的直亲，为了维系与穆斯林统治者的关系而被送到统治者的后宫，沦为了苏丹和贵族们消遣娱乐的工具。在穆斯林宫廷之中，但凡有大的节庆活动，都会有这些舞女和歌伎助兴，她们经常为苏丹和贵族表演印度传统歌舞，在某种程度上推动了印度教与伊斯兰教表演艺术的融合和发展。奴隶王朝时期苏丹鲁克·乌德·丁（Ruknuddin），即苏丹伊勒图特米什的儿子，在位时间虽然不到一年（1236年4月至11月），但却对印度教文化表现出了极大的兴趣，他在宫廷里豢养和资助了许多音乐家和歌伎，并经常赐予她们衣物和礼品。史学家巴兰尼也告诉我们，由于苏丹鲁克·乌德·丁沉溺于音乐和女色，他经常被提醒要"远离这些漂亮的歌伎和音乐家"[②]。

4. 家奴。在中世纪印度，奴隶的身份经历了从高级军事精英阶层到卑贱的下层民众这样一个演变的过程。在北印度穆斯林政权建立的过程中，大量来自中亚的奴隶为主人出生入死，立下了赫赫战功，得到了主人的赏识，在获取军事上的胜利之后，他们也成功地实现了身份的转变，晋升封建贵族。而在穆斯林政权稳固下来之后，奴隶的地位明显不及政权建立早期，且这一时期为统治阶层服务的奴隶多是来自印度教社会的下层民众，他们或是在战争中被俘，或是因为生活所迫，最终失去人身

---

① 参见［摩洛哥］伊本·白图泰：《伊本·白图泰游记》，马金鹏译，第105页。
② Barani Ziauddin, *Tarikh-i-Firozshahi*, eds, Sir Syed Ahmad Khan, p.152.

自由，沦为统治阶级的奴隶。这其中有大量的女奴，她们的主要工作是在苏丹和穆斯林贵族后宫从事各种杂务劳动，如打扫卫生、挑水、挤奶和洗衣做饭等。

三、妇女与政治

（一）穆斯林后宫

在中世纪的北印度，穆斯林统治者通常妻妾成群，拥有庞大的后宫，这里生活奢华、食物精美，居住着苏丹或皇帝的母亲、妻妾、姐妹和女奴等。由于后宫成员与穆斯林统治者多存在这种天然的血缘关系，因此后宫参与政治甚至干预朝政的例子屡见不鲜。穆斯林统治北印度期间，尽管妇女的地位比较低下，但这些接近权力中心的妇女，却经常依仗其与最高统治者的特殊关系，涉足政治，尤其是在涉及王位继承、权力分配等重大问题时，更是极力维护自己和嫡亲的利益，有时甚至对历史走向产生了重大影响。在德里苏丹国时期，一个非常常见的现象就是统治阶级内部通过联姻，加强与苏丹和贵族之间的关系。奴隶王朝第一任苏丹艾伯克就将自己女儿许配给了伊勒图特米什，后者在艾伯克死后顺利继承王位；伊勒图特米什将自己的一个女儿嫁给了巴勒班，而巴勒班将自己的一个女儿许配给了纳西尔·乌德·丁·穆罕默德，苏丹阿拉乌德丁·卡尔吉将自己的一个女儿嫁给了苏丹西亚斯·乌德·丁·图格鲁克，穆巴拉克·卡尔吉则将自己的女儿嫁给了苏丹菲鲁兹沙。[①]统治阶级内部通过这种联姻，加强了彼此之间的血缘联系，从而保障了自己的既得利益。

在德里苏丹国早期，由于尚未形成明确的王位继承制度，因此围绕

---

① See Farhat Jahan, *Depiction of Women in the Sources of the Delhi Sultanate*, p.41.

王位继承问题，穆斯林后宫经常展开激烈的斗争。沙·图尔坎（Shah Turkan）是一个有着突厥血统的女奴，被苏丹伊勒图特米什购买后来到了印度次大陆，她凭借自己的美貌很快博得了苏丹的欢心，并被委以管理后宫的重任。1236年伊勒图特米什死后，由于没有合适的王位继承人，在图尔坎的努力下，贵族们便拥立她与伊勒图特米什所生的鲁克·乌德·丁为新苏丹。但是新苏丹整天沉湎于酒色之中，荒淫无度，不理国事，这就给了他的母亲图尔坎干预朝政的机会。图尔坎本是一个非常贪婪而又野心勃勃的女人，在其子继位之后，更是独揽大权，不断迫害那些曾经反对过自己的人。为了排除其他皇子对王位的威胁，图尔坎处死了前苏丹几乎所有的儿子以及他们的母亲。图尔坎的行为导致新生的穆斯林政权岌岌可危，一些地方政权借机试图摆脱宫廷的控制，曾经支持新苏丹的贵族们也开始反对图尔坎，整个德里苏丹国陷入一片混乱之中。最后，以"四十人集团"为核心的穆斯林贵族不得不将图尔坎囚禁起来，并将伊勒图特米什的女儿拉济娅扶上了王位，鲁克·乌德·丁在逃亡中被捕，不久便被贵族们杀害了。

　　后宫对于政治的影响主要取决于统治者自己的能力、性格、家庭关系以及当时的政治环境。在莫卧儿王朝贾汗吉尔执政时期，皇后努尔·贾汗对宫廷的政治事务就产生了非常大的影响力，皇帝贾汗吉尔对其高度依赖，甚至对外宣称将与努尔·贾汗"共享处于伊斯兰教君主权力核心的某些特权"[①]。努尔·贾汗原名米茹尼萨（Mehrunissa），曾是一位莫卧儿官员年轻的寡妻，其父是贾汗吉尔宫廷的一位高级别贵族。皇帝在迎娶了这位新皇后之后，赐予她"努尔·贾汗"的封号，意为"世界之光"。努尔·贾汗在后宫得宠之后，其父亲迅速成为帝国的宰相，而其

---

① ［美］约翰·F. 理查兹：《新编剑桥印度史：莫卧儿帝国》，王立新译，云南人民出版社，2014年，第100页。

兄弟阿萨夫·汗也在仕途上平步青云，在宫廷中获得了比较高的官阶。努尔·贾汗虽然生活在后宫，但她是一位非常了不起的女性，她与未来的王位继承人库拉姆结成联盟，并将自己的侄女嫁给库拉姆，从而巩固了自己的政治地位，并对贾汗吉尔产生了重要的影响。这一时期很多重要的政令有时就是以努尔·贾汗的名义发布的，宫廷的所有官员们对其也是毕恭毕敬，不敢有所违背。贾汗吉尔甚至在"以自己名义铸造的银币背面也写上了努尔·贾汗的名字"[1]，由此可见其影响力之大。在1622年库拉姆王子叛乱之前的十多年间，贾汗吉尔对努尔·贾汗及其同盟成员非常信任，在处理宫廷事务上对他们也是高度依赖。

在穆斯林统治北印度时期，统治者的后宫里还有大量的印度教妇女，这主要是次大陆各地的印度教封建王公贵族与苏丹联姻的结果，在德里苏丹国时期，苏丹们也经常会从被征服地挑选年轻貌美的女子纳入自己的后宫。苏丹阿拉·乌德·丁·卡尔吉是第一位迎娶印度教公主的穆斯林统治者，在征服了古杰拉特之后，他将古杰拉特卡伦（Karan）国王的妻子卡玛拉迪（Kamala Di）占为己有。[2]苏丹菲鲁兹沙的父亲拉杰博（Rajab）就曾经爱上了一个印度教女孩，后来在克服了各种阻力后将其迎娶到了后宫。印度教女子与穆斯林统治之间的这种婚姻关系，在某种程度上促进了两种不同宗教文化的融合，尤其是进入统治者的后宫之后，这些印度教女子往往都能得到更多的重视，因而对苏丹和贵族们的政治决策有时会产生一定的影响。统治者们通过这些印度教女子加深了对印度教文化的理解，部分地消除了宗教之间的偏见，在莫卧儿王朝阿克巴时期，皇帝甚至允许自己的拉其普特妻子在宫廷按照印度教仪式进行祭祀活动，也从侧面反映了联姻对于推动宗教文化的交融起到了积极的作用。

---

[1] H. Nelson Wright, *Coins of the Mughal Emperors of India*（H. 内尔森·怀特：印度莫卧儿王朝时期的货币），New Delhi: Deep Publications, 1975, p.93.

[2] शिवकुमार गुप्त, सम्पादक, *मध्यकालीन भारत का इतिहास (1000—1526ई.)*, पृ.85.

(二)女苏丹拉济娅

在中世纪，尽管妇女的社会地位普遍不高，但也有极个别女性直接参与政治事务，甚至成为穆斯林政权的最高统治者。奴隶王朝时期第三任苏丹拉济娅（Raziya，1205—1240）不仅是德里苏丹国时期著名的政治家，也是穆斯林统治北印度期间唯一的女性君王。在其执政期间（1236—1240），德里苏丹政权在北印度得到了进一步巩固和加强，但由于失去了当时在宫廷中占核心地位的突厥贵族的支持，苏丹拉济娅不断陷入反对者们精心设计的阴谋之中，最终被捕并遇害。历史学家对拉济娅的政治才华和功绩都给予了充分的肯定和褒扬，认为她是一位"十分优秀的、有着宽阔政治视野和卓越才能的女苏丹"[①]，但在分析其执政失败的原因时，却各执一词，难以定论。后世的许多历史学家都将拉济娅的失败归结于其女性身份，认为男权社会长久存在的对女性的歧视和偏见决定了拉济娅不可能在政治上取得成功。但也有学者认为，导致拉济娅政治失利的不是她的女性身份，而是宫廷内部的权力博弈。无论历史学家如何评说，拉济娅毕竟是中世纪印度历史上政治地位最高的女性，是伊斯兰世界女性参政的最好例证，同时也部分地说明了北印度穆斯林政权建立初期女性在社会生活中的地位较中世纪晚期可能要高。

1. 拉济娅的政治生涯

1206年，来自中亚伊勒巴里（Ilbari）部落的突厥人库杜布·乌德·丁·艾伯克在北印度建立了穆斯林政权——德里苏丹国。艾伯克将女儿卡图（Khatoon）嫁给了自己的奴隶伊勒图特米什（Iltutmish，1211—1236年在位），而拉济娅就是伊勒图特米什和卡图所生的女儿。艾伯

[①] Braham Singh and H.C. Sharma, *History of Medieval India*（布拉哈姆·辛格、H. C. 夏尔马主编：《中世纪印度史》），New Delhi: Omega Publications, 2008, p.10.

克死后，经过短暂的宫廷斗争，伊勒图特米什继位，成为苏丹。在众多子女之中，伊勒图特米什对长子纳西尔·乌德·丁·马茂德（Nasir-ud-din Mahmud）和女儿拉济娅垂爱有加，经常把两人留在身边协助处理朝政，刻意加以培养。马茂德才华出众，是未来继承王位的最佳人选，后被委以重任，代表苏丹管辖孟加拉地区。拉济娅也因经常接触政务，慢慢显露出了自己在政治方面的天赋和才华，伊勒图特米什不在京城之时，常将德里宫廷事务交给女儿拉济娅料理，而后者则处理得井井有条。[①]1229年马茂德因病去世，伊勒图特米什认为自己的其他儿子均不能胜任苏丹这一职位，因此决定将王位传于女儿拉济娅。苏丹的这一决定引起了突厥贵族的强烈不满，一方面受传统男权思想的影响，贵族们不愿置身于一个女人的统治之下，另一方面他们担心颇有政治才华的拉济娅上台后会危及自己的既得利益。伊勒图特米什病危之际，将次子鲁克·乌德·丁·菲鲁兹（Rukn-ud-din Firoz）从拉合尔召回德里，这一举动被许多史学家解读为苏丹准备立菲鲁兹为继承人，突厥贵族在伊勒图特米什去世的当晚，则直接拥立菲鲁兹为新苏丹。[②]至于伊勒图特米什最后是否迫于压力，指定菲鲁兹继承王位，尚无任何相关史料可以佐证。但正如老苏丹所言，菲鲁兹生性懒惰，整天沉溺于酒色之中，无心过问政事，而朝政大权实则操控在其生母即伊勒图特米什的遗孀沙·图尔坎（Shah Turkan）手中。[③]图尔坎是位极其邪恶的女人，她在掌权之后剪除异己，打压群臣，处死了前苏丹的大部分遗孀及其孩子。图尔坎的飞扬跋扈激起了贵族们的强烈不满，当初支持菲鲁兹的突厥贵族也感到极度失望，木尔坦、拉合尔、阿瓦提等地区的阿米尔（Amir，即军事首领）们开始公开叛乱。在此情况下，拉济娅积极寻求贵族们的支持，并利用星期五

---

① Abraham Eraly, *the Age of Wrath: A History of the Delhi Sultanate*, p.74.
② Anil Saxena, *Early Sultanate Period*, p.66.
③ 参见林承节：《印度史》，第108页。

礼拜集会的机会，告诉人们自己才是被指定的真正的王位继承人，呼吁大家推翻菲鲁兹的统治。拉济娅很快赢得了大部分贵族和德里民众的支持，在菲鲁兹外出平叛期间，她被推上王位，随后菲鲁兹及其母亲被俘并被处死。

拉济娅上台之后，采取了一系列稳固政权的措施。她首先任命了一批对自己忠诚的官员到核心职位，试图将朝政大权掌控在自己人手中。[①]鉴于此前突厥贵族在王位继承问题上的摇摆立场，为寻求更加广泛的政治支持，拉济娅大胆任用非突厥贵族，甚至还任命了一批印度教徒。她把一名来自阿比西尼亚（今埃塞俄比亚）的奴隶亚库特（Yaqut）提升到马厩主管的位子，而这一重要职位此前"一直由突厥贵族所把持"[②]。上述措施在加强王权的同时，对长期以来在宫廷中处于核心地位的突厥贵族也形成了有效制衡，但却因此引起了他们的恐慌和反对。拉济娅一直在努力把自己塑造成一个强大的君王，她不着女装，经常身披披肩，手持弓箭，骑在大象上，"在公开场合抛头露面"[③]，这些行为被正统的穆斯林权威认为有违伊斯兰教法因而饱受指责。基于以上原因，突厥贵族决定废黜拉济娅，另立苏丹。由于拉济娅的支持者多在德里城内，阴谋难以得逞，因此突厥贵族决定通过发动叛乱将拉济娅骗至德里城外。1240年初格比尔·汗（Kabir Khan）在拉合尔首先挑起叛乱，拉济娅迅速出击，平定了叛乱，由于时间仓促贵族们的篡位阴谋未来得及实施。就在拉济娅返回德里数日，又传来了帕尔丁达（Bhartinda）发生叛乱的消息，拉济娅再次出击，这次幸运之神与她失之交臂，其间突厥贵族发生倒戈，

---

① Iqtidar Husain Siddiqui, *Composite Culture under the Sultanate of Delhi*（伊克提达尔·侯赛因·西迪基：《德里苏丹国时期的复合文化》）, New Delhi: Primus Books, 2012, p.153.
② K.R. Gupta, D.S. Paul and Meenakshi Taheem, *Medieval India*, p.47.
③ Animesh Mullick, *Medieval Indian History*, p.79.

杀死了亚库特和苏丹的众多支持者，并将拉济娅囚禁在帕尔丁达城堡，他们拥立拉济娅的弟弟、伊勒图特米什的三儿子巴哈拉姆（Bahram）为新苏丹。①然而，反叛者同盟此时却出现了裂缝，负责看守拉济娅的贵族阿勒图尼亚（Altuniya）被德里的贵族们所抛弃，由于没有捞到任何好处，阿勒图尼亚决心与拉济娅结盟杀回德里，他释放了拉济娅并与之结婚。当拉济娅与阿勒图尼亚向德里进发时，其军队被巴哈拉姆的军队所击败，在逃亡途中，追随者们都离他们而去，"没有一个骑兵跟着他们"②。1240年10月13日，拉济娅及其丈夫在凯特尔（Kaithal）附近被印度教徒杀害。③

2. 对拉济娅的历史评价

拉济娅是印度中世纪史上唯一的女苏丹，为中世纪印度穆斯林政权的巩固和北印度社会经济、文化的发展做出了积极的贡献。中世纪摩洛哥著名旅行家伊本·白图泰（Ibn Batutah）评价拉济娅是"一位非常优秀的国君"，史学家明哈杰也认为她"具备成为一个君王的所有优秀品质"，④拉济娅执政之后，实行了一系列有利于加强封建政权的措施，使新兴的穆斯林政权更加稳固。苏丹努力使政治与宗教分离，对于印度次大陆的其他宗教，拉济娅采取了相对宽容的政策，并没有刻意追求伊斯兰教在北印度的绝对统治地位，而是强调各宗教之间的和平共存，其政权世俗化的做法，一方面有利于团结更多的非穆斯林以稳固其政治根基，另一方面也有利于社会的稳定和长治久安。此外，苏丹拉济娅还着意提

---

① See B.R.Verma, S.R. Bakshi, eds., *Muslim Rule in Medieval India*, p.90.
② Abraham Eraly, *the Age of Wrath*, p.76.
③ 关于拉济娅遇害，中世纪的史学家们留下了三种不同的说法：明哈杰认为拉济娅及其丈夫是被印度教徒所杀，而史学家锡尔坎迪（Sirhindi）则认为印度教徒抓住二人后交给了苏丹，是苏丹巴哈拉姆处死了二人，伊本·白图泰（Ibn Batutah）在其游记中则称拉济娅被一个贪财的农民所杀。参见 Abraham Eraly, *the Age of Wrath*, p.76。
④ Animesh Mullick, *Medieval Indian History*, p.80.

升非突厥贵族在宫廷中的比例，安抚在印度次大陆占人口绝大多数的非穆斯林，赢得了更加广泛的政治支持，使德里苏丹政权成为包括北印度社会各阶层、各种族的政治实体而非个别突厥精英的政治集团。可以说，苏丹拉济娅加强中央集权的做法，很大程度上是出于维护自身封建统治和封建利益的需要，但从历史的角度来看，在当时是有着进步意义的。

但是，如此优秀的女苏丹其统治只维系了三年六个月零六天，就被宫廷中的反动势力推翻了，其中的原因却是多方面的。中世纪著名历史学家明哈杰·乌德·丁·西拉杰（Minhaj-ud-din Siraj）说："苏丹拉济娅是一位非常伟大的国君，她精明、公正、仁慈，热爱自己的国家，她主持正义，爱护臣民，统领着军队。她被赋予了成为一个君王的所有优秀品质，只可惜她是一个女人，在男人看来她的这些优秀品质都毫无意义。"[①]同时代的许多史学家基本上认同明哈杰的这一说法，将拉济娅失败的原因归结为其女性身份，这显然有失偏颇。应该说，拉济娅在执政期间陷入了复杂的政治困境，一方面是新兴的穆斯林政权在次大陆尚未完全站稳脚跟，危机四伏，另一方面是一些突厥奴隶晋升为封建贵族后蠢蠢欲动，急于分享宫廷的权力，由前苏丹伊勒图特米什的奴隶构成的"四十人集团"对拉济娅的执政产生了严重的干扰和破坏。德里苏丹国初期，君臣之间彼此依赖程度很高，等级对立不严，苏丹的权威没有得到充分体现，而贵族则权势过大，经常可以左右苏丹的决定。在此背景下，苏丹伊勒图特米什指定自己子女中最有才华的拉济娅作为王位继承人，而以"四十人集团"为首的突厥贵族在其死后却拥立伊勒图特米什的次子菲鲁兹为苏丹。贵族们支持菲鲁兹的一个重要原因并不是因为其政治才能出众，正好相反是因其资质平平，更容易被他们所操控，而拉济娅在苏丹在世时已显露出了相当卓越的政治和军事才能，拉济娅上台

---

① Abraham Eraly, *the Age of Wrath*, p.76.

则极有可能危及他们的既得利益,出于这方面的考量,贵族们选择了支持菲鲁兹而非拉济娅。但是,菲鲁兹上台之后,却因为自己的荒淫无度给自己的母亲图尔坎提供了干涉朝政的机会,最后导致以"四十人集团"为核心的突厥贵族不得不将其赶下台,从而扶持拉济娅主持朝政。拉济娅执政期间首先采取的措施就是加强王权,树立苏丹的权威,限制突厥贵族的权力。她充分意识到了"四十人集团"对自己的威胁,这些贵族从一开始就站在反对者的一边,不可能是拉济娅政权长久的支持者。因此,拉济娅开始大胆任命非突厥贵族,包括一部分印度教徒,以稳固自己的政治根基,一些长久以来由突厥贵族把持的重要职位也转手到了非突厥贵族手中。拉济娅的上述举措无疑让本来就左右摇摆的突厥贵族感到失望,当意识到苏丹伤及了他们既得利益时,这些贵族再一次选择了背叛,最终促使拉济娅下台。

在伊斯兰历史上,能成为大国苏丹的女性很少见,这主要是因为伊斯兰教对妇女存在诸多约束和限制,妇女很少与外界有直接的接触,更别说涉足政治了。即便有个别妇女对政治产生影响,也多是间接影响,而非直接干预。宗教的约束,加之长期以来社会上流行的男权思想,使女性在中世纪穆斯林社会属于从属地位。德里苏丹国建立之后,伊斯兰教与印度教在文化上相互借鉴,但都无一例外地强化了对女性的限制,深闺制度就是最集中的体现。拉济娅从小得到苏丹伊勒图特米什的宠爱,与后宫接触很少,因此,受深闺制度的影响很小。她精通政治,还掌握骑射、狩猎和带兵打仗等技能,具备成为苏丹的所有优秀品质,但其女性身份,却是难以取得贵族们支持的一个重要原因。德里苏丹国时期,宫廷贵族多为跟随艾伯克来到印度次大陆的突厥奴隶,他们多是行伍出身,晋升封建贵族之后开始变得骄纵傲慢,长久以来形成的男权思想让这些居功自傲的贵族们感到委身一个女人的统治之下几乎是一种耻辱,所以从一开始对拉济娅就非常排斥，反对其继承王位。拉济娅继位之后，试图通过取得一定的政绩来改变贵族们对女性的偏见。为此，她不得不冲破宗教和世俗的双层束缚。深闺制度的核心思想就是通过面纱或幕帘将妇女与外部世界隔离，而身为苏丹的拉济娅，要想对政权进行有效控制，树立自己作为苏丹的权威，就必须解下面纱，从幕后走向前台。拉济娅一直努力将自己塑造成一个强大的男人形象，为此她不着女装，经常戴着斗篷，手执弓箭，骑在大象上在公共场合抛头露面，"男人们可以清晰地看到她的脸"[①]。拉济娅的这些行为，违反了伊斯兰世界的一些固有的传统，因此受到了正统穆斯林的指责和反对，也引起了突厥贵族的极大反感。拉济娅想通过勤勉执政来证明女人同样可以成为称职的国君，但她女扮男装的做法又恰恰暴露了其内心的无助，这可以解读为其对宗教和世俗的一种妥协，毕竟，一个女人要想在短时间内改变世俗的偏见几乎是不可能的。在男权思想盛行的中世纪印度，女性不可避免地沦为社会的弱势群体，她们通过抗争实现自我解放的道路无疑是异常艰难的。长久以来男权社会形成的对女性的歧视与偏见，决定了拉济娅的执政不可能一帆风顺，尤其是在缺乏强有力的支持者的情况下。拉济娅一直试图冲破宗教和世俗的束缚，最终还是失败了。

作为历史上并不多见的杰出的女君王，拉济娅在执政期间取得了令人叹服的政绩，但由于复杂的政治、社会原因以及其个人的一些弱点，导致其最终失去了贵族们的支持而垮台。对于拉济娅的失败，虽然其女性身份在当时的历史背景下是一个非常重要的因素，但真正导致其下台的则是宫廷内部的政治斗争，是苏丹与突厥贵族以及封建贵族之间为维护各自利益而展开的权力博弈。面对个人野心不断膨胀的突厥贵族，拉济娅不愿受其摆布，因而损害了突厥贵族们的利益，致使他们开始寻找

---

① Abraham Eraly, *the Age of Wrath*, p.75.

新的代理人,这才是导致拉济娅失败的决定性因素。值得肯定的是,拉济娅重整朝政,加强王权,改变前苏丹死后一度混乱不堪的政治局面,使国家趋于太平和稳定,在当时都具有一定的积极意义。

小　结

中世纪印度社会的变迁,改变了许多社会阶层的生活状况,他们的身份和地位也随着统治阶级在不同时期所采取的不同的政策而发生变化。本章选取了中世纪印度历史上最典型也是最具代表性的两个社会阶层——奴隶和妇女作为研究对象,揭示了在穆斯林统治北印度期间印度部分社会群体身份和地位的变迁,从而更好地理解了这一时期印度社会普通民众的真实生活。

奴隶作为中世纪印度普遍存在的一个社会群体,其社会地位和人身依附关系在这一时期也发生了一些变化。穆斯林统治北印度时期,宫廷和穆斯林贵族所拥有的奴隶主要来自战争中的俘虏以及被征服地的下层民众,但和埃及、希腊和罗马的奴隶相比,印度次大陆奴隶的处境和社会地位明显要好于前者。这主要可能与伊斯兰世界宣扬的平等思想有关,奴隶作为伊斯兰世界普遍存在的社会群体,在伊斯兰教法中就有善待奴隶的有关规定,比如伊斯兰教法规定普通奴隶生病的时候,主人应该予以照顾,如果一个人虐待自己的奴隶,宫廷也会出面去惩治他。因此,在穆斯林统治北印度期间,奴隶的地位相对要高于历史上其他时期。在印度,奴隶交易的目的并不是为了获得商业收报,次大陆的经济也不会依赖于奴隶交易,奴隶在很大程度上是财富和地位的象征,无论是苏丹还是穆斯林贵族都拥有数量不等的奴隶,他们有的通过自己的努力成功晋升封建贵族,有的则沦为主人的娱乐工具。但总体而言,穆斯林统治北印度时期，奴隶的身份和地位都发生了一些积极的变化，尤其是那些来自中亚的奴隶在穆斯林政权建立的过程中曾经立下了赫赫战功，因而经常可以得到主人的赏赐，有的在积聚了大量财富后自身也成为封建贵族，有的甚至成功问鼎王位。而对于绝大多数普通奴隶而言，他们的生活依然在社会的最底层，无法摆脱被剥削和被奴役的命运。

妇女在男性主导的男权社会里常常处于从属地位，从妇女的身份和地位变化中可以看出社会的公平程度和文明程度的水平。在穆斯林统治北印度期间，印度妇女的地位相对较低，无论是在印度教社会还是穆斯林社会，妇女无疑都是男人的附庸，没有太多的人身自由，也没有选择婚姻的自由和权力，社会上流行的深闺制度、童婚制度、嫁妆制度、萨帝制度、乔哈尔制度等对无疑对妇女都形成了人身上的伤害和精神上的摧残。具体而言，在印度教社会，童婚现象比较严重，这主要是因为社会上普遍比较看重女性的贞操，一个被玷污的女性在社会上很难被世俗观念所接受。此外，这一时期由于穆斯林统治者经常抢劫霸占年轻貌美的印度教女性，因此很多家庭在女儿只有7岁至8岁的时候就已经安排嫁人了，这也是促成这一时期童婚现象盛行的一个重要因素。贞洁观念引起的主要的社会陋习还体现在萨帝（即寡妇殉葬）和乔哈尔（即集体自焚）等习俗方面，尤其在拉其普特群体中，这种现象更为普遍。英勇善战的拉其普特男性在与穆斯林的军事对抗中，在胜利无望的情况下，为了不让自己的妻女免受胜利者凌辱，往往会将她们集中在一起举行乔哈尔仪式，然后这些勇敢的将士冲向敌营直至战死。在穆斯林社会，最流行的就是深闺制度，即妇女不得离开自己的闺房，不能和丈夫之外的男性有所接触，有时甚至包括自己的兄弟和父亲。这种严格将妇女与社会割裂开来的深闺制度极大地限制了女性的人身自由，使她们成为男人的附庸。深闺制度主要流行于印度教和穆斯林上层社会，对于广大普通民众而言，由于不得不经常参加一些户外劳作活动，因而深闺制度对她们的影响有限。从职业的角度来看，这一时期印度妇女主要从事针织、刺绣和做饭等工作，主要的工作地点在家里，也有一部分妇女会从事农业生产和其他手工业生产。在中世纪，由于奴隶是普遍存在的社会群体，社会上还存在大量的性奴——主要是由年轻貌美的印度教女性构成。苏丹和贵族后宫往往有数量不等的大量女奴，她们多擅长音乐和歌舞表演，主要供主人娱乐和消遣。这些女奴往往会得到主人的赏赐，其地位略高于其他奴隶，但毋庸置疑，她们完全失去人身自由，只好依附于男性，依然是男权社会的牺牲品，是受压迫和被剥削的对象，生活在社会的最底层。

第七章　南亚宗教文化格局的形成及特点

13—18世纪是印度历史上非常特殊的一个时段，这不仅仅是因为作为外来者的穆斯林统治了次大陆600多年，还体现在穆斯林统治北印度期间，以印度教为核心的印度本土文化与伊斯兰文化在次大陆经历了长期的冲突与融合。穆斯林到来之前的印度次大陆，虽然也存在印度教、耆那教和佛教等多种宗教，但从本质或源头上讲，这些宗教是相通的，都是基于古代印度吠陀文明而产生的，它们的宗教教义、仪规等都与吠陀教及此后的婆罗门教一脉相承，佛教最终灭亡的一个重要原因就是印度教对其进行了彻底的同化和吸收，佛陀被说成是印度教大神毗湿奴的第九个化身，就很好地说明了这一点。因此我们可以将这些产生于印度本土，在教义上有诸多相似的宗教视为印度教文化的诸多分支。而伊斯兰宗教文化则与此完全不同，与产生于印度的各宗教几乎没有任何相通之处。伊斯兰教产生于公元6世纪的中东阿拉伯世界，先后在阿拉伯人、波斯人和突厥人的推动下得到了蓬勃发展，其核心地带一直在中东和中亚地区，在其形成和发展的过程中，与遥远的印度次大陆联系甚少。因此，当伊斯兰文化经阿拉伯人、突厥人以及此后的波斯人不断传入印度次大陆，与印度教文化形成了鲜明的对比，两种不同宗教文化进行了长达600多年的冲突与融合后最终形成了如今南亚次大陆民族、宗教格局的雏形。

值得一提的是，不同于历史上的其他情况，在与伊斯兰文化长期的交融中，印度教这一次并没有将外来的伊斯兰文化完全吸收或同化，只是在有限程度上对其产生了一些影响。而强大的伊斯兰文化虽然在世上很多地方都取得了胜利，但是在印度次大陆，面对有着悠久历史和顽强生命力的印度教文化，它也无法完全战胜对方，尽管所有的穆斯林统治者都一直试图将次大陆完全伊斯兰化，但这种尝试最终还是以失败告终了。因此，在中世纪印度的宗教文化冲突中，没有完全获胜的一方，穆斯林依仗手中的国家政权在次大陆不断推行有利于伊斯兰教和穆斯林的各种政策，最大的胜利就是实现了身份的转变——即由外来入侵者成为印度次大陆的主人，成为印度民族大家庭一个重要组成部分。而印度教在与穆斯林的长期斗争中，虽然没有能够完全战胜和同化对方，但其文化实力非但没有减弱反而在不断的斗争中有所增强，尤其是在穆斯林势力很难触及的广大农村地区，印度教社会几乎原封不动地将次大陆存在了千年的生活习俗与社会价值观念保留了下来。种姓制度作为印度教等级社会的根本制度在穆斯林统治北印度期间不断加强，而以印度教古代经典为核心的宗教教义、仪规也被完整地保留下来。因此，我们可以说，在中世纪长达1000年的相互交往中，印度教和伊斯兰教由对立最终走向了中立，由水火不容最终走向了相互依存，印度社会也由最初的以印度教文化为核心的一元社会走向了包括印度教文化和伊斯兰教文化在内的多元社会。这种文化的冲突与交融是促成中世纪印度社会转型变革的主要动力。

尽管在漫长的中世纪，穆斯林和印度教徒有近千年的交往和融合，对彼此都产生了一定的影响，也带来了一定的改变，尤其是在文化艺术领域还出现了交汇融合的局面，但不得不说，从整体而言穆斯林和印度教徒依然分属于两个完全不同的社会集团，他们"如同油和水一样界限分明"[①]，他们在次大陆的历史上平行发展，就如同两根平行线一样，却难有交集。从本质来讲，伊斯兰教和印度教都具有非常强的排外性，《古

---

① Abraham Eraly, *the Age of Wrath: A History of the Delhi Sultanate*, p.3.

兰经》也明确规定了哈里发的职责就是在尽可能大的范围内实现伊斯兰化，因此穆斯林不可能允许在自己的统治范围内存在异教，而幅员辽阔的印度无疑是这些穆斯林统治者在完成真主赋予的神圣任务中遇到的最大的障碍，无论是依靠武力还是怀柔政策都不可能将数量众多的印度教徒完全征服，使他们全部皈依伊斯兰教，因此妥协便成了最好的出路。印度教虽然以极具包容性著称，但在其宗教文化内部，尤其是种姓制度的严格限制和约束下，各个社会群体之间有着明确的界限，高种姓与低种姓之间没有任何交集，一个不可接触者的影子落到了婆罗门的身上都会认为是对高种姓的一种玷污，只有通过沐浴才能清洗掉这种不洁，由此看来，整个印度教社会从本质上讲是非常封闭而排外的。穆斯林作为外来民族，虽然不像印度教社会那样有严格的等级制度，但同样存在着社会高低分层，而且这种分层很难与印度教种姓制度一一对应起来。因此，印度教社会中的四大种姓集团，就不可能轻易地将外来民族中的某一部分视作是和自己属于同一种姓或同一社会集团，对于高种姓阶层而言，尤其如此。正是由于印度教社会和穆斯林社会都存在着这样的排外性，因此，他们虽然经过了长期的融合却最终没有成为对方的一部分，而是通过妥协实现了在次大陆的共存。

第一节 平行社会

一、油水分离的印度中世纪社会

如前文所述，印度教文化与伊斯兰文化在经历千年的冲突融合之后，并没有成功地将对方完全同化，而是通过妥协形成了油水分离的两个社会集团。这种油水分离体现在社会生活的各个方面，穆斯林和印度教徒作为两个不同的社会集团，在实际社会生活中很少有交集出现，他们分属不同的社区，有不同的社交圈子，进行着不同的宗教仪式，有不同的传统和文化习俗，它们作为两个最主要的社会群体在印度社会并行发展。

首先从政治体制上来讲，穆斯林虽然是整个印度次大陆的统治者，但很多地方的实际管辖权掌握在印度教王公贵族手中。穆斯林政权以伊斯兰教法为立国之本，一切制度的制定都不能与伊斯兰教法相抵触，而印度教则是建立在古代吠陀哲学基础之上的，一切以种姓制度为根本，因此，二者之间有着本质的区别。穆斯林攻占北印度后，一些印度教王公不得不臣服于穆斯林宫廷，他们代表苏丹或国王在自己的领地内实施统治，这种君臣关系的确立并没有对印度教王国内部的社会生活带来太多本质性的改变。穆斯林在城市和社会上层采用了伊斯兰成熟的统治体制和模式，在苏丹之下设有多个大臣掌管宫廷各类事务，行省一级的官员则负责治理相对较远地区的宫廷土地。而印度教王国却依然沿袭了近千年的生活和生产模式，政权把持在印度教封建大地主和萨帝利手中，他们的统治方式几乎没有任何改变。在国王之下也有各级大臣辅佐，地方行政权力掌握在以高种姓阶层为主的封建地主手中，农村地区的治理主要依靠五人长老会。

从经济发展模式上来讲，穆斯林主要生活在城市之中，从事商业和手工业生产者居多，虽然后来也有一部分没落的穆斯林从事农业生产，但毕竟人数上并不多。穆斯林统治北印度期间，海外贸易几乎被穆斯林所垄断，印度教商人只能在次大陆内部从事一些小规模的商品贸易。而绝大多数印度教徒生活在广袤的农村地区，农业生产是他们的主要营生，部分印度教徒也从事商业或手工业生产，但并不占主流。因此穆斯林与印度教徒在供应关系上虽然形成了互相补充，但他们却明显地分属两个完全不同的社会集团，彼此之间没有太多交集。

从社会生活的视角来看，穆斯林信仰伊斯兰教，通常会去清真寺做礼拜，他们反对偶像崇拜，反对社会压迫和一切性别歧视，至少从理论上如此。在日常生活中，一切以伊斯兰教法为根本，极少发生有违圣训的行为。而印度教徒则以吠陀经典和《传承经》为根本大法，严格遵循种姓制度进行不同的社会分工，各种姓群体之间很少流动。婆罗门阶层负责祭祀和宗教、教育相关事宜，而刹帝利阶层则是国家政权的实际掌握者，他们通常都拥有一部分军队，是实施政治统治的主体，低种姓的吠舍和首陀罗则从事农业和手工业生产，为高种姓阶层提供必要的生活物资。在中世纪，印度教徒主要崇拜湿婆和毗湿奴大神，梵天的地位在这一时期明显降低，教徒们通常会在家中或印度教神庙中进行一些宗教活动。印度教社会并没有提出社会平等的口号，更没有类似的实践活动。阶级压迫明显，女性地位低下，一些社会陋习，尤其像童婚、萨帝制等对女性造成很大伤害。印度教徒与穆斯林分属不同的社会，有着各自的社交圈子和社会关系网络，他们之间在社会生活方面对彼此没有依存关系。

中世纪的印度教社会依然是严格建立于种姓制度之上的，虽然这一时期原有的四大种姓已经由于职业分工不同分化为了许多亚种姓，但种姓所构成的社会群体之间的沟壑是存在的，而且仍然是非常明显的。各种姓集团之间的流动性依然很弱，高种姓阶层在社会上享有各种特权，处于绝对的优势地位，而低种姓阶层只能是被剥削和压迫的对象，没有选择的自由。尽管从表面上看印度教社会如同一个密不透风的坛子，外界很难对其产生影响和干扰，但是不可否认，北印度穆斯林政权的建立还是对基于种姓制度之上的印度社会带来了冲击和影响。由于大量印度教寺庙被捣毁，许多印度教王国被迫臣服于穆斯林中央政权，因此，婆罗门的社会威望无疑大大降低了，曾经他们在政治和宗教方面拥有着绝对的权威，几乎是代表着神灵的意志，是不可以被质疑，更不可能被动摇的统治阶层。穆斯林的到来却打破了婆罗门在社会生活中的这一传统优势地位，此时他们不得不屈从于穆斯林政权，不得不通过缴纳贡赋保住自己手中的权力，更为重要的是，印度次大陆最核心的政治和军事权力已经不在他们的手中，婆罗门在历史上第一次成为受别人约束和管制的阶层。从广义上讲，这一时期的印度教社会分为三个主要部分：高种姓阶层，低种姓阶层以及不可接触者。由于穆斯林的到来动摇了婆罗门的权威，使生活在社会下层的低种姓阶层看到了摆脱种姓压迫的曙光，因此在穆斯林统治者的威逼利诱之下，他们皈依了伊斯兰教。

正是由于政治体制的相对独立、生产方式的差异性以及文化生活的封闭性造就了中世纪印度社会这种油水分离的状态。除了文学和艺术方面出现了一定程度的交融之外，在长达600多年的交往中，印度教文化与伊斯兰文化都较好地保持了其相对独立性，他们在次大陆平行发展，共同推动着社会进步。

二、穆斯林与印度教徒：从对手到兄弟

穆斯林的宗教职责之一就是传播伊斯兰教，最大限度地弘扬伊斯兰文化。因此，在北印度穆斯林政权建立初期，所有的苏丹和穆斯林贵族都把完成这一宗教使命当成在次大陆最主要的工作，他们通过战争，不断侵占印度教徒的土地，掠夺印度教寺庙的财富，利用手中的伊斯兰之剑，让众多印度教信徒在皈依伊斯兰教与死亡之间做出选择。因此，早期印度教徒与穆斯林的对立是非常尖锐的，次大陆的伊斯兰化进程有时也是充满了暴力、杀戮因而非常血腥的。这种基于宗教信仰和政治地位上的对立在德里苏丹国时期得到了最明显的体现。从苏丹艾伯克建立奴隶王朝，到苏丹巴勒班使穆斯林政权在次大陆真正稳固下来，再到卡尔

吉王朝、图格鲁克王朝对次大陆南部德干高原的多次征讨，能很明显地感觉到这一时期的穆斯林统治阶层对于宗教的狂热和对自身统治地位的担忧。这种担忧集中体现在政治生活中他们视印度教徒为永恒的对手，担心他们的反抗会威胁到穆斯林政权，因此他们竭尽所能地压制印度教徒，这种建立在不信任基础之上的关系注定是不会长久的。这也从侧面反映出了穆斯林政权建立之初统治阶级政治上的不自信，这种不自信主要源于自己的外来者身份。德里苏丹国建立之初，这些初次晋升为宫廷贵族的穆斯林多来自中亚，他们有的来自突厥，有的来自波斯，还有的来自阿富汗，但总体来讲，在入主次大陆之前，他们的社会地位都不高，也称不上穆斯林社会的精英分子，因为这一时期的穆斯林精英多生活在中东阿拉伯世界或波斯宫廷中，这些来自游牧民族且多是行伍出身的穆斯林有许多还是奴隶的身份，只是穆罕默德之死给他们提供了登上王位的机会而已。此外，作为外来入侵者，穆斯林也发现了他们与印度本土民族、宗教及文化之间的巨大差异，许多穆斯林根本无法适应次大陆炎热的气候，其中一部分人最终返回了他们位于中亚的家乡，留下来的穆斯林，至少在德里苏丹国初期，一直都梦想着离开次大陆。由于统治者不愿意放弃既得的利益，因此才极力挽留他们，苏丹们兴建波斯风格的宫殿、花园，努力营造一种中亚的生活氛围，但生存环境的改变却无法带来他们身份的真正转变。在内心深处，这些初来的穆斯林依然认为自己并不属于印度次大陆，也不会是这里的真正的主人，这种外来者的身份决定了他们在实行统治时就缺乏政治上的自信，缺乏对当地居民的充分信任和与他们的合作意识，因为穆斯林统治者还无法将自己真正地融入印度社会，因而在这种担忧和不信任促使下，与印度教徒的关系自然就无法达到融洽的境界。

莫卧儿王朝时期印度教徒与穆斯林的关系与德里苏丹国时期有众多

第七章 南亚宗教文化格局的形成及特点

的不同。在突厥人退出历史舞台之后，继而登场的是阿富汗人。阿富汗与印度次大陆的西北部旁遮普地区毗邻，和相对遥远的中亚地区相对，阿富汗对于印度来说并不是特别陌生，尤其是德里苏丹国时期阿富汗人多次进入印度，长期占据着次大陆西北部的一部分领土，他们对印度教徒、对印度教文化都有一定程度的了解，虽然他们的宗教信仰完全不同。更为重要的是，这一时期来到印度次大陆的阿富汗人，基本都是来自精英阶层。莫卧儿帝国几乎所有的皇帝都受到了来自波斯先进文化的熏陶，巴布尔、胡马雍、贾汗吉尔、沙贾汉都是著名的作家或诗人，阿克巴大帝虽然不识字，但却非常爱好文学，他非常重视教育，在宫廷建有大型图书馆。甚至连奥朗则布这样痴迷宗教的人也是一位诗人。这就从侧面反映出了在莫卧儿王朝时期作为统治阶级的穆斯林与德里苏丹国时期相比明显富有智慧，因而也更懂得如何治理国家。其次，由于自德里苏丹国时期起，印度教徒与穆斯林在次大陆已经进行了300多年的交往和磨合，穆斯林群体——尤其是中下阶层在与印度教社会长期的接触中对对方有了更深入的了解，穆斯林群体的身份也由外来入侵者向印度民族大家庭的一员开始转变。得益于这种源于身份转变带来的优势，莫卧儿帝国的建立者并没有把自己当成是次大陆的入侵者，而将自己等同于次大陆的主人。另外，莫卧儿王朝时期的穆斯林更富有长远眼光，对历史未来的发展趋势有着更精准的把握。不同于德里苏丹国时期统治者忙于借助战争来巩固新生的穆斯林政权，莫卧儿王朝时期，统治者在建国之初就把发展经济、促进社会繁荣和进步放在了执政的主要位置。早在巴布尔建立莫卧儿帝国时，他就梦想着建立一个印度教徒与穆斯林和谐相处的国家，阿克巴将其祖父这种建国思想很好地落实到了实践之中，而且他成为历史上第一个对印度教徒在印度政治生活中的地位给予最客观公允评价的君王。阿克巴认为穆斯林政权要想长治久安，就离不开印度次大陆各民族、各宗教团体的支持，尤其是人数占绝大多数的印度教徒的支持，因此，他竭尽全力将印度教社会中的精英阶层——拉其普特人拉拢到自己的麾下，阿克巴通过采用怀柔政策，给拉其普特人特殊的政治待遇，包括在宫廷赐予他们很高的官阶等手段，使印度教社会这些最英勇善战、曾经对莫卧儿政权威胁最大的非穆斯林，从统治者的对立面成为帝国坚实的后盾和盟友。正是由于莫卧儿王朝时期的穆斯林统治者自身有着良好的文化素养，高远的目光和对未来社会精准的预判，因此，他们通过实行一系列有利用社会发展进步和民族宗教文化融合的措施，顺应了社会历史发展的潮流和趋势，取得了巨大的成就。在莫卧儿帝国建立不到100年的时间内，印度封建经济达到了历史的顶峰，莫卧儿帝国也因此发展成为伊斯兰世界实力最强大、经济最发达的国家。

从以上分析可以看出，穆斯林与印度教徒从对手到兄弟的演变过程，经历了一个非常漫长的历史时期，而决定这一进程的却是作为统治阶级的穆斯林的文化素养和治国理念。德里苏丹国时期的穆斯林统治者由于缺乏先进的穆斯林文化的熏陶，因此在其执政300多年间多以征服与被征服的战争为政治生活的主题，统治阶级害怕印度本土居民起来反抗因而不断采取措施进行压制，致使穆斯林和印度教徒处于对立状态，两者之间融合的速度缓慢，程度不深。而莫卧儿王朝的执政者是受到良好文化熏陶的穆斯林精英分子，他们眼光长远而敏锐，能够从历史中汲取经验教训，顺应时代发展潮流，通过实行一种半世俗化的政治，淡化政权的伊斯兰色彩，不断拉近与印度教徒的距离，最后在政治、军事和经济文化各个方面都取得了空前的成就。正是归功于莫卧儿王朝时期帝王们的不懈努力，印度教徒和穆斯林这两大社会群体，才开始放松了对彼此的戒心，通过交流和了解建立了信任，从对手与宿敌成为并肩前行的友人和兄弟。穆斯林群体也成功地实现了身份的转变，放弃了外来入侵者的身份标签，成为次大陆民族大家庭中重要的一分子。

关于穆斯林与印度教徒关系发展演变是自觉自愿的行为还是武力推动的结果，学术界有不同的看法。一些西方历史学家认为，伊斯兰文化在与印度本土文化的交融过程中，其实很少依靠武力，这主要是依据次大陆穆斯林人口数量增长缓慢这一实际情况做出以上判断的。这些学者认为，如果苏丹和穆斯林国王们真是借助武力传播伊斯兰教，那么势必会强迫大量的印度教徒改宗，但事实上并非如此，在次大陆的总人口数量中，穆斯林的比例依然非常低，在有些地方甚至不到5%，[1]这些历史学家以此认为伊斯兰教在次大陆的传播是在相对和平的状态下进行的。

而另一部分学者的观点与此正好相反，他们认为穆斯林统治北印度的600多年间，战事不断，这就充分说明了统治者是不断挥舞手中的伊斯兰之剑来完成这一演变的。历史是发展变化的，尤其是在长达600多年的历史长河中，我们其实很难确切地讲是由于武力还是依靠和平最终实现了两大群体的和平共存，在穆斯林政权建立初期，由于穆斯林与印度教徒之间的尖锐对立，这种武力的存在是必然的甚至是不可避免的，但随着时间的流逝，尤其是两大群体有了一定的了解和接触之后，这种融合就发展成了一种自觉自愿的行为，尤其是在一些富有远见的开明的君王的推动之下，社会上出现不同宗教团体和谐相处的局面就不足为奇了。

穆斯林和印度教徒是印度中世纪史上最主要的两大社会群体，二者在长达千年的交往中从最初的对立开始走向妥协和合作，至莫卧儿王朝后期，最终被对方认同和接受，从而在一定程度上实现共存和和谐相处，这是穆斯林和印度教徒共同努力的结果，也是历史发展的必然趋势，它为我们今天解决民族宗教问题提供了宝贵的经验，具有广泛的借鉴意义。

---

[1] See Anil Saxena, *Later Sultanate Period*（安尼尔·萨克森纳：《德里苏丹国后期》），New Delhi: Anmol Publications Pvt. Ltd., 2007, p.282.

不同民族、宗教和文化，唯有相互尊重、相互了解、相互包容，最后才有可能走上和平共处的道路，才会更有利于本民族本宗教文化的发展和繁荣，才会形成推动社会发展和人类文明进步的合力。穆斯林统治者早期对印度教徒的迫害和打压并没有取得预期的效果，在某种程度上甚至是以失败而告终的，而后来者充分吸取了历史上的经验教训，采取了温和宽容的宗教政策，最终实现了民族和宗教文化的极大融合，客观上也推动了社会的发展和进步。

第二节 多元文化

作为古代四大文明之一的印度文明，为人类历史的发展进步曾经做出了巨大的贡献，大约在公元前 1500 年至公元前 1000 年，来自中亚的雅利安人将印度历史带入了一个新的时代，植根于古印度文明之上的吠陀文明奠定了印度社会宗教文化的根基。吠陀教被认为是次大陆最早的宗教，它成为印度多种宗教的源头，而此后出现于次大陆的婆罗门教、佛教、耆那教、新婆罗门教（即印度教）及中世纪的锡克教，皆源于此。这些看似有着不同教义的宗教从本质上讲是一脉相承的，在宗教教义方面有着共同的根基和相同之处，因此，我们将这些产生于印度本土的宗教，在进入中世纪之后统称为印度教宗教文化，因为到中世纪早期，印度教已经占据了社会宗教文化绝对的主流。从这层意义上讲，植根于印度次大陆的全部宗教所折射出来的文化是同一的，都是从印度古代文明发展演变而来的，因此，我们可以说，在穆斯林到来之前，印度社会长期处于这种单一文化，即一元文化的氛围之中。然而，穆斯林的到来改变了这一切，伊斯兰文化与印度教文化的天壤之别决定了二者之间很少会有交集出现，即便是在经历了千年的交往融合之后，也不可能达到你中有我、我中有你这种状态。伊斯兰文化是一种基于伊斯兰教之上的进取型的文化，而印度教文化是基于印度教等印度本土宗教之上的一种包容性文化，两种文化在属性上的差异导致了他们在交往中的复杂性。伊斯兰教文化曾经一心想征服印度教文化，而印度教文化却试图重演历史上雅利安人入侵的一幕，将对方完全吸收和同化。因而，在早期的文化冲突与交融中，处处显现出暴力的痕迹。当两者在相互斗争中共存了近千年之后，这次冲突逐渐平息，代之而起的是二者的共存，某种程度上讲甚至是和谐的共存。因此，至莫卧儿王朝中后期，伊斯兰教文化逐渐摆脱了外来文化的身份标签，开始与印度教文化并驾齐驱，最终成功地与印度教文化一起，形成了全新的印度文化。这种全新的文化，既属于印度教，也属于伊斯兰教，印度传统文化自吠陀时代就出现的一元性文化特征至此已经完全消失，而来自两种不同宗教背景下的二元属性开始形成。正是经历了印度教文化与伊斯兰文化漫长的千年的斗争、融合与蜕变，印度文化才以全新的姿态、丰富的内涵出现了。而这一全新文化最大的特征就是伊斯兰文化的加入，使印度文化不再是单一的印度教文化，而是吸收借鉴了世界范围内更多优秀基因的复合型文化，伊斯兰文化的加入使传统的印度文化更加丰富，更加开放和包容，更加多元。从此，印度文化发展成为包括印度教文化和伊斯兰教文化，以及其他一些宗教文化在内的所有文化的总称。

一、一神论与多神论共存的宗教乐土

印度教与伊斯兰教从宗教产生的背景、基本教义到膜拜对象、方式等都有着巨大的差异。作为多神论的印度教允许偶像崇拜，有着数量众多的神祇，将牛视为圣物，认同以种姓为标准对社会进行的等级划分，而伊斯兰教则坚决反对偶像崇拜，以牛羊肉等为主要食材，宣扬人人平

等。宗教教义方面存在的这种对立决定了伊斯兰教与印度教不可能完全认同或接受对方，穆斯林最初的想法是将整个印度次大陆伊斯兰化，彻底消灭印度教，因为这是伊斯兰教法赋予他们的职责和任务，但这种尝试在经历了约300年之后最终失败了，其主要原因是次大陆的穆斯林人数实在太少，虽然手中掌握着国家政权，但要想将如此幅员辽阔的次大陆全部纳入伊斯兰教的旗帜下几乎没有办法做到。在这些穆斯林中，还有相当大一部分或者说绝大部分是来自印度教的皈依者，这些新皈依的穆斯林，从宗教信仰上来讲的确是信仰伊斯兰教，也按照伊斯兰教法的规定举行宗教仪式，但他们的实际生产和生活方式依然是印度教的，依然遵循着印度传统的生产生活方式，因此几乎可以断定，这些新穆斯林对于伊斯兰教的热情远远不及那些来自中亚、中东地区的穆斯林，这也就决定了他们没有太多的动力去弘扬伊斯兰教，更不可能主动地去向印度教徒发动"圣战"。事实上，这些新皈依的穆斯林主要来自印度教的社会底层，多数属于低种姓阶层，即便成为穆斯林之后，他们的处境和身份地位都没有发生根本性的变化，他们依然是被统治阶级，依然生活在社会底层，因此就更没有可能将手中的伊斯兰之剑，挥向曾经的同胞印度教徒。此外，穆斯林统治者在征服了部分印度次大陆的土地之后，无法完全按照自己的意志去统治这里的人民，也就是说无法像中东和中亚那样，在地方一级建立起完整的伊斯兰行政体制，穆斯林统治者必须依赖当地的印度教国王或印度教中间人代行管辖职责，这主要是因为印度幅员辽阔，人口众多，人数占极少数的穆斯林无法推动整个官僚体系的运行，他们只好把地方一级的管理权限下放给已经臣服了的印度教国王或者是委托给对印度农村熟悉的印度教税官、部落和村庄头人。这就使穆斯林权力中心与地方权力之间存在着一种裂痕，这种裂痕造成了中央与地方的相对独立性，当裂痕扩大时，便发展成为叛乱，这也是整个德里苏丹国时期统治者一直被战争困扰，不得不疲于应付各地叛乱的重要原因。

那么，作为次大陆原有的印度教，为什么同样没有能够完全战胜入侵的伊斯兰教呢？以印度教为核心的印度文化向来以兼容并包著称，历史上早有雅利安人，后来又有希腊人、波斯人等的入侵，但印度教都无一例外地把他们完全同化了，使这些外来民族归顺到印度教种姓社会之中。但穆斯林同样作为外来民族，为什么却没有被完全同化呢？这其中的主要原因就是穆斯林长期掌控着国家政权，利用国家政权不断传播伊斯兰教和伊斯兰思想，在次大陆拥有一部分信徒，虽然人数不多，但却有着极强的生命力。而印度教自古就是一种非常平和的宗教，主张通过修炼和修身养性最后实现解脱，倡导的是一种出世哲学，注重来生，对现实问题在某种程度上存在一种回避的态度。因此，面对伊斯兰教咄咄逼人的进攻，印度教没有选择正面抗击，而是想借助其一贯的包容性将其同化，这种以柔克刚的战术显然不适合进攻型的伊斯兰教。从苏丹马茂德进攻北印度、捣毁印度教神庙开始，印度教徒似乎从来没有因为要捍卫自己的宗教而发动过对入侵者的斗争活动，这一时期即便有一些印度教王国与穆斯林军队之间发生了战争，但主要还是基于维护政治统治的需要，而没有上升到维护宗教的层面。因此，当不能完全抵御伊斯兰教的进攻之后，印度教实际上是比较平和地接受了这一外来宗教，放弃了对其抵抗转而进入了保守的防御和自卫阶段，通过自省提升印度教自身的生命力，从而确保印度教在次大陆的主体地位不被动摇。

基于上述原因，穆斯林统治者要将整个印度次大陆伊斯兰化的想法被证明不过是美梦一场，在人数占绝对优势的印度教徒面前，要想仅仅依靠伊斯兰之剑让印度教徒全部皈依伊斯兰教，这是不现实的。而作为印度本土主体宗教的印度教，受其宗教教义影响，没有对外来的伊斯兰教发动以宗教为名义的战争，试图以和平方式同化对方的想法同样是不切实际的，印度教这种以守为攻，抑或不抵抗政策为伊斯兰教在次大陆留下了生存的空间，为伊斯兰教的生根发芽提供了土壤。因此，纵观中世纪600多年的历史，印度教与伊斯兰教在次大陆虽然经历了漫长的冲突，但最终都没有完全战胜对方，最终只有通过妥协才获得了自己在次大陆生存和发展的空间。虽然战争没有分出胜负，但我们依然不能说二者都是以失败而收场的，正好相反，伊斯兰教与印度教在长期的斗争和交融中，不断汲取对方身上的优点，不断完善内省，最终合力形成了全新的灿烂的更具生命力也更加多元的印度文化。伊斯兰教与印度教、耆那教、锡克教以及次大陆其他所有宗教一起，共同构成了光辉灿烂的印度宗教文化，无论是一神论还是多神论，无论支持还是反对偶像崇拜，无论倡导出世还是入世哲学，在次大陆这片宗教乐土之上，他们都找到了自己的生存空间，都在与异教的妥协和斗争中不断发展前行。

二、和而不同的多元文化

文化的多元性一般是指一个国家或地区在社会发展的过程中，在继承本民族优秀文化基因的基础上，广泛吸收外来文化中的精华成分，最终发展成为百花齐放、百家争鸣的文化盛景。就中世纪印度次大陆而言，1206年穆斯林政权建立之前，其文化具有很明显的单一性。正如前文所述，虽然在古代印度存在印度教、佛教、耆那教等多种宗教，但这些宗教从源头上来讲都来自古代吠陀教，都是以吠陀经典为蓝本，无论是宗教教义还是宗教实践都具有极高的相似性，如佛教与印度教在很多方面没有大的差异，它们都宣传出世哲学，倡导不杀生和通过自我修行达到与神合一。由于二者存在的这种渊源关系，在公元7世纪戒日王之后，佛教完全被印度教所吸收，佛陀也成了印度教大神毗湿奴的第九个化身。

因此，我们可以说穆斯林到来之前的印度文化，是以印度教为主，包括佛教、耆那教等宗教文化在内的一元文化，其主要特征是这一时期的宗教文化具有同源性和相似性，相互之间有着许多共通之处。而伊斯兰文化与印度本土文化既不同源，也无相似之处，是两种产生于不同背景之下的、分属不同地域、有着不同宗教教义的完全对立的两种文化。伊斯兰文化与印度教文化的这一属性决定了二者不可能完全接受或认可对方，因而冲突以及冲突推动下的融合就在所难免。事实上，自穆斯林进入印度次大陆至莫卧儿王朝最终灭亡，在千年的斗争、交往和融合过程中，印度教文化与伊斯兰文化虽然相互之间进行了一定程度的借鉴和融合，但从本质上讲，两种宗教文化却并没有因为对方而改变自己发展的轨迹，它们都很好地保持了其相对独立性，没有被对方完全吸收或同化，这从客观上促成了中世纪后期印度文化多元性的形成。以印度教代表的印度教文化和以穆斯林为代表的伊斯兰文化在印度次大陆最终生根发芽，共同构成了光辉灿烂的印度多元文化。

孔子在《论语·子路》一文中曾言："和而不同。"意思就是说要求同存异、多元共存。而对于印度教文化和伊斯兰文化而言，在经过千年的交往——尤其是经历了穆斯林600多年的政治统治之后，两种宗教文化对彼此都有了更加清晰的了解和认识，也都意识到了要想完全同化或吸收对方是做不到的，因此，妥协共存便成了文化发展的自然选择。在这样的前提下，印度教文化与伊斯兰文化才最终实现了和而不同。至中世纪晚期，印度教文化通过内省提升了自己的实力，同时它以一贯的兼容并包，给同处印度次大陆的伊斯兰文化留出了发展的土壤和空间，而伊斯兰文化在无法完全战胜印度教文化的背景下，也开始寻找新的出路，放下了其咄咄逼人的攻势，逐渐以和平的心态对待这个不可能完全战胜的对手，通过妥协达到了文化的和谐共存。在这期间，双方都没有完全放弃自己的特色和相对的独立性,虽然在某些方面有了一些深层次的合作或融合,但从主体上来讲,伊斯兰文化与印度教文化仍然分属于不同的社会群体,依然受制于各自的宗教信仰和生产生活方式。

伊斯兰文化与印度教文化从分庭抗争到和而不同经过了一个漫长的过程。在北印度穆斯林政权初期,并不具备这种条件,当时的伊斯兰教以消灭异教为目的,并没有考虑过给印度教任何生存的空间,伊斯兰教法也促使这些次大陆新来的穆斯林必须挥舞手中的伊斯兰之剑,不断将伊斯兰文化传播到次大陆的各个角落。伊斯兰教早期在印度次大陆的传播无疑是充满了暴力和杀戮的,在战争中大量的印度教徒被杀,印度教寺庙被破坏和捣毁,大量的民众沦为奴隶,被贩卖到伊斯兰世界各地。因此,在伊斯兰教积极在印度次大陆扩张的进程中,这种和而不同的基础是不存在的。只有当穆斯林侵略者后来感觉到无法将整个次大陆完全伊斯兰化,无法强迫所有的印度教徒皈依伊斯兰教时,他们才转变了统治策略,才开始通过怀柔手段,将印度教徒从对手和敌人变为自己在次大陆的同伴。莫卧儿王朝时期,统治阶级敏锐地感觉到了印度教徒对于维系穆斯林政权稳定的重要性,因此,自开国皇帝巴布尔始,印度教徒与穆斯林的关系就出现了缓和的趋势,而至阿克巴大帝执政时期,这种缓和一度达到了和谐相处的地步。阿克巴通过实施一系列宗教宽容政策,如取消人头税、香客税等,减轻了印度教徒的经济负担,并从感情上给予了他们必要的安慰。阿克巴自身非常重视和欣赏印度教文化,他迎娶了拉其普特王公的女儿,经常参加一些印度教重大节庆活动如洒红节等,在实行任何政策时都非常注意照顾到印度教徒的宗教情感,尽量不去刺激和伤害他们。他的宗教政策和社会改革给印度教社会带来了希望和动力,推动了印度教文化的发展。至贾汗吉尔和沙贾汗执政时期,这种文化融合的趋势进一步得到发展,在莫卧儿王朝后期印度教文化与伊斯文化达到了空前的繁荣，两种文化虽然偶有交汇和融合，但从本质上讲，都较好地保持了其相对独立性，在印度次大陆不断发展，和而不同。

小　结

16—17世纪被认为是次大陆历史上从来都没有的文化昌盛时期，在这一时段，印度教文化与伊斯兰文化经过近600年的相互融合，共同创造了光辉灿烂的印度文化。但是，这种交融和影响只是表面上的，无论是伊斯兰文化还是印度教文化，其存在的根基都没有被动摇或改变，因此就不可能产生深层次的彻底的变革。文化上的这种低渗透性部分是因为统治阶级和被统治阶级——穆斯林与印度教徒分属于两个完全不同的社会群体。穆斯林对印度教徒600多年的统治，在很大程度上促进了印度教社会的自省，虽然没有明显的反抗斗争发生，但印度教社会却一直在努力地改造自己以获取前进的动力，就如同一条河遇到大山后它并没有停止不前，而是会寻找可以前进的方向。穆斯林统治者对印度教徒、对印度教文化向来持一种轻蔑和不屑的态度，这种居高临下的心态导致印度教社会在长期的交往中对穆斯林怀有深深的戒心，印度教徒也不可能和穆斯林真正成为合作者，基于利益之上的妥协只是一种不得已的选择。所以在整个印度中世纪，印度教与伊斯兰教之间是一种沉闷的合作与共存。

由于伊斯兰教与印度教在教义方面存在的巨大差异，这种基于利益之上的妥协不可能使两种宗教文化和两个社会群体完全融为一体，因此，中世纪这种"油水分离"社会状态的形成就不足为奇了。在长期的交往和斗争中，无论是伊斯兰文化还是印度教文化，都无法完全战胜对方，更不可能完全将对方同化吸收，因此妥协共存就成为二者唯一的选择。

事实上，在穆斯林统治北印度的600多年间，印度教徒和穆斯林始终生活在两个不同的圈子里，他们之间很少有交集存在。穆斯林虽然从名义上对印度教徒实施着政治上的统治，但这些生活在城市之中的人数极少的穆斯林对生活在广大农村的印度教徒却很难形成有效的影响力，处于上层的穆斯林社会和处于下层的印度教社会实际上处于一个割裂的状态。无论是穆斯林当权还是印度教徒当权，对于广大普通印度居民而言，并无本质上的区别，这也就是为什么在中世纪印度教徒的生活没有发生根本性变化的主要原因。穆斯林与印度教徒的这种油水分离，在政治、文化和社会生活等各个方面皆有体现，他们之间唯一的纽带就是那些服务于穆斯林宫廷，替穆斯林统治者在印度教社会进行征税和实行行政管辖的印度教国王、王公贵族、部落和村庄头人等。

在中世纪，穆斯林和印度教徒之间的冲突与斗争似乎从未间断过，但是在双方近千年的交往过程中，却难有胜者。总体而言，在德里苏丹国时期，印度教徒与穆斯林处于严重的对立状态，尽管在这一时期仍有一部分印度教徒参与到了穆斯林政权之中，但这主要是一种基于经济利益之上的合作，在人数上也只占到了极少数。而到了莫卧儿王朝时期，得益于统治阶级高远的政治目光，他们不再将次大陆全面伊斯兰化、消灭异教作为其执政的主要目标，转而以一种积极主动的心态发展与印度教徒的关系，从而使印度教徒放松了心理上的戒备，转而与穆斯林开始进行自愿自觉的合作。穆斯林与印度教徒从对立走向合作，是两种宗教文化长期冲突与融合的结果，更是历史发展大势所趋。正如莫卧儿大帝阿克巴所看到的那样，穆斯林要想实现政治上的长治久安，就离不开包括印度教徒在内的广大非穆斯林团体的支持，穆斯林统治者曾经幻想将整个印度次大陆伊斯兰化的做法从理论和实践层面都是不现实的，也注定会以失败而告终。

中世纪印度教文化与伊斯兰文化冲突与融合最令人欣慰的结果就是产生了全新的多元的印度文化。在穆斯林到来之前，印度文化主要是以印度教为主流的单一文化模式，印度历史上虽然也出现过佛教、耆那教和锡克教等，但是从源头上讲，它们都是源于古代吠陀教，都是由古老的印度文明所孕育出来的，因而从本源上来讲具有同一性。而伊斯兰教文化则是产生于中东阿拉伯世界，与印度教文化存在着明显的差异和本质的区别。在长达 600 多年的冲突与融合中，伊斯兰文化与印度教文化都不断吸收对方文化中的精华，相互借鉴，不断交融，使自身的文化内涵都得到了丰富和发展。由于不能完全战胜对方，因此最终形成了文化领域和而不同的局面，全新的印度文化得以形成。穆斯林摆脱了外来入侵者的身份标签，成为次大陆真正的主人，而伊斯兰文化也作为一个重要分支，与印度教文化一起，构成了全新的印度文化。印度次大陆宗教文化格局由印度教所主导的一元文化，进入了包含印度教、伊斯兰教、锡克教等在内的众多宗教文化共同构成的多元文化时代。

结　语

当人类历史步入第二个千年之后，印度也进入了一个全新的转折时期。在此期间，印度次大陆的绝大多数土地都处于外来势力的政治、经济和文化统治之下——首先是突厥人，其次是莫卧儿人，最后是英国人。尽管印度历史上也曾有过外来民族以入侵或移民的方式进入次大陆的许多先例，但他们最终都无一例外地被印度文化所同化。然而这种情况却并未发生在后来的突厥人、莫卧儿人及英国人身上，这些后来的入侵者们在次大陆较好地保留了自身的文化，并没有与印度传统文化融为一体，更没有被对方完全同化，而是保持着其相对独立性。从公元前1000年左右至公元7世纪前后，印度文明处于上升和巅峰期，表现出了很强的包容性和同化力，这一时期许多外来文化都被印度文明所吸纳和融合。公元7世纪后，印度文明开始走向没落，而源于阿拉伯世界的伊斯兰文明却处于迅猛的上升期，凭借源于中东的先进的文化，伊斯兰文明很快席卷了欧洲和亚洲。古老的印度文明无力回击处于上升期的伊斯兰文明，因此也就不可能对伊斯兰文明产生深远的影响。在北印度穆斯林政权建立后的600多年间，穆斯林与印度教徒、伊斯兰文化与印度教文化之间的冲突似乎从未间断过，由于无法完全战胜对方，他们最终从对立走向了妥协。穆斯林也逐渐摆脱了其外来入侵者的身份标签，真正成为次大陆的主人，与广大非穆斯一起在辽阔的印度大地上繁衍生息，共同发展。他们相互依存，却又泾渭分明，"就如同一个坛

结　语

子里的油和水"①。

伊斯兰教和印度教之间存在着的巨大差异也决定了两者不会轻易地向对方妥协。两种宗教从各个层面来讲都不可能存在共鸣：伊斯兰教坚持一神论，印度教主张多神崇拜；伊斯兰教是一种相对封闭和不易改变的宗教，而印度教则是一种极具韧性的宗教，更容易变通；伊斯兰教是一种排他性比较强的宗教，不能容忍其他宗教的存在，而印度教则是一种比较宽容的宗教，它可以与其他宗教共存。简言之，印度教具有很强的包容性，它可以包容任何形式的神祇、信仰和宗教仪规，而伊斯兰教则是一种比较排外的宗教，只能接受一位神及最基本的教义。另外，印度教社会是一个相对封闭的社会，通过世袭的种姓将人们禁锢在不同的社会群体中，很难打破各个群体之间的壁垒，而伊斯兰社会则是一个开放型的社会，来自任何社会背景的人只要皈依伊斯兰教，都会是其中平等的一员。

由于印度教和伊斯兰教之间存在的上述巨大差异，决定了二者对彼此的影响力都非常有限。在长达千年的交往中，两种不同的宗教文化之间在很多方面虽然也发生了不同程度的融合，但二者基本上都保持了各自的独立性。但值得一提的是，两种宗教虽然在教义方面有着巨大的差异，但他们仍然在次大陆和平共存了很多个世纪，其间没有发生过以宗教名义的大规模的对抗或暴力冲突。12世纪晚期进入印度次大陆的突厥人，虽然一直想使印度本土居民改宗伊斯兰教，但面对如此数量庞大和等级森严的印度人口，统治者也意识到不可能把他们全部都变成穆斯林。至莫卧儿王朝时期，穆斯林统治者清醒地认识到，要想在次大陆长久地维持其统治，就不得不依靠当地的印度教头人或社会精英，因此他们放

---

① Abraham Eraly, the Age of Wrath: A History of the Delhi Sultanate, Haryana: Penguin Books, 2015, p.3.

弃了将次大陆伊斯兰化的做法,转而对非穆斯林采取了相对宽容的宗教政策,以换取他们对穆斯林政权的支持。穆斯林统治者对印度教徒这种态度和策略的改变,顺应了历史发展的趋势,既有利于维护其封建政权的长治久安,也有助于广大印度教徒摆脱政治和经济困境。

在中世纪印度,不同宗教文化之间的冲突与融合构成了这一时期印度文化的主题。在近千年的交往和接触过程中,虽然伊斯兰文化和印度教文化都没有完全战胜对方,也没有能将对方完全吸收和同化,但或多或少对彼此都产生了一些影响,虽然这种影响有时是表面的,并未触及两种宗教文化的核心。穆斯林统治北印度期间,印度社会在政治、经济和宗教文化方面都发生了一些显著的变化,推动这种变化的主要动力,正是两种不同宗教文化之间的冲突与融合。传统的印度教社会以种姓制度为核心,具有严格的等级观念和集团界限,各种姓之间流动性较弱,高种姓阶层在社会生活中处于绝对的强势地位,广大低种姓阶层只能忍辱负重,将改变命运的希望寄托于来生。在世俗生活中,印度教国王拥有至高无上的权力,和王公贵族们一起构成了封建统治阶级,而广大农民却不得不接受他们来自政治和经济上的压迫和剥削。北印度穆斯林政权的建立,对次大陆这一传统的政治统治体制形成了冲击,曾经作为最高权力象征的国王不得不屈从于外来的穆斯林统治者,成为穆斯林统治者的附庸,而数量众多的印度教王公贵族、部落和村庄头人则充当了穆斯林统治者与广大印度教徒之间的中间人,他们不再只是效忠于印度教国王,同时也直接或间接地服务于穆斯林统治阶级,替他们在农村地区征税和代行管辖职责。在经济方面,穆斯林统治者对非穆斯林实施伊斯兰土地政策和税制,加重了印度教徒的经济负担,同时也极大地伤害了他们的宗教情感。人头税、香客税等明显带有宗教歧视的税种,一方面体现了穆斯林群体在社会政治和经济生活中的优越地位,另一方面也表明了以印度教徒为主流的广大非穆斯林在次大陆始终处于"二等公民"的现实困境。这一时期封建经济的发展也促使社会分工越来越细化,手工业的大发展催生了一大批商人和手工业者,但他们也会因为各自的宗教信仰和出身不同在社会上受到区别对待,政治和宗教地位对经济地位产生了直接的制约作用。穆斯林统治北印度期间,几乎所有的海外贸易都被穆斯林商人所垄断,而印度教商人只能在次大陆内部从事一些规模较小的商贸活动。在文化艺术领域,印度教文化与伊斯兰文化的融合是最明显的,也是程度最深的。出于人类对美的共同追求,无论是穆斯林还是印度教徒,对双方文化艺术中所呈现出来的美感都没有拒绝。穆斯林政权建立之后,两种宗教文化互相借鉴、共同发展,北印度的音乐、舞蹈等都受到了伊斯兰风格的影响,而穆斯林在绘画和建筑艺术方面则显现出更多受印度教文化影响的痕迹,尤其是在建筑和绘画艺术方面。中世纪印度次大陆的伊斯兰建筑,无论是从选材还是表现手法上都明显不同于其他伊斯兰世界的建筑,而这一时期形成的著名的莫卧儿画派以及他们风格独特的细密画,却很好地诠释了印度教文化与伊斯兰文化在艺术领域的完美结合。

中世纪印度教文化与伊斯兰文化在次大陆的冲突和融合,促使印度社会结构更加多元和复杂,印度教徒与穆斯林从最初的势不两立逐渐走向了妥协与合作,二者共同构成了中世纪印度平行社会。由于伊斯兰文化与印度本土宗教文化有着天壤之别,它们在宗教产生的背景、基本教义等方面大相径庭,因此就很少或者说难有相通之处。宗教文化属性上的这种巨大差异决定了印度教文化与伊斯兰文化不可能轻易向对方妥协,二者也不可能实现真正意义上的融合。虽然经历了近千年的交往和接触,但印度教社会与穆斯林社会始终没有出现太多的交集,双方关系近似平行线的发展轨迹,是对中世纪印度社会结构发展演变最真实的写照。从德里苏丹国的建立到莫卧儿王朝后期，在600多年的时间里，穆斯林成功地摆脱了其外来入侵者的身份标签，成为印度民族大家庭的一部分，但是与印度教徒、与广大非穆斯林却始终难以实现水乳交融，他们共同构成油水分离的中世纪印度社会。

尽管如此，印度教文化与伊斯兰文化的冲突与融合依然取得了非凡的成就，对次大陆而言意义重大而深远。穆斯林和伊斯兰文化的到来，为古老的印度文明重新注入了活力，在与印度本土民族和宗教文化的交往中，共同构成了全新的印度文化。这种全新的印度文化既包括以印度教为核心的印度本土文化，也包括后来的伊斯兰文化，它们共同构成了印度文化的主体。这种全新的印度文化更加多元、更加开放也更加包容，它使古老的印度文明重新焕发出勃勃生机，它推动着次大陆各民族和各宗教文化共同发展、前进，和而不同。

参考文献

英语专著：

1. A. N. Kapoor, V. P. Gupta, Mohini Gupta, *the Sultanate Period: Political, Socio-Cultural Cross Currents*, New Delhi: Radha Publications, 2006.

2. Abraham Eraly, *the Age of Wrath: A History of the Delhi Sultanate*, Haryana: Penguin Books, 2015.

3. Abraham Eraly, *The Last Spring: Life in India's Last Golden Age*, Haryana: Penguin Books, 2015.

4. Abraham Eraly, *The Last Spring: The Saga of the Great Mughals*, Haryana: Penguin Books, 2015.

5. Abul Fazl, *Ain-I-Akbari*, trans. by Blockmann et al. vol.1, Calcutta, 1939.

6. Anil Saxena, *Early Sultanate Period*, New Delhi: Anmol Publications Pvt. Ltd., 2007.

7. Anil Saxena, *Later Sultanate Period*, New Delhi: Anmol Publications Pvt. Ltd., 2007.

8. Anil Saxena, *Society and Culture under Sultanate*, New Delhi: Anmol Publications Pvt. Ltd., 2007.

9. Animesh Mullick, *Medieval Indian History*, New Delhi: Dominant Publishers and Distributors, 2011.

10. B. R. Verma, S. R. Bakshi, eds., *Muslim Rule in Medieval India*, New Delhi: Common Wealth Publishers, 2005.

11. Braham Singh, H. C. Sharma, eds., *History of Medieval India*, New

Delhi: Omega Publications, 2008.

12. Brajadulal Chattopadhyaya, ed., *The Making of Early Medieval India*, New Delhi: Oxford University Press, 2012.

13. BurjorAvari, *Islamic Civilization in South Asia*, London: Routledge, 2013.

14. Catherine B. Asher, Cynthia Talbot, *India Before Europe*, Cambridge: Cambridge University Press, 2014.

15. Denzil Ibbetson, *Punjab Castes*, Lahore: Government Printing Press, 1916.

16. Farhat Jahan, *Depiction of Women in the Sources of the Delhi Sultanate*, Aligarh Muslim University, 2012.

17. H. Nelson Wright, *Coins of the Mughal Emperors of India*, New Delhi: Deep Publications, 1975.

18. H. S. Bhatia, ed., *Political, Legal and Military History of India*, vol. 4, New Delhi: Deep & Deep Publications, 1984.

19. Indrani Chatterjee, Richard M. Eaton, *Slavery & South Asian History*, Indiana: Indiana University Press, 2006.

20. Iqtidar Husain Siddiqui, *Composite Culture under the Sultanate of Delhi*, New Delhi: Primus Books, 2012.

21. Iqtidar Husain Siddiqui, *Delhi Sultanate: Urbanization and Social Change*, New Delhi: Viva Books, 2014.

22. Irfan Habib, ed., *Medieval India 1, Researches in the History of India, 1200-1750*, New Delhi: Oxford University Press, 1992.

23. Irfan Habib, ed., *Studies in Medieval Indian Polity and Culture: The Delhi Sultanate and Its Times*, New Delhi: Oxford University Press, 2016.

24. Irfan Habib, *Medieval India: The Story of a Civilization*, New Delhi: National Book Trust, 2017.

25. Ishtiaq Husain Qureshi, *The Administration of the Sultanate of Delhi*, New Delhi: Oriental Books Reprint Corporation, 1971.

26. J. L. Mehta, *Advanced Study in the History of Medieval India*, vol. 1, New Delhi: Sterling Publishers (P) Ltd., 2016.

27. J. L. Mehta, *Advanced Study in the History of Medieval India*, vol. 2, New Delhi: Sterling Publishers (P) Ltd., 2015.

28. J. L. Mehta, *Advanced Study in the History of Medieval India*, vol. 3, New Delhi: Sterling Publishers (P) Ltd., 2015.

29. J. S. Grewal, ed., *History of Science, Philosophy and Culture in Indian Civilization*, vol. Ⅶ, part 1, New Delhi: Oxford University Press, 2009.

30. Jamini Mohan Banerjee, *History of Firuz Shah Tughluq*, New Delhi: Munshiram Manoharlal, 1967.

31. K. N. Chitnis, *Socio-Economic History of Medieval India*, New Delhi: Atlantic Publishers & Distributors (P) Ltd., 2009.

32. K. R. Gupta, D. S. Paul, Meenakshi Taheem, Manpreet Kaur, *Medieval India*, New Delhi: Atlantic Publishers & Distributors (P) Ltd., 2013.

33. K. S. Lal, *Early Muslims in India*, Lahore: Iqra Publications, 1984.

34. K. S. Lal, *the Legacy of Muslim Rule in India*, New Delhi: Aditya Prakashan, 1992.

35. Kanhaiya Lall Srivastava, *the Position of Hindus under the Delhi Sultanate, 1206-1526*, New Delhi: MunshiramManoharlal Publishers Pvt. Ltd., 1980.

36. Kunwar Mohammad Ashraf, *Life and Conditions of the People of Hindustan 1200-1550 A. D.*, Karachi: Indus Publication, 1978.

37. Meenakshi Khanna, ed., *Cultural History of Medieval India*, New Delhi: Social Science Press, 2007.

38. Muhammad Umar, *Islam in Northern India During the Eighteenth Century*, New Delhi: Munshiram Manoharlal Publishers Pvt. Ltd., 1993.

39. Peter Jackson, *Studies on the Mongol Empire and Early Muslim India*, London: Ashgate Variorum, 2009.

40. Peter Jackson, *The Delhi Sultanate: A Political and Military History*, Cambridge: Cambridge University Press, 1999.

41. R. C. Majumdar, ed., *The History and Culture of the Indian People*,

vol. Ⅳ, Bombay: Bharatiya Vidya Bhavan, 1980.

42. R. S. Sharma, *India's Ancient Past*, New Delhi: Oxford University Press, 2017.

43. R. Soma Reddy, *Hindu and Muslim Religious Institutions, Andhra Desa, 1300-1600*, New Delhi: Research India Press, 2011.

44. R.C. Majumdar, ed., *The History and Culture of the Indian People*, vol.Ⅳ, Bombay: Bharatiya Vidya Bhavan, 1980.

45. Radhika Seshan, ed., *Medieval India: Problems and Possibilities*, Jaipur: Rawat Publications, 2006.

46. RaziuddinAquil, *Sufism, Culture, and Politics: Afghans and Islam in Medieval North India*, New Delhi: Oxford University Press, 2012.

47. Rekha Misra, *Women in Mughal India 1526-1748 A.D*, New Delhi: Munshiram Manoharlal, 1967.

48. Rekha Pande, *Religious Movements in Medieval India*, New Delhi: Gyan Publishing House, 2005.

49. Richard M. Eaton, ed., *India's Islamic Traditions, 711-1750*, New Delhi: Oxford University Press, 2003.

50. S. M. Jaffar, *Education in Muslim India*, Delli: Idarah-i-Adabiyat-i-Dehli, 1972.

51. S. V. Desika Char, *Hinduism and Islam in India: Caste, Religion and Society from Antiquity to Early Modern Times*, Princeton: Markus Wiener Publishers, 1997.

52. SabahuddinAbdal-Rehman, *Bazm-i-Mamlukiyah*, Lahore: Printline Publishers, 2001.

53. Satish Chandra, *Essays on Medieval Indian History*, New Delhi: Oxford University Press, 2003.

54. Satish Chandra, *Medieval India: From Sultanat to the Mughals*, vol. 1, New Delhi: Har-Anand Publications Pvt. Ltd., 2016.

55. Satish Chandra, *Medieval India: From Sultanat to the Mughals*, vol. 2, New Delhi: Har-Anand Publications Pvt. Ltd., 2016.

56. Satish Chandra, *Social Change and Development in Medieval*

Indian History, New Delhi: Har-Anand Publications Pvt. Ltd., 2008.

57. Shahabuddin Iraqi, *Bhakti Movement in Medieval India: Social and Political Perspectives*, New Delhi: Manohar Publishers & Distributors, 2009.

58.. Sunil Kumar, *The Emergence of The Delhi Sultanate*, Ranikhet: Permanent Black, 2012.

59. Tanvir Anjum, *Chishti Sufis in the Sultanate of Delhi, 1190-1400*, Karachi: Oxford University Press, 2011.

60. Upinder Singh, ed., *Rethinking Early Medieval India*, New Delhi: Oxford University Press, 2015.

61. V. D. Mahajan, *History of India from the Beginning to 1526 A.D.*, New Delhi: S. Chand Publishing, 1977.

62. Vasudha Dalmia, Munis D. Faruqui, eds., *Religious Interactions in Mughal India*, New Delhi: Oxford University Press, 2014.

印地语专著：

1. अनिर कठारे, *मध्ययुगीन भारताचा इतिहास (१००० - १७०७)* （阿尼尔·格塔莱：《中世纪印度史（1000—1707）》）, नई दिल्ली: प्रशांत प्रकाशन, 2015.

2. ए. एल. बाशम, *अद्भुत भारत*（A. L. 巴西姆：《古代印度》）, आगरा: शिवलाल अग्रवाल एण्ड कम्पनी, 2017.

3. एस. आर. वर्मा, *मध्यकालीन भारत का इतिहास*（S. R. 沃尔马：《印度中世纪史》）, आगरा: एस बी पी डी पब्लिकेशन्सा, 2014.

4. ध्रुव भट्टाचार्य, *राजस्थान का पुरातत्व एवं इतिहास 1 से 3*（特鲁乌·帕达加勒耶：《拉贾斯坦考古与历史（1—3）》）, जोधपुर: राजस्थानी ग्रधगर, 2015.

5. मोहलाल गुप्ता, *मुहम्मद बिन तुगलक इतिहास ने जिसे पागल घोषित कर दिया*（莫汉拉尔·库布达：《穆罕默德·宾·图格鲁克：历史上的疯子》）, बैंगलोर: सुभत प्रकाशन, 2016.

6. राजूराज, *प्राचीन भारत का इतिहास*（拉珠·拉杰：《古代印度史》）,

7. शिवकुमार गुप्त, सम्पादक, *मध्यकालीन भारत का इतिहास (1000—1526ई.)* (希乌古马尔·库布德主编：《中世纪印度史（1000—1526）》), जयपुर: पंचशील प्रकाशन, 1999.

8. शीरीं मूसवी, *अकबर के जीवन की कुछ घटनाएँ* (希林·穆斯维：《阿克巴生平大事记》), नई दिल्ली: राष्ट्रीय पुस्तक न्यास, 2017.

9. सतीश चन्द्र, *मध्यकालीन भारत: राजनीति, समाज और संस्कृति* (萨迪西·金德尔：《中世纪印度：政治、社会与文化》), नई दिल्ली: ओरियंट ब्लैकस्वॉन, 2017.

10. सेतुमाधवराव एस. पगड़ी, *शिवाजी*, जे. वी. रमण अनुवाद (赛杜马特沃拉奥 S.巴格迪著，J. V. 拉蒙译:《希瓦吉》), नई दिल्ली: राष्ट्रीय पुस्तक न्यास, 2016.

中文专著（含译著）：

1. 华中师范大学印度史研究室：《简明印度史》，湖南人民出版社，1991。

2. 黄心川：《印度哲学史》，商务印书馆，1989。

3. 季羡林：《中印文化交流史》，新华出版社，1991。

4. 林承节：《印度古代史纲》，光明日报出版社，2001。

5. 林承节：《印度史》，人民出版社，2014。

6. 林太：《印度通史》，上海社会科学院出版社，2007。

7. 刘安武：《印度印地语文学史》，人民文学出版社，1987。

8. 刘建、朱明忠、葛维钧：《印度文明》，中国社会科学出版社，2004。

9. 刘欣如：《印度古代社会史》，中国社会科学出版社，1990。

10. 培伦主编：《印度通史》，黑龙江人民出版社，1990。

11. 邱永辉：《印度教概论》，社会科学文献出版社，2012。

12. 邱永辉：《印度宗教多元文化》，社会科学文献出版社，2009。

13. 尚会鹏：《印度文化史》，广西师范大学出版社，2007。

14. 薛克翘：《印度古代文化史》，中国大百科全书出版社，2016。

15. 赵伯乐：《印度民族问题研究》，时事出版社，2015。

16. [印度]佚名：《摩奴法论》，蒋忠新译，中国社会科学出版社，2007。

17. [印度]穆罕默德·阿希格·艾勒哈·拜尔纳：《简明伊斯兰教法》，金忠杰等译，中国社会科学出版社，2014。

18. [印度]贾瓦哈拉尔·尼赫鲁：《印度的发现》，向哲濬、朱彬元、杨寿林译，上海人民出版社，2016。

19. [印度]R. C. 马宗达、H. C. 赖乔杜里、卡利金卡尔·达塔：《高级印度史》（上、下册），张澍霖等译，商务印书馆，1986。

20. [印度]K. M. 潘尼迦：《印度简史》，简宁译，新世界出版社，2014。

21. [印度]D. P. 辛加尔：《印度与世界文明》（上、下卷），庄万友等译，商务印书馆，2015。

22. [印度]D. D. 高善必：《印度古代文化与文明史纲》，王树英等译，商务印地馆，1998。

23. [美]约翰·F. 理查兹：《新编剑桥印度史：莫卧儿帝国》，王立新译，云南人民出版社，2014。

24. [美]斯坦利·沃尔波特：《印度史》，李建新、张锦冬译，东方出版中心，2015。

25. [美]理查德·M. 伊顿：《新编剑桥印度史：德干社会史（1300—1761）》，马骥、杜娟、邓云斐译，云南人民出版社，2014。

26. [澳大利亚]A. L. 巴沙姆主编：《印度文化史》，闵光沛等译，商务印书馆，1997。

27. [德]库尔克、罗特蒙特：《印度史》，王立新、周红江译，中国青年出版社，2008。

中文论文：

1. H.穆基耶、刘创源：《印度历史上有没有封建制度？》，《国外社会科学》，1982年第2期，第29—32页。

2. 蔡晶：《印度穆斯林种姓的源起》，《北方民族大学学报》，2012年第2期，第95—101页。

3. 蔡晶：《印度穆斯林种姓源流考论》，《世界民族》，2013年第3期，第78—85页。

4. 蔡晶：《印度穆斯林种姓摭议》，《世界宗教研究》，2012年第3期，第146—153页。

5. 曾琼：《历史上印度穆斯林早期发展的过程》，《前沿》，2012年第9期，第199—200页。

6. 崔连仲：《古代印度社会性质和历史分期问题的探讨》，《南亚研究》，1985年第4期，第1—10页。

7. 邓兵：《印度帕克蒂运动与黑天文学》，《解放军外国语学院学报》，2008年第1期，第111—116页。

8. 范铁城、闵光沛：《评〈高级印度史〉》，《历史研究》，1987年第3期，第95—104页。

9. 韩建萍：《试论奥朗则布宗教政策的改变》，《喀什师范学院学报》，2007年第1期，第45—47页。

10. 何孝荣：《印僧撒哈咱失里与元明时期印度密教在中国的传播》，《西南大学学报(社会科学版)》，2016年第2期，第164—172页。

11. 黄思骏：《德里苏丹国时期的田赋制度和伊克塔制度》，《世界历史》，1997年第1期，第62—70页。

12. 黄思骏：《三十五年来我国史学界关于印度史若干重大问题的争论》，《历史研究》，1984年第6期，第147—163页。

13. 黄思骏：《印度莫卧儿时期的柴明达尔》，《南亚研究》，1990年第4期，第20—28页。

14. 黄思骏：《印度中世纪早期国王赐赠土地及其原因》，《世界历史》，1992年第1期，第73—84页。

15. 黄思骏：《印度中世纪早期国王赐赠土地与封建制的产生》，《历史研究》，1992年第5期，第177—192页。

16. 黄心川：《印度吠檀多哲学述评》，《南亚研究》，1987年第

1 期，第 42—51 页。

17. 姜景奎：《一论中世纪印度教帕克蒂运动》，《南亚研究》，2003 年第 2 期，第 72—76 页。

18. 姜景奎：《再论中世纪印度教帕克蒂运动》，《南亚研究》，2004 年第 1 期，第 57—62 页。

19. 兰江：《印度伊斯兰民族主义的缘起》，《南亚研究》，2010 年第 2 期，第 62—71 页。

20. 李德木：《帕克蒂文学与帕克蒂运动的理论基础》，《南亚研究》，2005 年第 1 期，第 88—91 页。

21. 林承节：《印度历史上的断裂、改变和延续》，《南亚研究》，2004 年第 2 期，第 57—60 页。

22. 刘安武：《十六世纪印度大诗人苏尔达斯》，《外国文学研究》，1983 年第 1 期，第 70—75 页。

23. 刘安武：《印度中世纪的大诗人杜勒西达斯和他的〈罗摩功行录〉》，《南亚研究》，1983 年第 2 期，第 41—52 页。

24. 刘欣如：《古代印度的共和国》，《世界历史》，1996 年第 3 期，第 42—50 页。

25. 刘欣如：《南亚种姓制中的社会流动性》，《史学理论研究》，1999 年第 4 期，第 89—100 页。

26. 马克垚：《我国世界史学科建设的回顾与展望》，《经济社会史评论》，2015 年第 1 期，第 4—12 页。

27. 马晓宁：《印度古代和中世纪的种姓、外族入侵和宗教文化问题》，《河北科技师范学院学报(社会科学版)》，2006 年第 4 期，第 80—84 页。

28. 孟广林：《我国世界史研究的发展方向》，《天津师范大学学报(社会科学版)》，2006 年第 2 期，第 29—35 页。

29. 欧东明：《印度佛教与藏传佛教源流关系略述》，《南亚研究季刊》，2015 年第 1 期，第 67—71 页。

30. 欧东明：《印度古代政教关系模式浅析》，《南亚研究季刊》，2008 年第 2 期，第 69—74 页。

31. 彭树智：《第三次帕尼帕特之战及其在印度近代史上的作用》，《西北大学学报(哲学社会科学版)》，1979年第2期，第75—81页。

32. 邱永辉：《〈阿克巴则例〉中反映的十六世纪北印度社会结构》，《南亚研究季刊》，1985年第3期，第61—70页。

33. 邱永辉：《阿克巴的行政制度和田赋改革》，《南亚研究季刊》，1990年第3期，第51—59页。

34. 邱永辉：《试论阿克巴的宗教政策》，《南亚研究季刊》，1987年第1期，第75—80页。

35. 邱永辉：《印度的历史教科书及其相关问题》，《南亚研究季刊》，2002年第2期，第55—60页。

36. 邱永辉：《印度教的宽容及其超越》，《南亚研究季刊》，2015年第2期，第69—75页。

37. 邱永辉：《印度宗教史及其相关问题》，《南亚研究》，2006年第1期，第63—68页。

38. 孙晶：《印度中世纪罗摩奴阇的思想述评》，《东方论坛：青岛大学学报》，1994年1期，第27—33页。

39. 托马斯·罗尔：《莫卧儿帝国的奢华1616年11月—1617年9月，英国大使从雅米尔发回的报告》，《文史月刊》，2009年第9期，第79—80页。

40. 姚卫群：《佛教与婆罗门教的真理观念比较》，《社会科学战线》，2008年第6期，第12—18页。

41. 张嘉妹：《印度中世纪宗教文化的特点及启示》，《南亚研究》，2013年第2期，第124—139页。

42. 张荫桐：《莫卧儿帝国的曼沙布达尔制度》，《南亚研究》，1986年第2期，第15—22页。

43. 张玉兰：《德里苏丹国时期印度穆斯林文化的发展》，《南亚研究》，1989年第1期，第58—69页。